湖南省社会科学基金一般项目（19YBA151）资助

旅游经济高质量发展评价理论与方法研究

潘芬萍　龚日朝　著

湘潭大学出版社
XIANGTAN UNIVERSITY PRESS

前　言

十九大报告指出，我国经济已由高速增长转向高质量发展阶段，推动高质量发展是当前和今后一定时期经济发展的根本要求。旅游业作为国民经济的重要组成部分，在促进经济增长，拉动消费等方面发挥着重要作用。但在旅游经济发展过程中，仍面临着发展动能结构性支撑不足、旅游消费结构性深化不够、可持续发展结构性失衡等现实矛盾问题。因此，推动旅游业高质量发展，是顺应社会经济发展现实需要，解决我国旅游经济发展现实问题的必然选择，更是我国社会经济高质量发展的战略要求。

随着社会经济的发展和科学技术的进步，旅游产业分工越来越细，旅游产业链已演化成复杂的产业网络，旅游经济发展也从简单的系统工程问题演化为由多个系统耦合而成的体系工程问题。据此，本书率先尝试运用体系工程理论研究我国旅游经济高质量发展问题，结合我国旅游经济发展现有体制机制，探索旅游经济高质量发展的体系理论框架，分析旅游经济体系各子系统的相互耦合机理和耦合测度方法，探讨旅游经济高质量发展的概念内涵，构建我国旅游经济高质量发展评价的新方法，旨在延拓旅游经济高质量发展理论体系，同时为我国旅游经济高质量发展战略制定提供理论参考。

第一，创新旅游经济模糊评价方法。考虑到旅游经济体系耦合测度和旅游经济高质量发展评价的需要，创新区间数和区间直觉模糊数等模糊统计测度方法。针对区间数测度方法，主要运用概率论随机变量相关理论，创新传统区间数定义，界定带分布特征的区间数内涵，并由此给出区间数大小比较的可能度计算公式及其方法，以实现区间数大小排序的保序性。运用区间数测度，可对具有不确定性特征的定量指标进行区间估计。针对区间直觉模糊数测度方法，基于区间直觉模糊数的产生机理，研究其统计调查方法。运用该方法，对定性指标进行二元语义评价(如:好和差)，并对其犹豫性结果进行统计分析，比较充分地展现了人们对事物属性特征的不确定性态度或犹豫心理，为本书奠定评价方法基础。

第二，探索旅游经济体系理论框架。基于体系工程理论，探索旅游经济体系框架的构建。首先从理论上分析旅游经济高质量发展为什么是一个体系发展问题，阐释旅游经济系统和旅游经济体系的联系与特征差异，并由此界定旅游经济体系的内涵与特征；同时，基于产业链及其产业结构理论，研究我国旅游经济体系的组成要素，构建由管理、资源、服务、基础设施、交通、投资及教育等七大子系统组成的基本体系结构。并通过对各子系统的行为主体、功能目标及其相互作用与影响机理分析，揭示各子系统运行独立性、高度关联性、隶属性、协调性、地理上的分布性和体系行为的涌现性等六大体系特征。其次，在旅游经济体系基本框架的基础上，基于系统能量转移机理，构建旅游经济体系的耦合测度模型，并运用随机过程概率转移矩阵思想，从理论上建立旅游经济体系耦合测度方法，并证明其相关性质。最后，运用上述耦合模型，采用模糊评价和定量测度相结合的方法，对我国31个省及全国旅游经济体系耦合度进行评价。研究结果显示，我国旅游经济体系耦合度整体上达到良好水平，但地区差异明显。

第三，创新旅游经济高质量发展的评价方法。从体系视角界定旅游经济体系高质量发展的内涵和特征，提出旅游经济高质量发展必须是旅游经济体系的高质量发展，是旅游经济体系在各子系统自身高质量发展及高度耦合的基础上，以创新为动力源泉，遵循绿色发展方式，通过各子系统内部及各子系统之间的协调发展，为旅游者提供创意、优质、绿色、安全的旅游产品和服务，实现旅游发展成果共享，不断满足人民群众日益增长的美好生活需要，全面体现创新、协调、绿色、开放、共享等五大理念的发展。具有体系运行的高效稳定、各子系统供给的高质量、发展动力的创新性、发展手段的协调性、发展模式的绿色性、发展路径的开放性、发展目标的共享性等特征。据此，在构建各子系统高质量发展评价指标体系的基础上，运用概率论全概率公式的思想，将旅游经济体系看成是概率空间，每个子系统看成是空间的分割，记每个子系统的高质量发展水平为 $P\{A_i\}$，每个子系统对系统的耦合贡献为 $P\{A \mid A_i\}$，其中 A 表示旅游经济体系耦合事件，由此构建旅游经济高质量发展评价模型。运用该模型，采用定性与定量相结合方法确定指标取值，熵权法确定指标权重，对我国 30 个省的旅游经济高质量发展水平进行评价。研究结果显示，我国旅游经济高质量发展整体水平较低，且地区差异明显，整体上呈现出“从南到北，从东到西”的递减性发展规律。

第四，基于理论和实证分析，从四个方面提出我国旅游经济高质量发展的对策建议。一是加强顶层设计，从树立整体性思维入手，以科技创新为动力，进一步提升体系整体耦合度。二是推进区域协同合作，打破地方行政壁垒，构建各子系统之间畅通的沟通渠道，充分发挥高耦合地区旅游经济发展涓滴效应，缩小体系耦合地区差异。三是充分发挥自身优势，提升旅游管理、旅游资源、旅游服务、旅游基础设施、旅游交通、旅游投资及旅游教育等七大子系统的高质量发展水平。四是深入挖掘地区特色资源，同时以政策倾斜助力西部地区高质量发展，实现区域旅游经济均衡发展。

综上所述，本书运用经济学、旅游学、统计学以及模糊数学等多学科协同研究方法，从体系视角探索性构建了我国旅游经济体系的理论分析框架，对旅游经济高质量发展评价方法进行研究，丰富和拓展了旅游经济理论体系。并以此抛砖引玉，为我国旅游经济高质量发展战略规划制定提供一定的实践参考。

目 录

第 1 章　绪论

1.1 选题背景与意义

1.1.1 选题背景

党的十九大报告指出，我国经济发展已由高速增长阶段转向高质量发展阶段。旅游业作为国民经济战略性支柱产业（沈仲亮，2017），是推动区域经济发展的重要力量，承载着经济高质量发展的重要使命。旅游经济高质量发展是旅游业对国家“高质量发展战略”的积极回应，更是解决我国旅游发展供需错配、生产方式粗放等现实问题，推动我国旅游产业转型升级，构建符合现代旅游发展需求的旅游经济体系的必然选择。

根据相关资料统计，2000—2020 年我国旅游业总体规模稳步上升，国内旅游人数从 7.44 亿人次上升到 60.06 亿人次，入境旅游总人数从 0.84 亿人次上升到 3.0 亿人次，旅游总收入从 4519 亿元上升到 66300 亿元，但受新冠疫情的影响，2020 年旅游总收入下降到 22300 亿元。旅游经济收入占 GDP 的比重（除 2020 年外）整体上呈现着上升趋势（见图 1.1），其中 2019 年涨幅达到 6.69%①。

---

① 数据来源：《中国文化和旅游统计年鉴》（2000—2020 年）。

图 1.1 我国旅游总收入占 GDP 比重变化趋势图

Fig 1.1 Trend chart of the proportion of total tourism revenue to GDP in my country

从 2013 年开始，基于旅游卫星账户统计方法的启动，国家统计局开始对我国旅游经济的综合贡献度进行统计分析。从表 1.1[①] 可以看出，自 2013 年以来，我国旅游经济对 GDP 的综合贡献率呈现快速增长态势，年平均增长率达到 10.7%左右。这充分说明我国旅游经济已融入经济社会发展全局，成为我国国民经济的战略性支柱产业，对国民经济其他产业发展具有较强的辐射和带动作用。

表 1.1 我国旅游产业对 GDP 的贡献统计

Tab 1.1 Statistics on the contribution of my country's tourism industry to GDP

时间	对 GDP 直接贡献(万亿)	对 GDP 综合贡献(万亿)	直接贡献率	综合贡献率
2013	2.95	6.05	4.98%	10.20%
2014	3.38	6.61	5.25%	10.27%
2015	4.13	7.34	6.00%	10.66%
2016	4.69	8.19	6.28%	10.97%
2017	5.40	9.13	6.49%	10.97%

① 数据来源：旅游对 GDP 的综合贡献数据来源于对应年度文旅部旅游统计公报，其中 2020 年的数据有缺失。

续表

时间	对 GDP 直接贡献(万亿)	对 GDP 综合贡献(万亿)	直接贡献率	综合贡献率
2018	5.97	9.94	6.49%	10.81%
2019	6.63	10.94	6.69%	11.04%
2020	2.23	—	2.19%	—

不可否认,旅游经济高速增长的背后,也伴随着产业发展方式粗放、产品科技含量较低、市场供需结构错位、管理体制束缚明显(周成,2018),旅游资源过度耗费导致生态环境破坏等一系列问题(程慧等,2019)。为此,根据十九大报告对我国经济高质量发展的全面要求,旅游经济高质量发展必须着力解决三个问题:一是加快推进旅游供给侧结构性改革,提高供给体系质量;二是建设协调发展的旅游产业结构体系;三是构建机制有效、主体有活力、调控有度的高质量旅游经济体制(王德刚,2020)。然而,当前我国旅游供给不足与旅游消费的需求旺盛、多元化趋势形成鲜明反差,旅游经济发展不平衡不充分成为旅游经济高质量发展的主要障碍(易开刚,2017)。要解决这些问题,首要的任务就是跳出"系统"思维,从"体系"高度重新认知旅游经济。

"体系"即系统的系统(System of Systems 以下简称"SoS"),是由多个系统组合而成的大系统。这一概念最早出现在 1964 年《纽约城市参考》一文,用于讨论城市系统中的系统(Berry B,1964)。随后很快被应用于社会学、军事学、生物学等科学领域,用以解决大规模、高密度的交互与关联、长时间跨度的复杂系统问题(阳东升,2013)。通过研究发现,旅游经济就是一个复杂系统问题,其范围已经远远超出了旅游业本身,广泛地涉及娱乐、餐饮、交通、文化、工业、农业、商贸、建筑、教育等产业,是一种综合性的经济形态(习近平,2006;赵广民,2010),是由多个不同系统构成的一个复杂系统(张树民,2012)。特别是互联网和区块链技术的发展使得各旅游系统之间的联系和交互变得越来越频繁和密切(明庆忠,韦俊峰,2019),旅游经济发展正从"单兵种作战"向"体系作战"转变。这一转变,既呈现了我国旅游经济成为大型复杂系统的事实,同时也表明我国旅游经济发展已不再是简单的旅游系统发展问题,而是演变成了一个多个相互支撑、相互制约的独立子系统所构成的体系工程问题,其内容涉及旅游经济体系的组成结构、各子系统之间的耦合关系、运行机理与运行机制，以及各子系统的发展目标和体系发展战略等。

然而，当今学术界对旅游经济的研究，多停留在“系统”层面，即便是文化和旅游部“全域理论”体系中的“从小旅游到大旅游、从门票经济到产业经济、从低效旅游向精细高效旅游、从封闭的旅游自循环向开放的旅游＋融合发展”等理念(王衍用，2016)，也只是以“旅游＋”的形式拓展了旅游资源内涵，本质上仍未跳出旅游系统范畴。因此，基于体系工程视角，建设适应市场变化趋势、紧跟新时代建设步伐的现代旅游经济体系，成为当前旅游发展的首要任务，更是支撑旅游经济高质量发展的基础与前提。从体系工程视角研究旅游经济发展，必须着重解决以下两个方面的问题：

一是体系工程视角下旅游经济高质量发展的基本理论。旅游经济各组成子系统之间如何相互影响与制约，并形成体系？什么是旅游经济的高质量发展？如何评价旅游经济高质量发展水平？具有哪些影响因素？如何制定旅游经济高质量发展战略，等等。

二是体系工程视角下旅游经济高质量发展水平评价方法。从体系工程视角评价旅游经济的高质量发展，不能仅仅对各子系统高质量发展水平进行评价，还需要考虑各子系统之间耦合评价。现实中，很多评价指标缺乏统计数据，特别是很多定性评价指标只能通过行业专家和相关实际工作者进行主观评价。面对问卷调查或者访问调查的数据，如何形成有效的统计数据，是一个非常重要的方法论问题。

因此，本书将体系工程理论引入旅游经济研究，运用体系工程、经济学、旅游学、统计学以及模糊数学等多学科交叉融合的研究方法，探索旅游经济体系理论分析框架，提出实现旅游经济高质量发展的根本出路在于建设高质量的旅游经济体系；探索体系视角下的模糊评价方法，并据此构建旅游经济高质量发展的评价指标体系及评价模型，为我国旅游经济的高质量发展提供理论和实践参考。

1.1.2 研究意义

首先，将体系工程理论应用于旅游经济研究领域，有利于丰富和拓展旅游经济理论体系。通过文献梳理发现，以往学术界主要针对旅游行业各部门，将其看成一个系统展开研究。事实上，随着信息化时代的到来，旅游经济发展全面进入传统旅游与虚拟旅游同构的旅游发展新时代，旅游经济的高质量发展不仅仅是一个系统工程，更是一个体系工程。因为其与国家社会经济宏观管理决策系统、投资系统、教育系统、交通系统、自然与人文资源系统等紧密关联，相互促进又相互制约，其中任何一个社会经济子系统的非高质量发展都将影响着旅游经济的高质量发展。因此，旅游经济高质量发展是一个由多个系统耦合的体系工程发展问题，从体系工程视角研究旅游经济问题，是对以往旅游研究框架的扩展。

其次，从体系视角研究旅游经济，有利于创新旅游经济高质量发展评价方法。以往对旅游经济高质量发展水平的评价，大都是针对旅游产业本身的发展条件和水平，很少考虑与之紧密关联的其他社会经济系统的影响和制约。同时，主要是基于现有旅游经济统计数据，在确定定性分析框架下构建指标体系并建立评价模型，往往忽略了旅游经济的外部影响因素，特别是丢弃了目前还缺乏统计数据的因素，从而导致高质量发展评价指标体系还不完善。现实中，各个子系统之间的相互影响往往是模糊的，针对这种模糊性指标，现有的技术手段往往只能采用问卷调查或访谈的方式，进行模糊测度。据此，本书采用定性模糊评价和定量评价协同的方法，从体系视角构建指标体系及指标测度，构建高质量发展评价模型，将确定性分析框架拓展到不确定性分析框架，显然对拓展旅游高质量发展评价方法体系，推动旅游科学发展有重要的理论意义。

最后，从体系工程视角审视旅游经济的高质量发展，有利于进一步完善我国旅游经济高质量发展战略。旅游经济高质量发展本质上是体系的高质量发展，只有从体系充分考虑各个子系统的协同耦合，才能全面把握高质量发展的影响因素，特别是影响旅游经济发展的主要制约因素，推进旅游经济高质量发展的战略部署。客观现实表明，当前我国旅游经济发展受制于很多其他相关社会经济系统的发展水平。因此，从体系工程视角研究旅游经济，有助于各级政府及相关旅游行政管理部门加强顶层设计，提高旅游决策能力，科学编制旅游规划，具有较大的应用价值。

1.2 研究目标与研究内容

1.2.1 研究目标

(1)学术思想理论预期目标。旅游经济是一个多系统耦合的体系工程,基于体系工程理论,构建旅游经济体系分析框架,拓展旅游经济研究架构。同时,以体系工程理论、旅游经济高质量发展理论、模糊数学等理论为基础,从体系高质量发展视角构建指标体系及指标测度和高质量发展评价模型,将确定性分析框架拓展到不确定性分析框架,进一步拓展旅游经济高质量发展的评价方法体系。

(2)评价方法运用预期目标。将模糊测度理论应用于旅游经济高质量评价,在创新模糊测度理论的基础上,构建旅游经济高质量发展模糊综合评价模型,为各级政府及相关旅游决策部门提供旅游经济高质量发展评价工作新的方法论。

1.2.2 研究内容

模块一:理论基础梳理

一是体系工程理论。体系工程理论目前主要应用于军事作战领域,而在社会经济、旅游经济领域鲜有研究。为此,本书在对体系工程理论的研究内容、框架和方法进行概括的基础上,借鉴其在军事领域的研究范式,分析其在旅游经济领域研究中的适用性。二是经济高质量发展理论。目前经济高质量发展理论在不断地完善,已经初步形成了相关的理论体系。该理论具有很好的普适性,显然适用于旅游经济的高质量发展理论研究,因此,本书对其进行梳理,分析其对旅游经济高质量研究的基本要求和目标。三是产业链理论。随着社会经济和科学技术的发展,产业分工越来越细,产业链越来越长,各个产业链相互形成了复杂的产业链网络。旅游经济产业的发展同样如此。为此,本书对产业分工理论进行阐述,为现代旅游经济产业分工研究奠定基础。四是旅游产业结构理论。基于高级化视角,对旅游产业结构相关理论进行梳理,指出其存在的不足,并从基础产业(X)、核心产业(Y)和发展产业(Z)三个维度刻画旅游产业结构，构建旅游产业结构高度化测度模型，为现代旅游经济体系产业结构优化与调整奠定理论基础。

模块二：模糊评价方法研究

学术界关于评价方法的研究非常丰富，但由于当今社会经济领域统计数据的不完备性，很多指标，特别是定性指标缺乏统计数据，目前对社会经济问题的评价方法还不完善。为此，本书重点对模糊评价方法进行研究。

一是区间数模糊评价方法。包括区间数的内涵界定与运算法则、区间数的可能度计算模型与性质、区间数可能度大小排序以及区间数的生成过程，主要用于旅游资源、旅游交通、旅游投资、旅游教育等供给度的评价测度。二是区间直觉模糊数评价方法。包括区间直觉模型数及其运算法则和区间直觉模型数的生成过程，主要用于旅游管理、旅游服务、旅游基础设施等子系统供给度的评价测度。

模块三：旅游经济体系理论框架

以往研究主要是从系统论视角研究旅游经济发展问题，没有充分考虑旅游经济相关系统的影响与制约，以及现代旅游经济发展的分工特征。本书从体系工程视角出发，研究旅游经济发展，探索旅游经济体系理论框架的构建问题。

一是研究旅游经济体系理论的构建依据，包括理论依据和现实依据。根据上述理论基础，从理论上分析旅游经济如何形成一个体系发展问题，为体系理论的建立提供理论依据；同时，基于社会分工协作，分析我国旅游经济发展的现实主体、模式和特征，为体系理论的建立呈现现实依据。二是研究旅游经济体系的内涵与特征。旅游经济系统和旅游经济体系是两个不同的概念，相互之间存在紧密相关关系，但它们的内涵和特征都不同。本书运用体系工程理论，界定旅游经济体系的概念，阐述其与旅游经济系统概念不同的特征。三是旅游经济体系组成要素和耦合问题。基于分工理论和现实管理模式，研究我国旅游经济体系的组成要素与功能作用，分析各子系统之间的相互影响机理，由此构建耦合模型，并建立耦合测度方法。四是我国旅游经济体系的耦合程度测度。基于上述耦合模型，运用模糊评价和定量评价相结合的方法，对我国31个省（不包括港澳台）的旅游经济体系耦合度进行评价，分析其耦合现状及原因，为我国旅游经济高质量发展政策建议提供参考依据。

模块四：我国旅游经济高质量发展水平评价方法

一是界定体系视角的旅游经济高质量发展内涵和特征。重点剖析体系视角的高质量与系统论视角高质量的内涵差别，及其在特征上的差异性。二是研究旅游经济高质量发展水平评价方法。按照体系工程理论，提出评价的基本理念和基本模型。基于各子系统的主体功能以及相互影响机理，构建各子系统高质量发展的评价指标体系，并给出各指标的测度方法。三是对我国旅游经济体系的高质量发展水平进行评价。运用熵权法确定指标权重，对我国30个省（由于数据缺失，不包括西藏与港澳台）旅游经济体系的相对发展水平进行评价，探寻整体上存在的问题，为提出我国旅游经济高质量发展对策建议提供必要的现实依据。

模块五：政策建议

基于以上理论与实证分析结果，从四个方面提出我国旅游经济体系高质量发展的对策建议：一是加强顶层设计，进一步提升体系整体耦合度；二是推进区域协同合作，缩小体系耦合地区差异；三是充分发挥自身优势，提升各子系统的高质量发展水平；四是提升西部地区高质量发展水平，实现区域旅游经济均衡发展。

1.3 技术路线与研究方法

1.3.1 技术路线

本书紧扣旅游经济高质量发展这一主题，按照“文献梳理－基础研究－理论研究－评价方法－实证研究－对策建议”的逻辑框架开展。首先，阐明研究旅游经济高质量发展研究的背景与意义，并对已有相关研究成果进行梳理、归纳；其次，针对旅游经济特征，研究模糊统计测方法；再次，基于体系工程理论与方法，构建旅游经济体系理论框架；最后，基于旅游经济体系理论框架，运用模糊评价方法，测度旅游经济体系耦合度，并构建体系框架下旅游经济高质量发展评价指标体系及评价模型，运用确定性与不确定性相结合的方法，对我国旅游经济高质量发展水平进行实证研究。具体技术路线见图 1.2。

1.3.2 研究方法

基于上述研究内容和技术路线，本书采用的主要研究方法如下：

(1)概率论与数理统计方法。运用该方法主要研究模糊评价问题。一是针对客观事物属性评价指标取值的不确定性，将指标取值看成随机变量，研究带分布特征的区间数评价问题，界定区间数的内涵，构建区间数大小比较方法，尤其是最基本的区间数可能度计算模型；二是针对语言评价中常用的"二元"语义模糊评价，构建区间直觉模糊评价的统计调查方式。

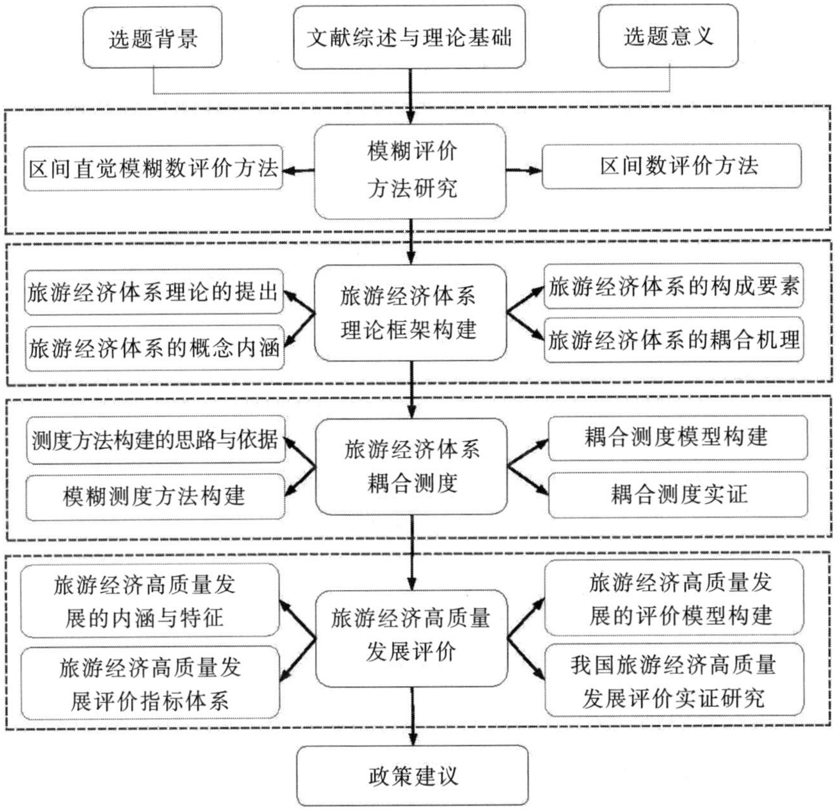

图 1.2 技术路线示意图

Fig 1.2 Technical roadmap

(2)逻辑推理与演绎方法。运用该方法研究旅游经济体系理论架构的问题。体系工程理论研究框架,是一种普适性的理论。针对旅游经济发展问题,如何将体系工程理论应用于该领域,并形成旅游经济体系理论框架,必须采取逻辑推理与演绎的方法。

(3)统计问卷调查方法。运用该方法,对评价过程中缺乏统计数据的部分指标进行测度。诸如各子系统之间的耦合度、高质量发展指标中的理念创新、社会效应等很多定性指标,只能通过主观评价方法获得相关数据,为此,必须采取问卷调查的方法。

(4)熵权法。该方法主要用于指标权重的确定。针对多个评价单元的高质量发展水平的相对评价,由于很难确定各指标权重大小,如果采取主观赋权法容易导致主观性,因此往往基于每个评价单元的指标数据的变异情况,采取熵权法这种客观评价方法进行确定。同时可以从整体上发现影响各评价单元的主要因素。

(5)马氏链概率矩阵转移方法。借用该方法的思路,研究旅游经济体系中各子系统相互耦合的机理和各子系统之间相互能量转移的问题,构建体系的耦合度测度模型。因为各子系统之间的耦合本质上就是一种能量转移和制约的关系问题。

(6)实证研究方法。运用该方法一方面是验证理论方法的可行性和有效性,另一方面是对我国旅游经济体系的发展状况进行综合性评价,发现存在的主要问题,为制定相关政策和具体措施提供依据。

1.4 创新点与不足之处

1.4.1 创新点

(1)观点创新。以往的研究主要基于微观层面、从单一系统视角研究旅游经济发展问题。本书提出旅游经济发展已演变成多子系统组成的体系发展问题,其高质量发展必须是体系的高质量发展,不仅每个子系统要高质量,而且体系要高度耦合,即并非旅游产业某一产品、某一系统的高质量发展,而是包括旅游系统以及与旅游相关的其他国民经济系统在内的体系整体高质量发展。从战略层面，要实现旅游经济的高质量发展，根本出路在于建设高质量旅游经济体系。

(2)理论创新。目前体系工程理论的应用主要在军事领域，而在旅游经济领域未见相关应用研究。本书从体系视角，初步构建了旅游经济理论体系框架，将旅游经济发展问题看成是包括管理、资源、服务、基础设施、交通、投资和教育等七大子系统所构成的体系问题，在机理分析的基础上，构建了不确定性分析框架下旅游经济体系的耦合测度和高质量发展评价方法，初步形成了我国旅游经济体系理论的基本分析框架。

(3)方法创新。运用体系工程理论与旅游学、经济学、统计学、模糊数学等多学科的协同方法，从确定性分析框架发展到不确定性分析框架，实现了模糊评价与确定性评价的有机结合，拓展了旅游经济高质量发展评价指标数据的收集程序和统计测度方法，使评价结论更合理，与人们的认知更吻合，为旅游经济体系理论的研究提供了新的方法和思路。

1.4.2 不足之处

本书的不足主要体现在如下两个方面：

一是旅游经济高质量发展评价指标体系有待进一步完善。受限于我国旅游经济统计数据不健全，以及定性指标数据获取难度较大等困境，文章未能将一些可能有重要影响的定性指标纳入评价指标体系，需进一步加以完善。

二是我国旅游经济高质量发展水平的变化趋势还需进一步研究。文章从体系高度研究旅游经济高质量发展问题，仅是一个新的尝试，由于涉及的评价单元多，再加上缺乏足够的历年统计数据，暂未对每一个区域旅游经济高质量发展水平的演变过程及其趋势进行分析，还需要进一步深入研究。

第二章 理论基础与文献综述

通过对国内外文献进行回顾和梳理发现，学术界对体系工程理论、旅游经济发展质量的研究取得了十分丰富的成果。但对旅游经济高质量发展还不够深入，尤其是体系工程视角的旅游经济高质量发展相关研究相对缺乏，旅游经济高质量发展评价方法体系仍有待完善。本章主要对体系工程理论、经济高质量发展理论、产业链理论、旅游产业结构理论等基础理论进行回顾整理，为后续研究奠定理论基础。

2.1 相关理论基础

2.1.1 经济高质量发展理论

对经济发展质量的考察，其关键在于对“质量”内涵的理解。美国著名质量管理专家Juran认为，质量一般与产品或服务联系在一起，体现产品和服务对使用者的适应性。而Crosby(1979)指出：质量就是符合要求的程度。二者内涵一致，即将质量描述为一种满足需求的程度。从上述概念可以看出，“质量”概念立足于产品及其消费，是随着社会的发展，技术的进步以及人们对质量要求的不断发展变化而变化的，具有动态性特征；“发展”则立足于变化，尤其侧重变化的程度。发展质量的经济目标在于增加区域经济实力，提高人均收入水平；社会目标是改善人民社会福利，促进社会发展；环境目标是合理利用资源，保护生态环境(李小建，1999；钟士恩，2014)；而一个国家或地区发展的最终目标是提高本地居民的福利水平。因此，经济发展质量可以理解为“经济发展满足使用者需求的能力或程度(李永友,2008)。"

关于经济发展质量理论的认识,学术界经历了一个长期的过程。早期经济学理论认为经济增长等同于经济发展,其研究也大多围绕经济增长方式展开。如亚当·斯密(1776)认为资本和劳动力是一国经济增长的主要驱动力,而提高劳动效率的关键在于分工和专业化。大卫·李嘉图(1817)则提出了自由竞争市场条件下,企业要获得高额利润并最终实现经济增长,离不开高效价格机制的引导。第二次世界大战以后,世界上众多发展中国家的出现,传统经济理论体系和框架已经不能有效分析其经济发展现状和前景,于是从经济学体系中衍生出了发展经济学,专门研究发展中国家经济增长与发展问题,以卡马耶夫(1977)和舒尔茨(1986)等为代表的经济学家,将内生技术、人力资本等因素纳入了经济理论分析框架,经济发展质量理论体系得以不断完善。

经济高质量发展理论是经济发展质量理论在我国经济发展进入历史新阶段的重大理论创新,是经济发展质量理论的发展与完善。改革开放以来,我国经济发展取得了巨大成就,但在经济快速增长的同时,忽略了经济发展的质量,出现了经济发展的速度与质量不匹配,技术创新能力不足,加上发达国家的技术封锁和技术压制,导致我国产业经济长期处于全球价值链的中低端,经济发展上行乏力。为此,党的十九大首次提出我国已从高速发展阶段转向高质量发展阶段的重要论断,提出从高速发展转向高质量发展的战略目标,丰富和拓展了经济发展质量理论的内涵,构建了以创新为第一动力,协调成为内生特点,绿色成为普遍形态,开放成为必由之路,共享成为根本目标的经济高质量发展理论,其本质就是在保持经济增长速度的基础上,更加注重经济发展质量的提升,保证速度和质量的协调稳定发展。

2.1.2 产业链理论

产业链是由社会分工引起的一种生产组织方式。早在17世纪中后期,西方古典经济学家亚当·斯密在《国富论》中就阐述了产业链思想,他认为"工业生产是一系列基于分工的迂回生产的链条"。这一论述主要关注对企业内部资源的利用,有一定的局限性。马歇尔把分工扩展到企业与企业之间的分工协作,才算是真正意义上的产业链理论起源。但产业链真正引起广泛关注是在 20 世纪 90 年代之后的中国，1985 年姚齐源等首次将产业链作为明确的经济学概念提出，学术界围绕产业链的概念辨析、形成机理与培育机制理论，以产业链为指导的企业可持续发展和产业经济增长等领域展开研究，取得了丰硕的成果（吴金明和邵昶，2006；刘贵富，2009；Chen 2011）。产业链理论内涵不断得到拓展丰富。

旅游产业链是参与旅游活动的各个行业和部门在旅游经济活动中所形成的一个复杂多变的链条。旅游产业不同于制造产业，并非严格意义上的“生产相同产品的单个企业集合”（张海洲，2020），而是由多个行业或部门共同参与的旅游活动过程，最终表现为无形旅游产品的一种并列组合关系（王三北，2007；张海洲等，2020），与传统产业链相比，旅游产业链更加注重企业之间的横向联系，具有构成复杂，跨区域性，辐射范围广等特点（熊鑫，2019）。

首先，旅游产业链构成复杂，管理难度较大。旅游产业链的组成企业众多，分工各不相同，但由于其在旅游活动各环节中相互交叉，各企业又归属于不同的行业部门，无疑加大了对产业链条体系上各旅游要素的管理难度。其次，产业链上各组成企业运行具有独立性，跨区域明显。旅游产业链上的企业之间仅仅是一种战略联盟关系，其在各自的领域都能独立运行，独立管理。同时由于旅游活动会随着旅游路线的不同而改变，旅游行为一般不在固定的区域内，因此旅游产业链相比传统产业链更具跨区域性。最后，产业链各组成企业关联性强，辐射范围广。旅游产业链与众多产业部门紧密相关，既包括核心旅游产业，也包括旅游相关配套产业，与各旅游要素一起共同构成了一个完整的体系（段跃庆，2016）。相关产业为旅游业的发展提供丰富的资源和广阔的市场，旅游业反过来也会带动和促进这些产业的可持续发展。综上所述，运用旅游产业链理论，分析提供相关产品或劳务的各个产业与旅游产业之间相互影响与相互制约的程度，可为旅游经济体系框架构建及高质量发展评价提供必要的理论参考。

2.1.3 旅游产业结构理论

学术界多从两个方面对产业结构进行描述：合理化和高度化。合理化主要解决产业各部门之间以及部门内部各要素之间的有机联系和耦合质量问题，高度化则着眼于产业结构从低水平向高水平发展的过程（陈兆明和李敏，2019）。旅游产业作为国民经济的重要组成部分，旅游产业结构的合理化程度，尤其是高级化程度，对旅游经济发展起着较大的促进作用（生延超，2012；陈太政，2013；左冰和杨艺（2021）。本书主要从高级化视角，分析我国旅游产业结构变迁的动态过程。

关于旅游产业结构高度化问题，学术界主要通过构建一种或多种指标进行度量。如师萍（1999）提出了以自然资源密集型旅游产出作基数，其他旅游产业产出（资本密集型、技术密集型）与基数之比值作为衡量其高度的测度方法。用 K_i，K_z，K_g 分别表示自然资源密集型、资本密集型和知识技术密集型产业产值，以自然资源密集型旅游产业产出作为基数，取值为 1，其他旅游产业产出与基数的比值为其当量值，分别用 R_z，R_g 表示，则旅游产业结构高度则可表示为：$S_s = K_g R_g + K_z R_z - K_i$ 。但这一方法只考虑了技术、资本因素，没有将其他因素纳入考虑范畴（龚日朝和潘芬萍，2020）。此外，如何划分三大产业类型，以及其产值数据的获取均存在较大难度，可操作性不强。据此，田纪鹏（2012）界定游览、购物、娱乐为高附加值产业，使用游览、购物、娱乐产出占旅游总产出的比重测度旅游产业结构的高级化程度，并以此作为国际大都市旅游产业结构高度化的约束条件。陈太政和李锋（2013）等则把旅游产业分解为基础产业、核心产业、发展产业三大层次，界定购物、娱乐为高附加值产业，并通过计算旅游产业结构向量 (X,Y,Z) 与代表三大层次产业的坐标轴的夹角，计算旅游产业结构高度化变化值，即

$$\theta_1 = arccos \frac{X}{\sqrt{X^2 + Y^2 + Z^2}}, \theta_2 = arccos \frac{Y}{\sqrt{X^2 + Y^2 + Z^2}}, \theta_3 = arccos \frac{Z}{\sqrt{X^2 + Y^2 + Z^2}}$$

定义旅游产业结构的高度为：

$$H = \sum_{j=1}^{3} \sum_{i=1}^{j} \theta_i = 3\,\theta_1 + 2\,\theta_2 + \theta_3 .$$

该方法全面反映了各部门之间关联的强度，同时能够呈现旅游产业内部三个层次产业相对比例结构的动态连续变化过程。但根据这一定义，我们很

容易计算得到两个产业结构(0,1,0)和(0.5,0,0.5)的高度均为 2π ,这显然是无法得到公认的,也就充分说明该方法值得商榷。刘春济和冯学钢(2014)借鉴 Clark 的产业结构划分方法,在对旅游产业结构进行划分的基础上构建了新的测度模型,使用高附加值产业产值与旅游总产值的比重来衡量旅游产业高度化水平。他们认为,以高附加值部门产出占旅游产出比衡量结构高级化程度很难反映旅游产业结构的动态变化,旅游产业结构高度化应该是产业比例关系的演进和劳动生产率的提高,应该用比例关系与劳动生产率的乘积来衡量旅游产业结构高度。于是提出了以所谓的标准化产业劳动生产率为权重,把旅游产业分解为旅行社、旅游饭店及其他旅游企业(Y_x , Y_y , Y_z)三个部分,并对其产值进行加权求和的方法,即:

$$SO_{it} = \sum_{i=1}^{n} \frac{Y_i}{Y} LP_{it} (i = x, y, z) .$$

其中 LP_{it} 表示 t 时期内不同产业 i 旅行社、旅游饭店、其他旅游企业部门的标准化劳动生产率。这一方法的本质就是将旅游产业三大部分产值占总产值的比例结构 (Y_x/Y, Y_y/Y, Y_z/Y) 与劳动生产率结构 LP_{it} 相比较,采取两个向量的内积作为产业结构的高度测度。但这种方法却不能呈现当今旅游经济体验化的变化趋势,同样存在弊端。

从上述分析可以看出,现有旅游产业结构高度化水平测度模型都值得进一步商榷。实现旅游产业结构高度化,关键在于使旅游经济由生产型经济向服务型和体验型经济转型(杨振之和张冠群,2010)。因此本书认为,定义一个度量测度,不仅应该具有经济意义,能表现旅游产业结构变迁的趋势特征,能反应三大层次产业之间的变化特征,而且要具有敏感性,否则,一旦某些地域在旅游经济发展过程中出现特殊情形的旅游产业结构,将会得出错误甚至自相矛盾的结论。

本书运用三维向量 (X, Y, Z) 刻画旅游产业结构,分别代表基础产业、核心产业和发展产业。同时,基于旅游产业的“体验化”特征,定义一个“体验化指数” ES ,即发展产业与基础产业、核心产业产值之和的比值 $Z/(X+Y)$,用以反映旅游产业结构向发展产业变迁的“体验化”趋势。并在此基础上构建一个新的旅游产业结构高度化测度工具:

$$GH(X,Y,Z)=\sqrt{(Y+Z)\left(Y+\frac{Z}{X+Y}\right)}$$

其中

(1) $Y+Z=1-X$ 反映了旅游产业结构从基础产业向核心产业、发展产业变迁的趋势整体特征，继承了传统测度旅游产业高度化的内涵，体现了产业结构升级的主要目标。Y 反映了核心产业所占比重。核心产业比重能反映旅游观光业与旅行社业在旅游产业结构中的地位，本书认为核心产业所占比重越大，则旅游产业结构的高度越高，这应该成为旅游产业结构优化升级的一个重要目标。

(2) $Z/(X+Y)$ 即体验化指数 ES，反映了旅游产业结构向发展产业变迁的“体验化”趋势特征，这也是旅游产业结构升级的一个重要目标。

2.2 体系工程理论研究进展

2.2.1 体系工程基本理论

体系工程理论是传统系统理论与系统工程的新拓展，对现有系统和新开发体系能力的集成，是结合复杂系统理论与实践的需要，解决体系问题的具体方法论和技术途径(游光荣和张英朝，2010)。如果说系统工程追求单一系统最优化，那么体系工程所追求的是不同系统网络集成的最优化。其主要思想是利用复杂科学的理论、思维和方法，研究和解决复杂、庞大的工程问题。体系工程理论在不同领域的运用方式各有差异，但就其本质而言，离不开四大共性：体系工程是一个体系能力的集成过程；体系工程的重点在于需求挖掘；体系工程是体系成员相互权衡与平衡的过程；体系工程更是一个综合体系的发展演化过程(张维明，2011)。由此，运用体系工程方法解决各类现实问题的基本思路是：体系需求的挖掘与顶层设计－体系的集成与构建－体系的演化与评估。

体系需求的挖掘重点在于承认不同利益主体参与体系的需求主张和表达差异，理解各子系统在体系发展中的利益重点和价值标准(邓建平，2013)，通过设置“需求管理”网络服务平台，设立联系机构，对各子系统的具体需求进行定期汇集与沟通,同时掌握"需求研究"的科学方法,通过需求分析准确把握各子系统的共性与个性需求,使整个体系的发展规划"有需可循"。顶层设计是体系构建的重中之重,即通过各子系统之间的交互协同,对整个体系各组成部分进行再设计,以达到体系整体功能大于各组成系统功能之和的最终目标。首先要以体系能力为着眼点,集合相关系统资源,明晰体系发展的思路和目标。其次,围绕顶层目标对体系构架与体制机制进行再设计,在强调"责、权、利、险"统筹均衡的基础上,通过体系内部各系统间的有效协作,推动体系的发展建设。最后,完善各配套设施,健全体系运行的监督保障机制。

体系集成是体系构建的基础与前提,目的在于以体系需求为依据,对体系结构进行优化,以确保体系发展的高效能与相对优势。一方面,各组成系统通过合作将不同子系统中具有同种性质或特殊关联的能力集成为"能力模块",形成深度体系协作模式;同时,根据各子系统发展需求,通过特定的合作方式,将这些"能力模块"进行组合,形成一个多元化体系发展路径。通过这种"自底向上"和"自顶向下"相结合体系能力集成与重组,促成体系整体发展能力的有效集成。

体系演化是对现有体系的持续完善,使其获得与时俱进的新能力。一个高质量的体系既要能承载"发展",更要能促成"发展"。因此,应当通过准确的评价与测度,改革创新,不断推进体系持续演化。要促进体系的演化,关键是要不断促进体系整体的有序性。由于组成系统在地理上具有分布性,受区域经济发展的影响,其在发展条件、发展路径和发展速度上存在较大差异,各组成系统应当利用自身特有的资源优势,通过非线性的持续发展,形成比较优势,以及促进体系的反复迭代和演化。20 世纪 90 年代初,Eisner(1991)在研究多系统集成时正式提出体系概念,他认为体系是一组相互独立的系统,系统与系统之间相互依赖、彼此配合,形成一个多功能解决方案,以完成一个整体任务,各系统的优化不保证整体系统的优化。

2.2.2 体系概念内涵的演变

20 世纪 90 年代初,Eisner(1991)在研究多系统集成时正式提出体系概念,他认为体系是一组相互独立的系统,系统与系统之间相互依赖、彼此配合,形成一个多功能解决方案，以完成一个整体任务，各系统的优化不保证整体系统的优化。此后，学术界对体系（SoS）的概念内涵进行了大量研究。如：Shenhar（1994）将 SoS 描述为一个大而广泛的系统集合或网络，其运作是为了达到一个共同的目的；Holland（1995）和 Owens（1995）等学者提议将 SoS 作为一种人工复杂适应系统进行研究。该系统在地方管理规则的协助下，通过自组织不断变化，以适应日益增加的复杂性；还有部分学者认为体系是系统的链接，各系统间允许进行相互协同与协作（Manthorpe，1996；Geddes & Smith et al. 1998；Kotov，1999）。区别于一般系统，体系具有组成要素操作独立性、要素管理的独立性、要素的地理分布性、体系行为的涌现性和体系发展的演化性等五大特征（Maier，1996）。

随着研究的深入，基于不同视角和领域的各种体系概念不断涌现。如：在军事发展和未来战场中，体系作为一种系统集成方法，是由若干系统以不同方式关联起来以实现多种作战能力的独立系统集合或阵列，但其中任一组成部分缺失都会使得整体能力严重退化（Pei，2000；DOD，2004）。在人类社会发展、交通发展等领域，体系则被认为是包含各种活动的社会一技术复杂系统，通过组成系统之间的通信和控制实现整体涌现行为（Cook，2001；谭跃进，2011），体系中这些组成系统表现出独立运作、独立管理和区域分布等特征，在系统和系统间交互被单独考虑的情况下，体系的“涌现”行为并不会太明显（Delaurentis 2005；阳东升，2009）。在国外对体系的诸多界定中，美国国家体系工程中心（SOSECE，2009）提出的体系概念得到了普遍认可：体系是由多个自主的、嵌入的复杂系统组成的，以履行综合集成复杂系统职能以产生期望结果的巨系统，这些复杂系统在技术、环境、运行方式、地理区域和概念框架上都存在差异。

在国外体系基本内涵的基础上，我国学者对体系概念进行了拓展性研究。认为体系不是简单的系统叠加，而是一个处于特定动态复杂环境中的多个系统为完成共同使命而形成的整体，包括环境、使命、实体、结构、过程等基本要素（陈英武和姜江，2008；游光荣等，2010）。体系各组成系统独立运行，为实现共同目标而彼此合作，能发挥任何单个组成系统都不具备的整体功能（罗建原和罗帆，2014）

总体而言,“体系”概念是在“系统方法”基础上,融合了“硬系统方法”和“软系统方法”等系统科学分支发展演化而来(阳东升,2013),较之于一般系统和复杂系统,体系的属性、特征及行为表现都存在本质的不同(Sauser,2005)。其研究对象是由多个子系统构成复杂系统,体系内部各组分系统相互独立又相互关联,是一个为实现共同目标聚合在一起的大型系统集合或网络,体系的组成不同于一般系统的紧耦合结构,是一种组分系统之间的交互,而不是重叠(阳东升,2009)。体系可以提供系统简单集成所不具备的更多更强的功能,具有组分系统运行独立性、组分系统相互协作性、配置资源动态性、体系行为涌现性、重视系统能力的协调与开发、体系发展演化性等六大特征(顾基发,2018)。基于体系概念与特征,结合旅游经济发展实际可以发现,旅游经济就是一个多系统相互耦合的复杂系统,满足上述体系的几个主要特征。

2.2.3 体系工程理论分析框架研究进展

理论分析框架是指能够支撑或支持某一理论研究的基本结构。目前,国内外关于体系工程分析框架的研究成果较少,已有研究主要围绕管理与军事领域展开。在管理学领域,学术界主要围绕管理体系展开研究,如集成深水管理 SoSE 框架(Gorod & Sauser et al.,2008)、组织演化 SoS 框架(Chen & Clothier,2003)等。Gorod & Sauser 认为在复杂动态环境中,从风险、绩效、配置、政策和资源等五个方面创建海军集成深水管理 SoSE 框架是十分必要的;Chen & Clothier 则从“组织环境”出发,构建了基于组织演化的 SoS 框架。也有部分学者建议使用“新联邦制”原则构建企业管理的 SoS 分析框架,以区分 SoS 与单一系统(Sage & Cupan,2001;Keating, Rogers et al., 2003)。

在军事领域方面,美国国防部(DODAF,2004/2009)和英国国防部(MODAF,2005)分别构建了军事体系结构框架。我国学者则主要从体系工程框架与过程出发,构建了包括战略层、体系层和系统层三个层次的体系工程框架(陈英武和姜江,2008;葛冰峰等,2011)。其中战略层主要解决各个利益相关者参与的体系能力需求及战略任务规划;体系层是整个体系工程的核心,包括体系工程实施的基本过程与步骤;系统层则主要解决体系中成员系统的设计与开发问题。

具体而言，体系分析框架应该包含体系需求、体系设计、体系集成、体系管理、体系优化和体系评估六个方面（鲁延京，2006；谭跃进，2011）。其中体系需求是对体系工程实践中待开发体系需要达到的目标、满足的功能及结构的描述；体系设计是关于体系开发所采用的方法、体系结构、管理方式进行顶层规划的整体谋划；体系集成是研究体系组分系统的集成原理与方法；体系管理包括体系开发与运行的管理方法和理论两方面；体系优化即调整体系结构及功能使其行为最接近体系需求的目标；而体系评估是对体系行为进行综合评价，以判断体系开发的最终效果（谭跃进，2011；顾基发，2018）。由此，根据体系工程分析框架，联系本书研究主题，旅游经济高质量发展正是一个体系工程问题，满足体系工程的基本构件要求。然而，目前学术界还鲜有从体系视角构建旅游经济体系框架的相关研究。

2.2.4 体系工程理论的应用研究进展

体系工程理论的应用方向主要集中于体系设计与优化、多目标评价决策技术以及体系资源分配等方面。

首先，体系设计与优化是体系工程应用的重要方面。如郭鹏和王敏等（2012）构建了一套基于 SoS 理论的城市群体性事件预警体系；邓建平（2013）运用体系工程原理与方法，分析创新教育体系的本质及内涵，从需求与顶层设计、能力集成与构建、评价与演化等三个方面构建教育创新体系框架；张宏军等（2017）将体系工程方法运用于“智慧海洋”建设，在深入分析智慧海洋体系特征的基础上，对我国“智慧海洋体系”进行优化设计；Wanderley & Abel et al.（2018）采用 MBA（Memory Broker Agent）模型，构建相应的 SoS 架构，为管理者提供知识资本化管理方法，为团队成员提供个性化支持；刘轶男等（2021）运用体系工程思想，分析科技攻坚体系的特征，并提出优化我国科技攻坚体系的对策建议；等等。

其次，资源分配是体系工程价值的重要体现。体系资源包括现有的急待开发的各类子系统所拥有的资源，各子系统的资源优势不同，其在体系中职责与功能各异，所处的外在环境也不断变化。运用体系工程方法，可以对资源进行优化与组合，以促进体系不断发展演化。如 Antal & Pop（2017）运用体系工程方法，研究电网资源的分配问题，当智能电网中各子系统所处的外在环境发生变化时，如何做到优化电网资源组合，以促进智能电网体系不断发展演化。

最后，决策与预测是体系工程应用价值的又一体现，主要用于模糊不确定、不完全信息条件下的评估与决策。如 Marcel & Claudia et al.（2017）利用复杂系统的数学建模方法，用于智能电网评价，模拟结果显示：在柔性能量偏移的共同作用下，碳足迹每减少 5%，利润增加超过 14%；Shiva Abdolia & Sami Kara et al.（2019）运用体系工程理论对体系中产生新行为的产品系统的生命周期进行评估；Wang & Fei. et al.（2019）或将最大熵马尔可夫模型（MEMM）与时间序列相结合，构建预测模型，以解决动态和不确定环境中组分系统的可靠性预测问题；等等。

总而言之，体系工程要求从整体视角出发，统筹协调，实现资源的优化配置，通过提高各子系统之间互通互联互操作能力，实现体系各环节利益主体之间的相互配合，从而为体系整体效能的发挥奠定基础。旅游经济作为国民经济发展的重要组成部分，其发展具有高度的综合性和对外在环境的依赖性。因此，运用体系工程理论与方法，构建旅游经济体系框架，一方面可以辅助旅游决策，提高旅游发展决策的科学性；另一方面可以提高体系设计的合理性，帮助分析旅游经济发展过程中的各种不确定性问题，满足各子系统的利益诉求。此外，构建旅游经济体系有助于实现体系成员之间的旅游信息共享，强化其应对外在环境风险的抗衡能力。

2.3 旅游经济高质量发展理论研究进展

旅游经济高质量发展研究源于"高质量发展"这一理论命题。旅游业作为一个带动性和辐射性极强的产业，已成为我国国民经济重要的战略性支柱产业，并成为推动我国经济高质量发展的重要阵地。目前，学界围绕旅游经济高质量发展的概念内涵、影响因素、经济效果等展开了大量研究。

2.3.1 旅游经济高质量发展内涵研究进展

旅游经济高质量发展是"高质量发展"在旅游领域的延展（王育宝，2019）。

从已有成果来看，旅游高质量发展概念内涵的演进以“高质量发展”概念提出的时间为节点，其侧重点各有差异，但到目前为止，学术界对旅游经济高质量发展内涵尚未有统一界定。

在“高质量发展”概念提出之前，学术界对旅游经济高质量发展的概念内涵鲜有涉猎，相关研究主要围绕旅游业发展质量、旅游经济发展质量等两方面展开。从旅游产业发展视角看，陈秀琼和黄福才(2006)将旅游发展质量界定为旅游业发展水平、市场竞争和利益相关者满足程度，包括要素质量、产品质量、增长方式、运行质量、环境质量 5 个方面。刘大均(2012)、刘英基和韩元军(2020)等认为旅游发展质量是旅游业与社会、经济、生态环境及消费者评价相融合的综合指标，体现了区域旅游产业在发展的水平和能力(史灵歌和彭永娟 2014)。钟士恩和张婕(2014)在对比分析旅游质量、旅游目的地发展质量、旅游业发展质量等概念的基础上提出，旅游业发展质量是经济、社会文化和生态环境三个维度的统一。从旅游经济发展视角看，旅游发展质量是一个国家或地区在旅游经济数量增长的同时，在旅游经济增长的有效性、带动性、稳定性、协调性、创新性、可持续性等诸多方面表现出来的优劣程度(张洪等，2015)，其内涵包括平稳持续增长、生产效率提升、产业结构优化、消费结构合理性、资源环境承载力和可持续发展能力等六个方面(刘佳，2016；刘英基，2020)。

在“高质量发展”概念提出之后，旅游经济高质量发展成为学术界关注的焦点，但对于旅游经济高质量发展内涵的研究成果较少，概念体系尚不完善。少数学者对其进行了初步探索，认为旅游高质量发展是旅游活动利益相关者与利益、资源以及社会生态环境等诸要素相互作用的程度(何建民，2019)，是基于独特的人文、生态环境资源，以科学旅游规划为引领，创新旅游产品，以“＋旅游”实现产业融合发展为途径，实现生态效益、经济效益与社会效益统一的和谐发展(于法稳等，2020)。总体而言，旅游经济高发展质量被认为是在旅游经济总量与物质财富数量增长的基础上，对一定时期的旅游经济发展水平及其优劣性的价值判断(刘英基等，2020；唐业喜等，2021)，其核心要义是供给效益和发展公平，实现旅游供给与需求的高效、精准匹配，是旅游业高质量发展的关键(胡静等，2022)。

通过对已有概念的梳理可知，关于旅游经济高质量发展内涵，学术界多基于旅游产业属性，在考虑其发展效益的基础上进行界定，很少从体系视角进行分析，且很少关注旅游经济体系的构成要素、各子系统之间的耦合关系对旅游经济发展质量的影响。因此，本书认为：旅游经济高质量发展本质上是旅游经济体系的高质量发展，仅从产业属性进行概念界定是不完备的，还值得进一步商榷。

2.3.2 旅游经济高质量发展影响因素研究进展

关于旅游经济高质量发展的影响因素，专题研究较少，相关文献大致分为两类进行研究。一类是从单一因素出发，探讨产业集聚、资源禀赋、交通条件、公共服务、旅游治理、产业结构、科技发展等对旅游经济发展质量的影响。其中，产业集聚是促进旅游业高质量发展的重要手段，可以增加旅游目的地以及区域旅游竞争力优势（Dolnicar & Sara，2004；Mervyn & Jackson，2006）；旅游产业结构是旅游经济增长的基础性力量，但其影响力大小具有阶段性特征（刘春济等，2014；Deasy，Griess，2015）；资源禀赋则是影响旅游产业发展的主要因素，其在旅游经济发展中发挥着正效应，有利于旅游经济朝着高质量、可持续方向发展（苏建军等，2017）。此外，部分学者分别从公共服务、交通条件、旅游治理等因素着手，分析其对区域旅游经济发展的影响（张广海等，2015；马慧强等，2018；张洪昌，2019），以高铁、航空运输为主的便捷交通被认为是实现旅游经济高质量发展的重要基础（Pagliara & La Pietra et al.，2015；Wang & Yu & Jia，2018）；同时，科技革命是旅游经济高质量发展的重要动力，有利于托高旅游产品和服务质量底线（宋子千，2020）。另一类是多因素研究，如固定资产投资与环境治理对旅游产业发展影响显著，但对东部地区旅游发展的拉动作用明显大于中西部地区（周强，2018）；对外开放、财政支持、投资条件、政府变革、法治等都是影响旅游经济增长的重要因素（李光勤等，2018）。

此外，少数学者对旅游经济高质量发展的路径进行了探讨。如：度假区的高质量发展，可以从旅游管理体制变革，资源统筹规划、旅游人才培养、政策制度环境保障、旅游科技创新等五个方面进行（吴侃侃和金豪，2018）；从产业链视角出发寻求旅游资源整合，加大优秀人才引进与培养力度，强化旅游的品牌化发展理念，则是推动乡村旅游高质量发展的重要途径（张碧星，2018）；总的来说，要真正实现旅游经济高质量发展，必须以新思维、大视野，不断开拓旅游市场新主体，注入旅游产业发展新元素，集聚旅游发展新业态，塑造旅游产品新品牌，创新旅游开发治理新模式（唐任伍和徐道明，2018；周易等，2019）。

2.3.3 旅游经济高质量发展评价方法研究进展

旅游经济发展质量是学术持续关注的焦点问题，取得了丰硕的成果。已有研究主要围绕旅游发展效率、旅游发展质量两个方面，基于不同尺度展开。

一是从发展效率视角，对旅游发展质量进行评价。旅游效率被认为是旅游发展质量的重要指标，在一定程度上反映了旅游发展质量的高低。国外学者对旅游效率的评价主要以旅游企业经营效率（Morey & Dittman，1995；Hsieh & Lin，2010；Ashriafi & Magnini，2013）、旅游目的地发展效率（Hadad & Hadad et al.，2012）为主。国内学者对旅游效率的关注相对较晚，研究对象上以旅游企业效率为主，如旅游上市公司发展效率（谭伟和张建升，2010；任毅，2017；张大鹏等，2019）；旅游景区经营效率（曹芳东等，2014）；旅游酒店经营效率（简玉峰和刘长生，2019）等。研究尺度涉及省市、区域及全国等多个层面。通过研究发现，不同省市、区域的旅游效率存在较大差异（顾江和胡静，2008；周志宏和周雨婷，2012），人均 GDP 水平、固定资产额以及旅游企业数量等是影响区域旅游增长效率的主要因素（张金华 2012）。从全国层面来看，我国旅游经济发展效率整体呈上升趋势（杨萍等，2019），技术效率是旅游经济质量提升的核心推动力（张鹏杨等，2020）。

二是从旅游产业发展视角，多维度构建指标体系，对旅游发展质量进行评价。从全国层面来看，陈秀琼和黄福才（2006）基于产品、环境、要素、增长方式以及产业运行质量等方面构建指标体系对我国旅游产业发展质量进行评价。通过研究发现：1994 年以来，我国旅游产业发展质量总体呈下降趋势，与产业规模扩张相比，发展质量令人担忧；魏婕和李梦（2012）则研究了旅游业投入产出效率和旅游业运行质量，研究发现在 2000—2013 我国旅游业发展质量呈现明显的上升态势，但区域差距仍然存在；Sun & Zhang et al.（2015）利用 Malmquist 指数，以 2001—2009 年面板数据对中国旅游发展质量进行测度；

张爱平和钟林生(2015)等从产品、服务、设施、市场、环境质量五个方面,运用旅游质量发展协调度评价模型,测度发现我国旅游经济整体发展质量水平不高,且空间差异明显;Wenbin(2018)认为旅游发展绩效评价应以可持续发展理论为基础,从旅游发展的经济性、效率性、有效性和环境质量等四个方面构建批评框架;等等。从省际层面来看,Lozano & Blancas(2012)基于旅游目的地视角,从经济、社会、环境等三个维度选取 77 个指标,对西班牙安达卢椏地区的旅游发展质量进行评价;卢新新(2014)运用因子分析法,在陈秀琼和黄福才的评价体系基础上,加入公共服务因素,得出河南省旅游发展质量处于全国中游水平的结论;叶建赓和陶柯方等(2019)从产业要素、结构质量、环境质量、产品质量等七个方面构建旅游产业发展质量评价体系,运用模糊粗糙集理论研究云南省旅游发展质量,发现省内各地区发展质量差异性较大。

随着经济高质量发展概念的提出,学术界的关注焦点转向旅游经济高质量发展。如:刘英基和韩元军(2020)基于效率、结构和环境 3 个维度构建旅游经济高质量发展评价指标体系,运用 2003—2016 年省际面板数据对理论分析进行实证检验。结果表明,要素结构变动和制度环境是旅游经济高质量发展的关键因素;王松茂和褚玉静(2020)运用修正的 DEA 模型对 2008—2017 年“一带一路”18 个重点省份旅游资源转换效率进行测度,研究结果显示,提升旅游资源转换效率是旅游经济高质量发展的前提;何芙蓉和胡北明(2020)通过构建双重差分模型,评估发现“一带一路”倡议对我国沿线省份旅游业高质量发展具有明显促进作用;张新成和梁学成(2020)基于新发展理念建构旅游产业高质量发展评价指标体系,借助健康距离模型对 2009—2018 年黄河流域九省区的旅游产业高质量发展失配度演化特征及成因进行分析,研究结果显示,黄河流域九省区旅游产业高质量发展失配度呈现下降趋势,地区不均衡问题凸显,呈现自西向东阶梯递减格局;阎友兵和胡欢欢(2021)从产业发展活力、创新、协调、绿色、开放、共享和有效七个维度构建指标体系,利用熵值法和地理信息系统方法,对我国 30 个省(市、区)旅游业高质量发展水平进行测度,发现我国旅游业高质量发展水平总体呈现上升趋势,但地区差异并未缩小;唐业喜和左鑫(2021)等构建了创新、协调、绿色、开放、共享、有效等 6 个维度的评价体系,运用熵权 AHP 和 TOPSIS 模型对湖南省旅游经济高质量发展水平进行评价，研究发现湖南省 14 个市（州）旅游经济高质量发展水平逐年提升，但各地动态演变规律不一；肖黎明、王彦君和郭瑞雅（2021）基于乡愁内涵构建了乡村旅游高质量发展指标体系，运用泰尔指数、核密度和标准差椭圆等方法，对 2007—2018 年黄河流域乡村旅游高质量发展的区域差异及演进特征进行了考察；王兆峰、谢佳亮和吴卫（2022）从产业转型、产业运行及产业共享等三个维度构建评价指标体系，对环长株潭城市群 2003—2018 年旅游经济高质量发展水平进行评价，探讨其变化情况和时空分布特征；等等。

综上所述，学术界对旅游经济高质量发展研究整体上尚处初步探索阶段。主要呈现出以下三大特征：

一是现有文献主要围绕旅游经济高质量发展的内涵、路径及评价等方面进行了初步探索，但很少从体系视角分析其构成要素、各子系统之间的耦合关系，缺乏系统深入理论体系研究。

二是评价指标体系不够完善。目前所构建的高质量发展评价指标体系，多是从旅游产业自身要素出发，借鉴经济高质量发展评价体系，或增减部分指标而成，对旅游经济发展特殊、边界的模糊性，各子系统之间的耦合性等特点认知不足，不能切实体现旅游经济高质量发展的现实要求。

三是研究方法较为单一，现有研究主要运用数据包络法、Malmquist 指数、主成分分析法、神经网络、物元可拓模型、DEA 模型、双重差分模型等定量评价方法。事实上，旅游经济体系是一个多系统构成的复杂系统，各子系统之间相互影响，相互制约，脱离这种影响去构建评价指标体系，显然是不完备的，其评价结果对旅游经济高质量发展的战略制定作用甚微。因此，本书将改变以往的评价体系和方式，提出体系视角的旅游经济高质量评价方法。

第三章　旅游经济相关模糊评价方法研究

本书研究目的是通过构建旅游经济体系理论分析框架，在测度我国旅游经济体系的耦合程度基础上，对我国旅游经济高质量发展水平进行评价。然而，在评价过程中面临着很多指标测度的现实困境。很多耦合指标和高质量评价指标目前缺乏历史统计数据，无法用精确的数据进行刻画，只能通过问卷调查或者访谈的方式获得相关数据，特别是很多指标只能通过行业专家人士的主观评价获得数据。这些数据往往是不确定的，具有模糊性。尽管理论界对模糊数有很多研究，但还存在一些不完善之处，现有的一些模糊数还不能很好地刻画现实问题，严重限制着模糊数理论的应用。为此，本书重点对区间数模糊评价和区间直觉模糊数评价等两个方法进行研究，研究其形成的统计方法，为后续体系耦合度和高质量评价奠定基础。

3.1 区间数评价方法①

3.1.1 区间数内涵及运算法则

定义 3.1②（区间数）若 $-\infty < a^{-} \leqslant a^{+} < +\infty$ ，则称 $a = [a^{-}, a^{+}]$ 为实数空间中的有界闭区间数。如果 $a^{-} \geqslant 0$ ，则称 $a = [a^{-}, a^{+}]$ 为非负有界闭区间

① 注：本节研究内容发表在《中国管理科学》2020 年第 12 期。

② 胡启洲，张卫华. 区间数理论的研究及其应用[M]. 科学出版社，2010。

数。特别地，如果 $a^- = a^+ = a$，则 $a = [a^-, a^+]$ 退化为实数 a。

区间数 $a = [a^-, a^+]$ 本质上就是评级指标 X 的取值区间。现有研究多默认 X 在区间 $[a^-, a^+]$ 上的取值服从均匀分布。但现实情况却存在多种可能性，其可能服从均匀分布，也可能服从正态分布、t 分布等对称分布，还有可能服从三角分布等。诸如在旅游经济高质量发展评价中考虑居民收入状况，根据相关统计数据，居民个人收入服从右偏分布，因而用带右偏分布的区间数刻画居民收入是一种科学的选择。因此，在定义 3.1 的基础上，将取值区间 X 的分布状态纳入区间数内涵，定义带分布的区间数为：

定义 3.2[①]如果旅游经济发展指标 X 在区间 $[a^-, a^+]$ 上的取值服从概率分布 $F(x)$，对应密度函数为 $f(x)$，则称区间数 $a = [a^-, a^+]$ 为带分布区间数。

(1)如果 $F(x)$ 为均匀分布(Uniform distribution)，即：

$$F(x) = \begin{cases} 0, x < a^- \\ (x - a^-)/(a^+, a^-), a^- \leqslant x \leqslant a^+ \\ 1, x \geqslant a^+ \end{cases}$$

则称 $a = [a^-, a^+]$ 为均匀分布区间数，记 $a \sim UF[a^-, a^+]$，即为定义 3.1 的区间数；

(2)如果 $F(x)$ 为对称分布(Symmetric distribution)，即满足：

$$f(a_e - x) = f(a_e + x), \ \forall x \in R$$

则称 $a = [a^-, a^+]$ 为对称分布区间数，即 $a \sim SF[a^-, a_e, a^+]$；

(3)如果 $F(x)$ 为三角分布(Triangular distribution)，即：

$$F(x) = \begin{cases} 0, x < a^- \\ F^-(x), a^- \leqslant x \leqslant a \\ F^+(x), a < x \leqslant a^+ \\ 1, x \geqslant a^+ \end{cases}$$

其中 $F^-(x) \triangleq \dfrac{(x - a^-)^2}{l_a(a - a^-)}$，$F^+(x) \triangleq 1 + \dfrac{(x - a^+)^2}{l_a(a - a^+)}$，$l_a = a^+ - a^-$，$a^-$

① 胡启洲，张卫华. 区间数理论的研究及其应用[M]. 科学出版社，2010。

$< a < a^+$，则称 $a = [a^-, a^+]$ 为三角分布区间数，记. $a \sim \triangle F[a^-, a, a^+]$.

定义 3.3 设 $a = [a^-, a^+]$ 和 $b = [b^-, b^+]$ 是任意两个带分布区间数，则定义：

(1) $a + b = [a^- + b^-, a^+ + b^+]$

(2) $a - b = [a^- - b^+, a^+ - b^-]$

(3) $ab = [min\{a^- b^-, a^- b^+, a^+ b^-, a^+ b^+\}, max\{a^- b^-, a^- b^+, a^+ b^-, a^+ b^+\}]$

(4) $$\frac{1}{b} = \begin{cases} [(b^+)^{-1}, (b^-)^{-1}], b^- > 0 \\ (-\infty, (b^-)^{-1}] \cup [(b^+)^{-1}, +\infty), b^- < 0, b^+ > 0 \\ [(b^-)^{-1}, (b^+)^{-1}], b^+ < 0 \end{cases}$$

(5) $$ka = \begin{cases} [ka^-, ka^+], k \geqslant 0 \\ [ka^+, ka^-], k < 0 \end{cases}$$

(6) $a^\lambda = [(a^-)^\lambda, (a^+)^\lambda]$，$\lambda \geqslant 0$

性质 3.1 设 $a = [a^-, a^+]$ 和 $b = [b^-, b^+]$ 均为对称分布区间数，则它们的"和、差、乘、倒数、数乘、幂"等运算所获得的区间数仍然为对称分布区间数。

证明：记 $a = [a^-, a^+]$ 和 $b = [b^-, b^+]$ 对应变量 X 和 Y，并假设相互独立，密度函数分别为 $f(x)$ 和 $g(y)$，满足对称分布密度函数特征，即：

$$f(a_e + x) = f(a_e - x)$$

和

$$g(b_e - y) = g(b_e + y), \ x, y \in R,$$

其中 a_e 和 b_e 表示区间数的中值。

以 $a + b$ 为例，证明其为对称分布区间数。

记 $K(z)$ 为 $a + b$ 对应的分布函数，根据概率论，显然 $Z = X + Y$ 的概率分布函数为：

$$K(z) = P\{Z \leqslant z\} = P\{X + Y \leqslant z\} = \iint_{D_z} f(x)g(y)\mathrm{d}x\mathrm{d}y \quad (3.1)$$

其中 $D_Z = \{(x, y) \mid a^- \leqslant x \leqslant a^+, b^- \leqslant y \leqslant b^+, x + y \leqslant z, z \in R\}$。

显然，要证明 $a + b$ 对称分布区间数，只要证明 $K(z)$ 满足如下方程：

$$K(z) + K(2(a_e + b_e) - z) = 1, z \in (-\infty, +\infty)。 \quad (3.2)$$

事实上，在(3.1)式中引入变换 $u=x-a_e, v=y-b_e$，记 $l_a=a^+-a^-$，$l_b=b^+-b^-$，并注意到分布的对称性，则(3.1)式变为：

$$K(z)=\iint_{\bar{D}_z} f(u+a_e)g(v+b_e)\mathrm{d}u\mathrm{d}v \tag{3.3}$$

其中，

$\bar{D}_z=\left\{(u,v) \mid |u|\leqslant \frac{l_a}{2}, |v|\leqslant \frac{l_b}{2}, u+v\leqslant z-(a_e+b_e), z\in R\right\}$ 由此，得到：

$$K(2(a_e+b_e)-z)=\iint_{\bar{D}_{2(a_e+b_e)-z}} f(u+a_e)g(v+b_e)\mathrm{d}u\mathrm{d}v \tag{3.4}$$

其中，

$\bar{D}_{2(a_e+b_e)-z}=\left\{(u,v) \mid |u|\leqslant \frac{l_a}{2}, |v|\leqslant \frac{l_b}{2}, u+v\leqslant (a_e+b_e)-z, z\in R\right\}$

对(3.4)式做变换 $u'=-u, v'=-v$，，则变为

$$K(2(a_e+b_e)-z)=\iint_{\bar{D}_{2(a_e+b_e)-z}} f(-u+a_e)g(-v+b_e)\mathrm{d}u\mathrm{d}v \tag{3.5}$$

其中，

$\bar{D}_{2(a_e+b_e)-z}=\left\{(u,v) \mid |u|\leqslant \frac{l_a}{2}, |v|\leqslant \frac{l_b}{2}, u+v\geqslant z-(a_e+b_e), z\in R\right\}$。

再注意到 $f((a_e+x)=f(b_e-x)$ 和 $g((b_e-y)=g(b_e+y)$，则(3.5)式等价于：

$$K(2(a_e+b_e)-z)=\iint_{\bar{D}_{2(a_e+b_e)-z}} f(u+a_e)g(v+b_e)\mathrm{d}u\mathrm{d}v \tag{3.6}$$

于是，根据(3.4)式和(3.6)式，得到：

$$K(z)+K(2(a_e+b_e)-z)=\iint_{\bar{D}_z\cup\bar{D}_{2(a_e+b_e)-z}} f(u+a_e)g(v+b_e)\mathrm{d}u\mathrm{d}v=1$$

其中积分区域为：

$\bar{D}_z\cup\bar{D}_{2(a_e+b_e)-z}=\left\{(u,v) \mid |u|\leqslant \frac{l_a}{2}, |v|\leqslant \frac{l_b}{2}, z\in R\right\}$，证毕。

根据性质 3.1，很容易得到如下推论：

推论 3.1 如果 $a=[a^-,a^+]$ 和 $b=[b^-,b^+]$ 是任意两均匀分布区间数，则 $a\pm b$ 均为对称梯形分布区间数。

证明：类似地，本书仅证明 $a-b$ 为对称梯形分布区间数。假设 $a=[a^-,a^+]$ 和 $b=[b^-,b^+]$ 对应随机变量 X 和 Y，均匀分布密度函数分别为 $f(x)$，$g(y)$，根据区间数“减运算”，运用概率论知识，$a-b$ 对应分布为随机变量 $Z=X-Y$ 的概率分布函数，即：

$$F_z(z)=P\{Z\leqslant z\}=P\{X-Y\leqslant z\}=\iint_{D_z}f(x)g(y)\mathrm{d}x\mathrm{d}y \quad (3.7)$$

其中，积分区域：

$D_Z=\{(x,y)\mid a^-\leqslant x\leqslant a^+,b^-\leqslant y\leqslant b^+,x-y\leqslant z,z\in R\}$

值得注意的是，对任意两个区间数 $a=[a^-,a^+]$ 和 $b=[b^-,b^+]$，很容易证明：

(1)当 $l_a<l_b$，即 $a^+-a^-<b^+-b^-$ 时，恒有 $a^--b^+<a^+-b^+<a^--b^-<a^+-b^{-+}$；

(2)当 $l_a\geqslant l_b$，即 $a^+-a^-\geqslant b^+-b^-$ 时，恒有 $a^--b^+<a^--b^-\leqslant<a^+-b^+<a^+-b^+$；.

如果记：

$d_1\triangleq a^--b^+,d_2\triangleq \min\{a^--b^-,a^+-b^+,d_2\triangleq \max\{a^--b^-,a^+-b^+\}$，$d_4\triangleq a^+-b^-$，则 $d_1<d_2<d_3<d_4$。

因此，可根据区间数的长度大小关系，分别计算 $F_z(z)$。

当 $l_a<l_b$ 时，由于 $f(x)$，$g(y)$ 均为均匀分布密度函数，根据(3.7)式很容易计算得到：

$$F_z(z)=\begin{cases}0,z<a^--b^+\\ \dfrac{(b^+-a^-+z)^2}{2\,l_a\,l_b},a^--b^+\leqslant z<a^--b^-\\ \dfrac{1}{l_b}\left(\dfrac{1}{2}\,l_a+(b^+-a^++z\right),a^+-b^+\leqslant z<a^--b^-\\ 1-\dfrac{1}{2\,l_a\,l_b}\,(a^+-b^--z)^2,a^--b^-\leqslant z<a^+-b^-\\ 1,z\geqslant a^+-b^-\end{cases}$$

对 $F_z(z)$ 求导，于是得到对应的分布密度函数为：

$$F_z(z)=\begin{cases}0,z<a^- - b^+ \text{ 或 } z\geqslant a^+ - b^- \\ \dfrac{z+b^+ - a^-}{l_a l_b},a^- - b^+\leqslant z<a^+ - b^+ \\ \dfrac{1}{l_b},a^+ - b^+\leqslant z<a^- - b^- \\ -\dfrac{z+b^- - a^+}{l_a l_b},a^- - b^-\leqslant z<a^+ - b^-\end{cases}\tag{3.8}$$

当 $l_a\geqslant l_b$ 时，则采用同样的计算过程一样，得到分布密度函数：

$$F_z(z)=\begin{cases}0,z<a^- - b^+ \text{ 或 } z\geqslant a^+ - b^- \\ \dfrac{z+b^+ - a^-}{l_a l_b},a^- - b^+\leqslant z<a^- - b^- \\ \dfrac{1}{l_b},a^- - b^-\leqslant z<a^+ - b^+ \\ -\dfrac{z+b^- - a^+}{l_a l_b},a^+ - b^+\leqslant z<a^+ - b^-\end{cases}\tag{3.9}$$

记：$d_1\triangleq a^- - b^+,d_2\triangleq\min\{a^- - b^-,a^+ - b^+,d_2\triangleq\max\{a^- - b^-,a^+ - b^+\}$，

$d_4\triangleq a^+ - b^-$ 。综合(3.8)式和(3.9)式，整合得到结论：

$$F_z(z)=\begin{cases}0,z<d_1 \\ \dfrac{z-d_1}{l_a l_b},d_1\leqslant z<d_2 \\ \dfrac{1}{\max(l_a,l_b)},d_2\leqslant z<d_3 \\ \dfrac{-z+d_4}{l_a l_b},d_3\leqslant z<d_4 \\ 0,z\geqslant d_4\end{cases}$$

综上可知，这是一个对称的梯形分布密度函数，充分说明均匀分布区间数经过“减运算”后不再具有均匀分布特征，证毕。

3.1.2 区间数可能度计算模型及性质

定义 3.4(可能度)设 $a=[a^-,a^+]$ 和 $b=[b^-,b^+]$ 是任意两个区间数，对

应随机变量 X 和 Y，则区间数 $a \sim \Delta[a^-,\alpha,a^+]$ 大于等于 $b \sim \Delta[b^-,\beta,b^+]$ 的可能度定义为概率

$$P\{a > b\} \triangleq P\{X > Y \mid X \in [a^-,a^+],Y \in [b^-,b^+]\}$$

根据两个区间的上下限大小 6 种关系，定义 3.4 可直观地通过图 3.1 解释为：

由两个相互独立的随机变量 X 和 Y 所构成的二维随机向量(X，Y)，在取值矩形区域

$$D \triangleq \{(x,y) \mid x \in [a^-,a^+],y \in [b^-,b^+]\}$$

中，可能度为取值于直线 $x = y$ 下方区域

$$D^* \triangleq \{(x,y) \mid a^- < x < a^+,b^- < y < b^+,y \leqslant x\}$$

的概率。

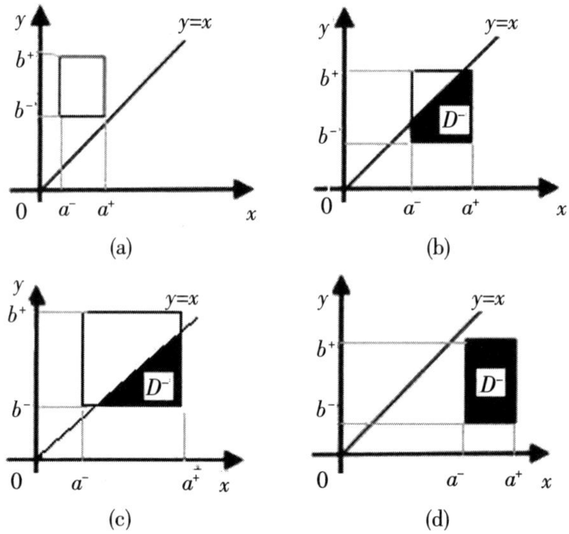

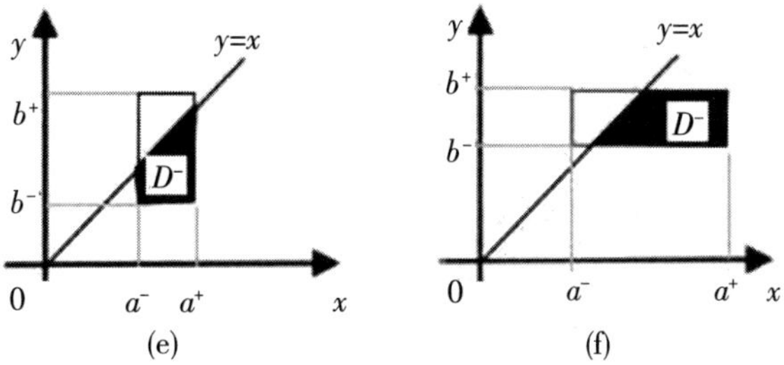

图 3.1 区间数大小比较模糊事件平面示意图

Fig 3.1 Plane diagram of fuzzy event comparison of interval number and size

于是，根据定义 3.4，可获得区间数可能度的如下计算模型，见定义 3.5：

定义 3.5 设 $a=[a^-,a^+]$ 和 $b=[b^-,b^+]$ 是任意两个带分布区间数，对应分布为 $F(x)$ 和 $G(x)$，密度函数为 $f(x)$ 和 $g(y)$，则可能度计算模型为：

$$P\{a \geqslant b\} = \iint_{D^*} f(x)g(y)\mathrm{d}x\mathrm{d}y \tag{3.10}$$

其中，$D^* \triangleq \{(x,y) \mid a^- < x < a^+, b^- < y < b^+, y \leqslant x\}$

根据定义 3.5，基于图 3.1 中(a)－(f)等 6 种情形，运用二重定积分思想，得到可能度计算公式，见定理 3.1：

定理 3.1 设 $a=[a^-,a^+]$ 和 $b=[b^-,b^+]$ 是任意两个带分布区间数，对应分布为 $F(x)$ 和 $G(x)$，其满足 $F(a^-)=G(b^-)=0, F(a^+)=G(b^+)=1$，同时，设 $q_j(j=1,2,3,4)$ 为 a^-,a^+,b^-,b^+ 中第 j 大的数，则 $P\{a \geqslant b\}$ 计算公式为

$$P\{a \geqslant b\} =$$

$$\frac{1}{4}(1-1_{(b^- - a^+)})\left[1+1_{(a^- - b^+)}+(1-1_{(a^- - b^+)})(\bar{F}(q_2)+\int_{q_3}^{q_2} G(x)\mathrm{d}F(x))\right] \tag{3.11}$$

其中 $\bar{F}(x)=1-F(x)$ 表示尾分布，$1_{(x)}=\begin{cases}1, x>0\\-1, x\leqslant 0\end{cases}$ 为符号函数。

证明：根据定义 3.5，结合图 3.1 的 6 种情形分别进行计算：

(1)图 3.1(a)：$a^- \leqslant a^+ < b^- \leqslant b^+$ 的情形。此时模糊事件 $\{a > b\} = \phi$，显然结合示性函数，有：

$$P\{a \geqslant b\} = 0 = \frac{1}{2}(1 - 1_{(b^- - a^+)})$$

(2)图 3.1(b)：$b^- \leqslant a^- < b^+ \leqslant a^+$ 的情形，注意到此时 $q_2 = b^+$，$q_3 = a^-$，于是有：

$$\begin{aligned} P\{a \geqslant b\} &= \iint\limits_{\substack{a^- \leqslant x \leqslant b^+ \\ b^- \leqslant y \leqslant x}} f(x)g(y)\mathrm{d}x\mathrm{d}y + \iint\limits_{\substack{b^+ \leqslant x \leqslant a^+ \\ b^- \leqslant y \leqslant b^+}} f(x)g(y)\mathrm{d}x\mathrm{d}y \\ &= \int_{a^-}^{b^+} \left(f(x)\int_{b^-}^{x} g(y)\mathrm{d}y\right)\mathrm{d}x + \int_{b^+}^{a^+} f(x)\mathrm{d}x \int_{b^-}^{b^+} g(y)\mathrm{d}y \\ &= \int_{a^-}^{b^+} G(x)\mathrm{d}F(x) + \bar{F}(b^+) \\ &= \bar{F}(q_2) + \int_{q_3}^{q_2} G(x)\mathrm{d}F(x) \end{aligned}$$

(3)图 3.1(c)：$b^- \leqslant a^- < a^+ \leqslant b^+$ 的情形，注意到此时 $q_2 = a^+$，$q_3 = a^-$ 且 $\bar{F}(q_2) = 0$，于是有：

$$\begin{aligned} P\{a \geqslant b\} &= \iint\limits_{\substack{a^- \leqslant x \leqslant b^+ \\ b^- \leqslant y \leqslant x}} f(x)g(y)\mathrm{d}x\mathrm{d}y \\ &= \int_{a^-}^{a^+} G(x)\mathrm{d}F(x) \\ &= \bar{F}(q_2) + \int_{q_3}^{q_2} G(x)\mathrm{d}F(x) \end{aligned}$$

(4)图 3.1(d)：$a^- \leqslant b^- < b^+ \leqslant a^+$ 的情形，注意到此时 $q_2 = b^+$，$q_3 = b^-$ 于是有：

$$\begin{aligned} P\{a \geqslant b\} &= \iint\limits_{\substack{y \leqslant x \leqslant a^+ \\ b^- \leqslant y \leqslant b^+}} f(x)g(y)\mathrm{d}x\mathrm{d}y \\ &= \bar{F}(b^+) + \int_{b^-}^{b^+} G(y)\mathrm{d}F(y) \\ &= \bar{F}(q_2) + \int_{q_3}^{q_2} G(x)\mathrm{d}F(x) \end{aligned}$$

(5)图 3.1(e)：$a^- \leqslant b^- < a^+ \leqslant b^+$ 的情形，注意到此时 $q_2 = a^+$，$q_3 = b^-$，且 $\bar{F}(q_2) = 0$，于是有：

$$P\{a \geqslant b\} = \iint\limits_{\substack{b^- \leqslant x \leqslant a^+ \\ b^- \leqslant y \leqslant x}} f(x)g(y)\mathrm{d}x\mathrm{d}y$$

$$= \int_{b^-}^{a^+} G(x)\mathrm{d}F(x)$$

$$= \bar{F}(q_2) + \int_{q_3}^{q_2} G(x)\mathrm{d}F(x)$$

(6)图 3.1(f)：$b^- \leqslant b^+ < a^- \leqslant a^+$ 的情形。此时模糊事件 $\{a > b\} = \Omega$，显然：

$$P\{a \geqslant b\} = 1 = \frac{1}{2}(1 + 1_{(a^- - b^+)})$$

将上述 6 种情形运用示性函数结合起来，定理 3.1 的结论(3.11)式成立，证毕。

下面给出几种特殊情形下的可能度计算公式：

(1)a 和 b 同为均匀分布区间数的可能度计算公式

根据定理 3.1，很容易得到如下推论：

推论 3.2　如果 $a = [a^-, a^+]$ 和 $b = [b^-, b^+]$ 是任意两个均匀分布区间数，记 q_i 为 a^-, a^+, b^-, b^+ 中第 j 大的数，$j = 1,2,3,4$，则 $P\{a \geqslant b\}$ 计算公式为：

$$P\{a \geqslant b\} = \frac{1}{4}(1 - 1_{(b^- - a^+)})[1 + 1_{(a^- - b^+)} + (1 - 1_{(a^- - b^+)})(1 - \frac{1}{l_a}(q_2 - a^-) + \frac{1}{2 l_a l_b}(q_2 - q_3)(q_2 + q_3 - 2 b^-))] \tag{3.12}$$

显然(3.12)式正是肖峻和张跃等(2011)可能度计算模型 7，由此说明定理 3.1 推广了肖峻和张跃等(2011)的结论。

(2)a 为均匀分布区间数和 b 为三角分布区间数的可能度计算公式

记区间数 b 的三角分布函数为：

$$G(x) = \begin{cases} 0, x < b^- \\ G^-(x), b^- \leqslant x \leqslant \beta \\ G^+(x), \beta \leqslant x \leqslant b^+ \\ 1, x < b^+ \end{cases} \tag{3.13}$$

其中，

$$G^-(x) \triangleq \frac{(x - b^-)^2}{l_b(\beta - b^-)}, G^+(x) \triangleq 1 + \frac{(x - b^+)^2}{l_b(\beta - b^+)}$$

参数 $b^- < \beta < b^+$ 。相应地，记 $a \sim \triangle G(b^-, \beta, b^+)$ 。

推论 3.3 如果 $a = [a^-, a^+]$ 为均匀分布区间数，$b = [b^-, b^+]$ 为三角分布区间数，记 $q_i (j = 1,2,3,4)$ 为 a^-, a^+, b^-, b^+ 中第 j 大的数，$G(x)$ 为 $b = [b^-, b^+]$ 所对应的三角分布函数，则 $P\{a \geqslant b\}$ 计算公式为：

$$P\{a \geqslant b\} = \frac{1}{4}(1 - 1_{(b^- - a^+)})$$

$$\left[1 + 1_{(a^- - b^+)} + (1 - 1_{(a^- - b^+)})(1 - \frac{1}{l_a}(q_2 - a^-) + \frac{1}{l_a}\int_{q_3}^{q_2} G(x)\mathrm{d}x\right] \tag{3.14}$$

其中，

(ⅰ) $\int_{q_3}^{q_2} G(x)\mathrm{d}x = \frac{1 + 1_{q_3 - \beta}}{2}\int_{q_3}^{q_2} G^+(x)\mathrm{d}x + \frac{1 + 1_{q_3 - \beta}}{4}$

$$\left[(1 + 1_{q_2 - \beta})(\int_{\beta}^{q_2} G^-(x)\mathrm{d}x + \int_{\beta}^{q_2} G^+(x)\mathrm{d}x + (1 + 1_{q_2 - \beta})\int_{q_3}^{q_2} G^+(x)\mathrm{d}x\right]$$

(ⅱ) $\int_{\beta}^{q_2} G^-(t)\mathrm{d}t = \frac{(y - b^-)^3 - (x - b^-)^3}{3\, l_b(\beta - b^-)}$

(ⅲ) $\int_{\beta}^{q_2} G^+(t)\mathrm{d}t = (y - x) + \frac{(y - b^+)^3 - (x - b^+)^3}{3\, l_b(\beta - b^+)}$

例 3.1：假设区间数 $a = [0.1988, 0.2070]$ 和 $b = [0.1800, 0.2300]$ 分别表示 A、B 两个地区旅游经济高质量发展评价中某个指标的区间数评价值。如果默认指标的取值在对应区间中服从均匀分布，则根据推论 3.2 的(3.14)式，$P\{a \geqslant b\} = 0.4580$，说明 a 以概率 0.4850 大于 b，按照下面的定义 3.7，界定为 $b > a$；但如果 B 地区旅游经济高质量发展指标服从三角分布，假设 $b \sim \triangle G[0.1800, 0.1810, 0.2300]$，是一个右偏分布，则根据推论 3.3 的(3.14)式，$P\{a \geqslant b\} = 0.6980$，说明 a 以概率 0.6980 大于 b，界定为 $a > b$，得到了相反的结论，这充分说明了分布特征对可能度的值具有很大的影响。

(3) a 和 b 同为三角分布区间数的可能度计算公式

假设区间数 $a = [a^-, a^+]$ 和 $b = [b^-, b^+]$ 均为三角分布区间数。为了更好地表达下面的推论，先根据它们的分布函数，计算得到如下一组积分算子：

$$\int_{x}^{y} G^-(t)\mathrm{d}F^- = \frac{(3y + b^- - 4\,a^-)(y - b^-)^3 - (3x + b^- - 4\,a^-)(x - b^-)^3}{6\, l_a\, l_b(\beta - b^-)(a - a^-)}$$

$$\int_x^y G^-(t)\mathrm{d}F^+(t) = \frac{(3y+b^- - 4a^+)(y-b^-)^3 - (3x+b^- - 4a^+)(x-b^-)^3}{6\,l_a\,l_b(\beta - b^-)(a-a^+)}$$

$$\int_x^y G^+(t)\mathrm{d}F^-(t) = \frac{(y+a^-)^2-(x-a^-)^2}{l_a(a-a^-)}$$

$$+\frac{(3y+b^+ - 4a^-)(y-b^+) - (3x+b^+ - 4a^-)(x-b^-)^3}{6\,l_a\,l_b(\beta - b^+)(a-a^-)}$$

$$\int_x^y G^+(t)\mathrm{d}F^+(t) = \frac{(y-a^-)^2-(x-a^+)^2}{l_a(a-a^+)}$$

$$+\frac{(3y+b^+ - 4a^+)(y-b^+) - (3x+b^+ - 4a^+)(x-b^+)^3}{6\,l_a\,l_b(\beta - b^+)(a-a^+)}$$

推论 3.4 如果 $a=[a^-,a^+]$ 和 $b=[b^-,b^+]$ 同为三角分布区间数，记 $q_i(j=1,2,3,4)$ 为 a^-,a^+,b^-,b^+ 中第 j 大的数，$\alpha\wedge\beta \triangleq \min(\alpha,\beta)$，$\alpha\vee\beta \triangleq \max(\alpha,\beta)$，则：

$$P\{a\geqslant b\} = \frac{1}{4}(1-1_{(b^- - a^+)})$$

$$\left[1+1_{(a^- - b^+)}+(1-1_{(a^- - b^+)})(\bar{F}(q_2)-\int_{q_3}^{q_2}G(x)\mathrm{d}F(x))\right] \quad (3.15)$$

其中，

（ⅰ）$\int_{q_3}^{q_2}G(x)\mathrm{d}Fx = \theta_1 \int_{q_3\wedge(\alpha\wedge\beta)}^{(\alpha\wedge\beta)\vee q_3}\bar{G}(t)\mathrm{d}F^-(t) + H_{(\alpha\wedge\beta)\vee q_3}^{q_2\wedge(\alpha\vee\beta)} + \theta_2 \int_{q_2\wedge(\alpha\wedge\beta)}^{(\alpha\wedge\beta)\vee q_2}\overset{+}{G}(t)\mathrm{d}F^+(t)$

（ⅱ）$\theta_1 \triangleq \begin{cases}1,\alpha\wedge\beta\geqslant q_3\\0,\alpha\wedge\beta\leqslant q_3\end{cases}$，$\theta_2 \triangleq \begin{cases}1,\alpha\vee\beta\geqslant q_2\\0,\alpha\vee\beta\leqslant q_2\end{cases}$。

（ⅲ）$H|_x^y = \frac{1}{4}\int_x^y[1+1_{(\alpha+\beta)}G^+(x)+1-1_{(\alpha-\beta)}G^-(x)]\mathrm{d}[1+1_{(\alpha+\beta)}F^-(x)+1-1_{(\alpha-\beta)}F^+(x)]$

证明：根据定理 3.1，只需在 $q_j, j=1,2,3,4$ 与 α,β 之间的如下四大类关系下解决(3.11)式中积分的计算问题。

(1)如果 $q_1\leqslant\alpha\wedge\beta<q_3\leqslant\alpha\vee\beta\leqslant q_2<q_1$，则：

1)当 $\alpha>\beta$ 时，对应两种关系：

ⅰ）$b^-\leqslant\beta\leqslant a^-\leqslant a<b^+\leqslant a^+$；

ⅱ）$b^- \leqslant \beta \leqslant a^- \leqslant \alpha < a^+ \leqslant b^+$，

根据(3.11)式，均有：

$$\int_{q_3}^{q_2} G(x)\mathrm{d}F(x) = \int_{q_3}^{\alpha} G^+(x)\mathrm{d}F^-(x) + \int_{\alpha}^{q_2} G^+(x)\mathrm{d}F^+(x)$$

$$= \int_{q_3}^{\alpha \vee \beta} G^+(x)\mathrm{d}F^-(x) + \int_{\alpha \vee \beta}^{q_2} G^+(x)\mathrm{d}F^+(x)$$

2)当 $\alpha \leqslant \beta$ 时，同样对应两种关系：

ⅰ）$a^- \leqslant \alpha \leqslant b^- \leqslant \beta < b^+ \leqslant a^+$；

ⅱ）$a^- \leqslant \alpha \leqslant b^- \leqslant \beta < a^+ \leqslant b^+$，

根据(3.11)式，均有：

$$\int_{q_3}^{q_2} G(x)\mathrm{d}F(x) = \int_{q_3}^{\beta} G^-(x)\mathrm{d}F^+(x) + \int_{\beta}^{q_2} G^+(x)\mathrm{d}F^+(x)$$

$$= \int_{q_3}^{\alpha \vee \beta} G^-(x)\mathrm{d}F^+(x) + \int_{\alpha \vee \beta}^{q_2} G^+(x)\mathrm{d}F^+(x)$$

于是，根据 α,β 的大小关系，运用示性函数 $1_{(\alpha-\beta)}$，即如果 $\alpha > \beta$ 则 $1_{(\alpha-\beta)} = 1$，否则 $1_{(\alpha-\beta)} = -1$，整合上述 $\alpha > \beta$ 和 $\alpha < \beta$ 两种情形下的结果，得到：

$$\int_{q_3}^{q_2} G(x)\mathrm{d}F(x) = H\big|_{q_3}^{\alpha \vee \beta} + \int_{\alpha \vee \beta}^{q_2} G^+(x)\mathrm{d}F^+(x)$$

$$= H_{(\alpha \wedge \beta) \vee q_3}^{(\alpha \vee \beta) \wedge q_2} + G^+ \odot (x)\mathrm{d}F^+ \big|_{(\alpha \vee \beta) \wedge q_2}^{(\alpha \vee \beta) \vee q_2} \tag{3.16}$$

其中，

$$H\big|_x^y = \frac{1}{4}\int_x^y [(1 + 1_{(\alpha-\beta)})G(x) + [1 - 1_{(\alpha-\beta)} G^-(x)]\mathrm{d}[(1 + 1_{(\alpha-\beta)})\bar{F}(x) +$$

$$(1 - 1_{(\alpha-\beta)}) F^+(x)]. \tag{3.17}$$

(2)如果 $q_4 \leqslant \alpha \wedge \beta < q_3 < q_2 \leqslant \alpha \vee \beta \leqslant q_1$，则：

1)当 $\alpha > \beta$ 时，对应关系 $b^- \leqslant \beta \leqslant a^- < b^+ \leqslant \alpha \leqslant a^+$，根据(3.11)式，均有：

$$\int_{q_3}^{q_2} G(x)\mathrm{d}F(x) = \int_{q_3}^{q_2} G^+(x)\mathrm{d}F^-(x)$$

2)当 $\alpha < \beta$ 时，对应 $a^- \leqslant \alpha \leqslant b^- < a^+ \leqslant \beta \leqslant b^+$，根据(3.11)式，均有：

$$\int_{q_3}^{q_2} G(x)\mathrm{d}F(x) = \int_{q_3}^{q_2} G^-(x)\mathrm{d}F^+(x)$$

运用(3.17)式同样整合上述两种情形，得到：

$$\int_{q_3}^{q_2} G(x)\mathrm{d}F(x) = H\,\Big|_{q_3}^{q_2} = H\,\Big|_{(\alpha\wedge\beta)\vee q_3}^{(\alpha\vee\beta)\wedge q_2} \tag{3.18}$$

(3)如果 $q_4 < q_3 \leqslant \alpha \wedge \beta \leqslant \alpha \vee \beta < q_2 \leqslant q_1$，则：

1)当 $\alpha > \beta$ 时，对应四种关系：

ⅰ) $b^- \leqslant a^- \leqslant \beta \leqslant \alpha < b^+ \leqslant a^+$，ⅱ) $b^- \leqslant a^- \leqslant \beta \leqslant \alpha < a^+ \leqslant b^+$

ⅲ) $a^- \leqslant b^- \leqslant \beta \leqslant \alpha < b^+ \leqslant a^+$，iv) $a^- \leqslant b^- \leqslant \beta \leqslant \alpha < a^+ \leqslant b^+$

根据(3.11)式，均有：

$$\int_{q_3}^{q_2} G(x)\mathrm{d}F(x) = \int_{q_3}^{\beta} G^-(x)\mathrm{d}F^-(x) + \int_{\beta}^{\alpha} G^+(x)\mathrm{d}F^-(x) + \int_{\alpha}^{q_2} G^+(x)\mathrm{d}F^+(x)$$

2)当 $\alpha < \beta$ 时，同样对应四种关系：

ⅰ) $b^- \leqslant a^- \leqslant \alpha \leqslant \beta < b^+ \leqslant a^+$，ⅱ) $b^- \leqslant a^- \leqslant \alpha \leqslant \beta < a^+ \leqslant b^+$

ⅲ) $a^- \leqslant b^- \leqslant \alpha \leqslant \beta < b^+ \leqslant a^+$，iv) $a^- \leqslant b^- \leqslant \alpha \leqslant \beta < a^+ \leqslant b^+$

根据(3.11)式，均有：

$$\int_{q_3}^{q_2} G(x)\mathrm{d}F(x) = \int_{q_3}^{\alpha} G^-(x)\mathrm{d}F^-(x) + \int_{\alpha}^{\beta} G^-(x)\mathrm{d}F^+(x) + \int_{\beta}^{q_2} G^+(x)\mathrm{d}F^+(x)$$

同样运用(3.17)式整合上述两种情形，得到：

$$\int_{q_3}^{q_2} G(x)\mathrm{d}F(x) = \int_{q_3}^{\alpha\wedge\beta} G^-(x)\mathrm{d}F^-(x) + H_{\alpha\wedge\beta}^{\alpha\vee\beta} + \int_{\alpha\vee\beta}^{q_2} G^+(x)\mathrm{d}F^+(x) =$$

$$G^- \odot \mathrm{d}F^-\,\Big|_{q_3\wedge(\alpha\wedge\beta)}^{(\alpha\vee\beta)\vee q_3} + H\,\Big|_{(\alpha\wedge\beta)\vee q_3}^{(\alpha\vee\beta)\wedge q_2} + G^+ \odot \mathrm{d}F^+\,\Big|_{(\alpha\wedge\beta)\vee q_2}^{(\alpha\vee\beta)\vee q_2} \tag{3.19}$$

(4)如果 $q_4 < q_3 \leqslant \alpha \wedge \beta \leqslant q_2 \leqslant \alpha \vee \beta < q_1$，则：

1)当 $\alpha > \beta$ 时，对应两种关系：

ⅰ) $b^- \leqslant a^- \leqslant \beta < b^+ \leqslant \alpha \leqslant a^+$；

ⅱ) $a^- \leqslant b^- \leqslant \beta \leqslant b^+ \leqslant \alpha < a^+$，

根据(3.11)式，均有：

$$\int_{q_3}^{q_2} G(x)\mathrm{d}F(x) = \int_{q_3}^{\beta} G^-(x)\mathrm{d}F^-(x) + \int_{\beta}^{q_2} G^+(x)\mathrm{d}F^-(x)$$

2)当 $\alpha < \beta$ 时，对应两种关系：

ⅰ) $b^- \leqslant a^- \leqslant \alpha \leqslant a^+ \leqslant \beta < b^+$；

ⅱ) $a^- \leqslant b^- \leqslant \alpha \leqslant a^+ \leqslant \beta < b^+$，

根据(3.11)式，均有：

$$\int_{q_3}^{q_2} G(x)\mathrm{d}F(x) = \int_{q_1}^{\alpha} G^{-}(x)\mathrm{d}F^{-}(x) + \int_{\alpha}^{q_2} G^{-}(x)\mathrm{d}F^{+}(x)$$

同样运用(3.17)式整合上述两种情形,得到:

$$\int_{q_3}^{q_2} G(x)\mathrm{d}F(x) = G^{-} \odot \mathrm{d}\,F^{-}\Big|_{q_3}^{\alpha\wedge\beta} + H_{\alpha\wedge\beta}^{q_2} = G^{-} \odot \mathrm{d}F^{-}\Big|_{(\alpha\wedge\beta)\wedge q_3}^{(\alpha\wedge\beta)\vee q_3} + H_{(\alpha\wedge\beta)\vee q_3}^{(\alpha\vee\beta)\wedge q_2} \quad (3.20)$$

针对上述四种类型的结果(3.16)式、(3.18)式、(3.19)式和(3.20)式,运用如下函数:

$$\theta_1 \triangleq \begin{cases} 1, \alpha \wedge \beta \geqslant q_3 \\ 0, \alpha \wedge \beta \leqslant q_3 \end{cases}, \theta_2 \triangleq \begin{cases} 1, \alpha \vee \beta \geqslant q_2 \\ 0, \alpha \vee \beta \leqslant q_2 \end{cases}$$

并根据(3.11)式立即得到结论(3.15)式,证毕。

例 3.2:假设区间数 $a = [1,3]$ 和 $b = [0,4]$,分别表示 A、B 两个地区旅游经济高质量发展评价中某个指标的区间数评价值。如果指标都服从均匀分布,则根据上述可能度计算模型 1—模型 7 和推论 3.2 的(3.12)式,都有 $P\{a \geqslant b\} = 0.5$,说明 a 以概率 0.5 大于 b ;但如果均服从三角分布,即 $a \sim \triangle F[1,2.2,3]$,$b \sim \triangle F[0,1.2,4]$,对应左偏分布和右偏分布,则根据推论 3.4 的(3.17)式, $P\{a \geqslant b\} = 0.6512$,说明 a 以概率 0.6512 大于 b ,这显然符合人们的直观认知,同样说明分布特征对可能度的值具有影响。

由此可见,在旅游经济高质量发展评价过程中,对一些具有不确定信息的指标,用带分布的区间数进行刻画,即将指标取值区间的分布信息纳入可能度计算模型,通过取值分布的偏态性来刻画评价者的风险偏好,更具合理性。

但值得注意的是,当指标取值服从非均匀分布时,运用定理 3.1 计算其可能度,关键在于区间分布函数的确定。现实中这是一个困难问题,因为不同地区(或对象)的旅游经济发展指标具有不同的发展特征,要逐一确定每个地区的分布,并使用这些分布计算求得地区旅游经济发展的总体特征值是不现实的。因此,必须通过简化,采用统一而又相对简单的办法进行分析。对此,英国 Stephen Grey 等人研究发现,人们最能够接受的方法是将所有分布统一简化成三角分布。基于这一观点,推论 3.4 具有很好的实用性。

对于可能度计算模型的性质,高峰记(2013)给出了如下公理化性质:

性质 3.2 设 $a = [a^{-}, a^{+}]$,$b = [b^{-}, b^{+}]$,$c = [c^{-}, c^{+}]$ 是任意三个区间数,则可能度计算模型必须满足:

(1)规范性：$0 \leqslant P\{a \geqslant b\} \leqslant 1$ ；

(2)直观性：如果 $a^- \geqslant b^+$ ，则 $P\{a \geqslant b\} = 1$ ；

(3)互补性：$P\{a \geqslant b\} + P\{a < b\} = 1$ ；

(4)传递性：如果 $P\{a \geqslant b\} \geqslant 0.5, P\{b \geqslant c\} \geqslant 0.5$ ，则 $P\{a \geqslant c\} \geqslant 0.5$；当且仅当 $P\{a \geqslant b\} = P\{b \geqslant c\} = 0.5$ 时，$P\{a \geqslant c\} = 0.5$ ；

(5)优超性：如果 $P\{a \geqslant b\} = 1$ ，则 $P\{a \geqslant c\} = P\{b \geqslant c\}$ ；

(6)自反性：如果 $a^- = b^-, a^+ = b^+$ ，则 $P\{a \geqslant b\} = P\{b \geqslant a\} = 0.5$ 。

根据定理 3.1 的可能度计算模型(3.11)式，不难证明性质 3.2 中(1)—(5)的结论，但是对于自反性值得商榷。为此，根据定理 3.1，我们给出如下两个推论：

推论 3.5 如果 $a = [a^-, a^+]$ 和 $b = [b^-, b^+]$ 满足 $a^- = b^-, a^+ = b^+$ ，则：

(1)如果对应的分布恒等，即 $F(x) = G(x)$ ，则无论分布是否为对称分布，都有 $P\{a \geqslant b\} = 0.5$ ；

(2)如果对应分布均为对称分布，则无论分布是否相同，都有 $P\{a \geqslant b\} = 0.5$ 。

证明 根据定理 3.1 的(3.11)式，很容易得到：

$$P\{a \geqslant b\} = \int_{a^-}^{a^+} G(x) \mathrm{d}F(x)$$

如果 $F(x) \equiv G(x)$ ，根据分部积分法，结论(1)显然成立。因此，只需要证明(2)。事实上，如果分布都是对称分布，则对上式右端积分进行变量替换

$$t = x - a_e, a_e = (a^- + a^+)/2$$

得到：

$$P\{a \geqslant b\} = \int_{\frac{l_a}{2}}^{\frac{l_a}{2}} f(t + a_e) G(t + a_e) \mathrm{d}t \tag{3.21}$$

对(3.21)式再做变换 $t' = -t$ ，则得到：

$$P\{a \geqslant b\} = \int_{\frac{l_a}{2}}^{\frac{l_a}{2}} f(-t + a_e) G(-t + a_e) \mathrm{d}t \tag{3.22}$$

由于分布的对称性，有 $f(t + a_e) = f(-t + a_e), G(t + a_e) = G(-t + a_e) = 1$ ，则将(3.21)式和(3.22)式两端相加，得到：

$$2P\{a \geqslant b\} = \int_{\frac{l_a}{2}}^{\frac{l_a}{2}} f(t+a_e)(G(t+a_e)+G(-t+a_e))\mathrm{d}t = \int_{\frac{l_a}{2}}^{\frac{l_a}{2}} f(t+a_e)\mathrm{d}t = 1。 \quad (3.23)$$

于是,结论证毕。

例 3.3:设区间数 $a=[0,1]$ 和 $b=[0,1]$,根据推论 3.4 的(3.15)式或推论 3.3 的(3.14)式,如果:

(1) $a \sim CF[0,0.6,1]$,$b \sim \triangle G[0,0.4,1]$,则 $P\{a \geqslant b\} = 0.5963$;

(2) $a \sim \triangle F[0,\lambda,1]$,$b \sim \triangle G[0,\lambda,1]$,其中,$0 < \lambda < 1$,则 $P\{a \geqslant b\} = 0.5$;

(3) $a \sim \triangle UF[0,1]$,$b = \triangle G[0,0.5,1]$,都属于对称分布区间数,则 $P\{a \geqslant b\} = 0.5$。

例 3.3 说明可能度的值与分布的偏度有关,进一步说明高峰记(2013)所给出的可能度公理化自反性在带分布的区间数情形下可能不成立,本书认为应该将其修改为:

性质 3.3　对于 $a=[a^-,a^+]$ 和 $b=[b^-,b^+]$ 两个带分布区间数,如果 $a^- = b^-$,$a^+ = b^+$ 且两区间数对应的分布恒等或者都服从对称分布,则 $P\{a \geqslant b\} = P\{b \geqslant a\} = 0.5$。

基于可能度的性质,高峰记(2013)给出了区间数大小关系的相关概念:

定义 3.6 设 $a = [a^-,a^+]$ 和 $b = [b^-,b^+]$ 是任意两个区间数,则

(1)如果 $P\{a \geqslant b\} = 0.5$,则称 a 和 b 拟等,记为:$a \approx b$;

(2)如果 $a^- = b^-$ 且$a^+ = b^+$,则称 a 和 b 全等,记为:$a = b$;

(3)如果 $0.5 < P\{a \geqslant b\} < 1$ 则称 a 拟大于 b,记为:$a > b$;

(4)如果 $P\{a \geqslant b\} \geqslant 0.5$,则称 a 拟大于或等于 b,记为:$a \geqslant b$;

(5)如果 $P\{a \geqslant b\} = 1$,则称 a 大于 b,记为:$a > b$.

对于定义 3.6,本书认为当 $a^- = b^-$,$a^+ = b^+$,同时成立时,区间数全等的概念不严谨,只能算是形式上相同。为此,根据性质 3.4 将定义 3.6 修订为:

定义 3.7 设 $a=[a^-,a^+]$ 和 $b=[b^-,b^+]$ 是任意两个带分布区间数,对应分布为 $S(a_*,a_i)$ 和 a_{10},则:

(1)当 $P\{a \geqslant b\} = 0.5$ 时,称 a 和 b 拟相等,记为:$a \approx b$;

(2)当 $a^- = b^-$ 且$a^+ = b^+$,且 $F(x) \equiv G(x)$, $\forall x \in R$ 时,称 a 和 b 全等,记为: $a \equiv b$;

(3)当 $a^- = b^-$ 且$a^+ = b^+$,但存在 $x \in R$ 使得 $F(x) \neq G(x)$ 时,称 a 和 b 形式相等(简称:形等),记为: $a \cong b$;

(4)当 $0.5 < P\{a \geqslant b\} < 1$ 时,称 a 拟大于 b ,记为: $a > b$;

(5)如果 $P\{a \geqslant b\} \geqslant 0.5$,则称 a 拟大于或等于 b ,记为: $a \geqslant b$;

(6)当 $P\{a \geqslant b\} = 1$,称 a 大于 b ,记为: $a > b$.

性质 3.4　设 $a = [a^-, a^+]$ 和 $b = [a^-, a^+]$ 均是对称性分布的区间数,如果

$$c^* = [a^- \vee b^-, a^+ \vee b^+], c_* = [a^- \wedge b^-, a^+ \wedge b^+],$$

且对应区间上取值分布也均为对称分布,则 $c_* \leqslant a \leqslant c^*$, $c_* \leqslant b \leqslant c^*$.

证明:根据 a 和 b 在数轴上地位的对称性,只需考虑 a 和 b 在数轴上的如下三种关系,见图 3.2:

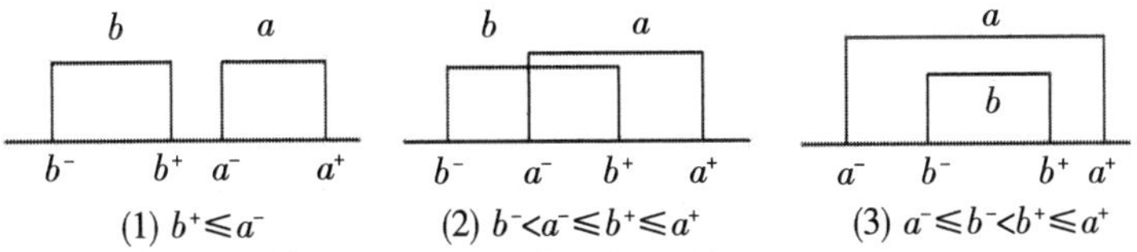

图 3.2　a 和 b 在数轴上三种关系图

Fig 3.2　Three kinds of relationship diagrams of a and b on the number line

对于图 3.2 中的子图 (1) $b^+ \leqslant a^-$ 和子图 (2) $b^- < a^- \leqslant b^+ < a^+$,显然均具有:

$$c^* = [a^- \vee b^-, a^+ \vee b^+] = [a^-, a^+] = a$$

和

$$c_* = [a^- \wedge b^-, a^+ \wedge b^+] = [b^-, b^+] = b$$

显然,结论 $c_* \leqslant a \leqslant c^*$, $c_* \leqslant b \leqslant c^*$ 成立。

对于图 3.2 中的子图(3) $a^- \leqslant b^- < b^+ \leqslant a^+$,显然 $c^* = [b^-, a^+]$ 和 $c_* = [a^-, b^+]$ 。如图 3.3 所示,无论何种情形,同样有 $c_* \leqslant a \leqslant c^*$, $c_* \leqslant b \leqslant c^*$ 成立。由于证明的方法完全类似,下面只以图 3.3 情形为例证明 $b \leqslant c^*$ 。

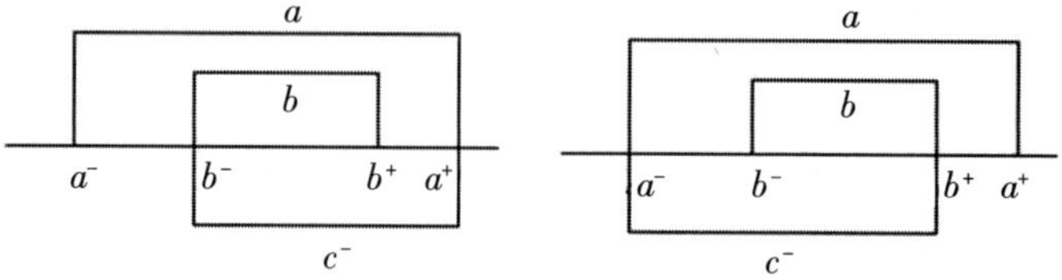

图 3.3　区间数 c_* 和 c^* 与 a 和 b 在数轴上的关系图

Fig 3.3　The relationship between the c_* and c^* and a and b of the interval numbers on the number line

事实上，假设 $c^* = [b^-, a^+]$ 和 $b = [b^-, b^+]$ 对应的取值分布为 $H(x)$ 与 $G(x)$，对应的分布密度函数为 $h(x)$ 与 $g(x)$，根据可能度定义，可计算得到：

$$P\{c^* \geqslant b\} = \iint_D h(x)g(y)\mathrm{d}x\mathrm{d}y = \int_{b^-}^{b^+} g(y)\mathrm{d}y h(x)\mathrm{d}x = \int_{b^-}^{b^+} g(y)\,\bar{H}(y)\mathrm{d}y$$

$$= \int_{\frac{b^++b^-}{2}}^{b^+} g(y)\,\bar{H}(y)\mathrm{d}y + \int_{b^-}^{\frac{b^++b^-}{2}} g(y)\,\bar{H}(y)\mathrm{d}y$$

通过变量替换，并注意到分布密度函数的对称性，即：

$$g(y + \frac{b^+ + b^-}{2}) = g(-y + \frac{b^+ + b^-}{2}), \forall\, y \in [0, \frac{l_b}{2}]$$

则有：

$$P\{c^* \geqslant b\} = \int_{\frac{b^++b^-}{2}}^{b^+} g(y)\,\bar{H}(y)\mathrm{d}y + \int_{b^-}^{\frac{b^++b^-}{2}} g(y)\,\bar{H}(y)\,\mathrm{d}y$$

$$= \int_0^{l_b/2} [g(y + \frac{b^+ + b^-}{2})\,\bar{H}(y + \frac{b^+ + b^-}{2})$$

$$+ g(-y + \frac{b^+ + b^-}{2})\,\bar{H}(-y + \frac{b^+ + b^-}{2})]\,\mathrm{d}y$$

$$= \int_0^{l_b/2} [g(y + \frac{b^+ + b^-}{2})[1 + \bar{H}(y + \frac{b^+ + b^-}{2}) - H(-y + \frac{b^+ + b^-}{2})]\,\mathrm{d}y$$

进一步注意到 $\frac{b^+ + b^-}{2} \leqslant \frac{a^+ + b^-}{2}$ 以及 $h(x)$ 的对称性，有：

$$\bar{H}(y + \frac{b^+ + b^-}{2}) \geqslant H(-y + \frac{b^+ + b^-}{2}),$$

故：

$$P\{c^* \geqslant b\} = \int_0^{l_b/2} [g(y + \frac{b^+ + b^-}{2})$$

$$[1 \bar{+} H(y + \frac{b^+ + b^-}{2}) - H(-y + \frac{b^+ + b^-}{2})]\mathrm{d}y \geqslant$$

$$\int_0^{l_b/2} g(y + \frac{b^+ + b^-}{2})\mathrm{d}y = 0.5$$

证毕。

值得注意的是，性质 3.2 可推广到有限个具有对称分布的有界区间数。

性质 3.5　设 $a = [a^-, a^+]$ 和 $b = [b^-, b^+]$ 是两个具有对称性分布的区间数，对应分布密度 $f(x)$ 和 $g(x)$ ，如果 $[a^-, a^+] \subseteq [b^-, b^+]$ 或 $[a^-, a^+] \supseteq [b^-, b^+]$ ，则：

(1)当 $(a^- + a^+)/2 > (b^- + b^+)/2$ 时，$P\{a \geqslant b\} > 0.5$ ，即 $a \succ b$ ；

(2)当 $(a^- + a^+)/2 = (b^- + b^+)/2$ 时，$P\{a \geqslant b\} = 0.5$ ，即 $a \approx b$ ；

(3)当 $(a^- + a^+)/2 < (b^- + b^+)/2$ 时，$P\{a \geqslant b\} < 0.5$ ，即 $a \prec b$.

证明：当 $[a^-, a^+] \supseteq [b^-, b^+]$ 时，有：

$$P\{a \geqslant b\} = \iint_D f(x)g(y)\mathrm{d}x\mathrm{d}y = \int_{b^-}^{b^+} g(y)\mathrm{d}y \int_y^{a^+} f(x)\mathrm{d}x =$$

$$\int_{-l_b/2}^{l_b/2} g(y + \frac{b^+ + b^-}{2})\bar{F}(y + \frac{b^+ + b^-}{2})\mathrm{d}y = \int_0^{l_b/2} g(y + \frac{b^+ + b^-}{2})$$

$$[1 + \bar{F}(y + \frac{b^+ + b^-}{2}) - F(-y + \frac{b^+ + b^-}{2})]\mathrm{d}y$$

由于 $f(x)$ 为对称分布密度函数，从而：

$$\bar{F}(x + \frac{a^- + a^+}{2}) \leqslant F(-x + \frac{a^- + a^+}{2}), x \in [a^-, a^+]$$

因此，当且仅当 $\frac{b^+ + b^-}{2} \leqslant \frac{a^- + a^+}{2}$ 时 $P\{a \geqslant b\} \geqslant 0.5$ 。类似地可证明 $[a^-, a^+] \subseteq [b^-, b^+]$ 情形下的结论，证毕。

3.1.3 区间数可能度大小排序

记 $\Gamma_n = \{a_i = \langle a_i^-, a_j^+ \rangle, i = 1, 2, \cdots n\}$ 为 n 个地域的旅游经济发展水平的区间数评价结果，我们需要对不同地域的发展水平进行排序。按照以往的排序方法获得的排序结果往往相互不一致，都不满足保序性[①]（高峰记，2013）。为此，高峰记（2013）给出了一个方法，本书称之为优序数排序法，基本过程如下：

第一步：计算可能度矩阵 $P=(p_{ij})_{m\times n}$，其中 $p_{ij}=P\{a_i\geqslant a_j\}$，$i=1,2,\cdots,n$；

第二步：计算优序数

$$T(a_i)=\sum_{j=1}^{n}sgn\{p_{ij}>0.5\},$$

其中 $sgn\{p_{ij}>0.5\}=1$，$sgn\{p_{ij}\leqslant 0.5\}=0$；

第三步：根据优序数大小进行排序。排序规则是：如果 $\tau(a_i)>\tau(a_j)$，则 $a_i>a_j$，$i,j=1,2,\cdots,n$，$i\neq j$。

对于该方法，高峰记（2013）证明了如下重要定理[②]：

定理 3.3 对于给定的区间数集 $\Gamma_n=\{a_i=[a_i^- + a_j^+],i=1,2,\cdots,n\}$，记 $\tau(a_i)$ 记为 a_i 的优序数，则：

(1) $\tau(a_i)>\tau(a_j)$ 的充要条件是 $a_i>a_j$；

(2)基于优序数大小的区间数排序法具有保序性。

值得注意的是，高峰记（2013）并没有规定当 $\tau(a_i)>\tau(a_j)$ 时的排序，本书对此提出一个补充规则：

第四步：如果 $\tau(a_i)>\tau(a_j)$，则：

(1)当 $P\{a_i>a_j\}>0.5$ 时规定 $a_i>a_j$；

(2)当 $P\{a_i>a_j\}=0.5$ 时规定 $a_i\approx a_j$。

显然，这一补充规则不仅合理而且并不破坏定理 3.3 的保序性。

值得注意的是，曾文艺和罗承忠等（1997）给出了区间数中值的排序方法，其排序过程为：

第一步：计算各区间数的中值 $a_{ie}=(a_i^- + a_j^+)/2$，$i=1,2,\cdots,n$；

---

① 所谓保序性是指在原区间数序列的基础上添加或减少任意区间数后，原区间数序列的排序结果保持不变。

② 高峰记. 可能度及区间数综合排序[J]. 系统工程理论与实践，2013，33(8)：2033－2040。

第二步：根据区间数中值的大小进行排序。

显然，区间数的中值排序法具有保序性。然而，张全和樊治平等(1999)指出：区间数中值的排序方法缺乏理论依据。本书研究发现，如果区间数集合中的区间数均为对称分布，则区间数中值排序法完全等价于优序数排序法，因为可根据定理3.3得到定理3.4和定理3.5作为其理论依据。

定理3.4 设 $a=[a^-,a^+]$ 和 $b=[b^-,b^+]$ 是任意两对称分布区间数，对应分布为 $F(x)$ 和 $G(y)$，密度函数为 $f(x)$ 和 $g(y)$，则 $P\{a\geqslant b\}\geqslant 0.5$ 等价于 $a_e\geqslant b_e$，当且仅当 $a_e=b_e$ 时 $P\{a\geqslant b\}=0.5$

证明：首先证明如果 $a_e\geqslant b_e$，则 $P\{a\geqslant b\}\geqslant 0.5$。根据定义3.5可能度计算模型(3.10)式，令 $u=-x+a_e, v=-y+b_e$，对其积分进行变量转换，则变为：

$$P\{a\geqslant b\}=\iint_{D_1} f(u+a_e)f(v+b_e)\mathrm{d}u\mathrm{d}v \tag{3.24}$$

其中，积分区域变为：

$$D_1=\left\{(u,v)\mid |u|\leqslant \frac{1}{2}l_a, |v|\leqslant \frac{1}{2}l_b, u\leqslant v+a_e-b_e\right\}。$$

再对(3.24)式进行变量负转换，即令 $u'=-u, v'=-v$，同时注意到两区间数均为对称分布区间数，分布密度函数满足：

$$f(u+a_e)=f(-u+a_e), g(v+b_e)=g(-v+b_e), \forall u,v\in R,$$

则(3.24)式变为：

$$\begin{aligned}P\{a\geqslant b\}&=\iint_{D_2} f(-u+a_e)g(-v+b_e)\mathrm{d}u\mathrm{d}v\\&=\iint_{D_2} f(u+a_e)g(v+b_e)\mathrm{d}u\mathrm{d}v\end{aligned} \tag{3.25}$$

其中，积分区域变为：

$$D_2=\left\{(u,v)\mid |u|\leqslant \frac{1}{2}l_a, |v|\leqslant \frac{1}{2}l_b, v\geqslant u-(a_e-b_e)\right\}。$$

于是，将(3.24)式和(3.25)式两端相加得到：

$$2P\{a\geqslant b\}=\iint_{D_1} f(u+a_e)g(v+b_e)\mathrm{d}u\mathrm{d}v+\iint_{D_2} f(u+a_e)g(v+b_e)\mathrm{d}u\mathrm{d}v \tag{3.26}$$

1)当 $a_e - b_e \geqslant 0$ 时,(3.26)式右端第一个积分可分解为两个积分,即:

$$\iint_{D_1} f(u+a_e)g(v+b_e)\mathrm{d}u\mathrm{d}v = \iint_{D_1} f(u+a_e)$$

$$g(v+b_e)\mathrm{d}u\mathrm{d}v + \iint_{D_{12}} f(u+a_e)g(v+b_e)\mathrm{d}u\mathrm{d}v \tag{3.27}$$

其中积分区域:

$$D_{11} = \left\{(u,v) \mid |u| \leqslant \frac{1}{2} l_a, u-(a_e-b_e) \leqslant u+(a_e-b_e)\right\}$$

$$D_{12} = \left\{(u,v) \mid |u| \leqslant \frac{1}{2} l_a, |v| \leqslant \frac{1}{2} l_b, v \leqslant u-(a_e-b_e)\right\}$$

同样(3.26)式右端第二个积分也可以分解为两个积分,即:

$$\iint_{D_2} f(u+a_e)g(v+b_e)\mathrm{d}u\mathrm{d}v =$$

$$\iint_{D_{11}} f(u+a_e)g(v+b_e)\mathrm{d}u\mathrm{d}v + \iint_{D_{22}} f(u+a_e)g(v+b_e)\mathrm{d}u\mathrm{d}v \tag{3.28}$$

其中积分区域 D_{11} 同上,而

$$D_{22} = \left\{(u,v) \mid |u| \leqslant \frac{1}{2} l_a, |v| \leqslant \frac{1}{2} l_b, v > u-(a_e-b_e)\right\}。$$

同时,注意到 $D_1 \cup D_{22} = \left\{(u,v) \mid |u| \leqslant \frac{1}{2} l_a, |v| \leqslant \frac{1}{2} l_b\right\}$,且

$$\iint_{D_1} f(u+a_e)g(v+b_e)\mathrm{d}u\mathrm{d}v + \iint_{D_{22}} f(u+a_e)g(v+b_e)\mathrm{d}u\mathrm{d}v =$$

$$\iint_{|u| \leqslant \frac{1}{2} l_a, |v| \leqslant \frac{1}{2} l_b} f(u+a_e)g(v+b_e)\mathrm{d}u\mathrm{d}v = 1$$

于是,将(3.27)式和(3.28)式代入(3.26)式,得到:

$$2P\{a \geqslant b\} = 1 + \iint_{D_{11}} f(u+a_e)g(v+b_e)\mathrm{d}u\mathrm{d}v \geqslant 1$$

即得到 $P\{a \geqslant b\} \geqslant 0.5$ 。

特别地,注意到当 $a_e = b_e$ 时, $D_{11} = \varphi$,此时 $\iint_{D_{11}} f(u+a_e)g(v+b_e)\mathrm{d}u\mathrm{d}v = 0$,于是,得到当 $a_e \geqslant b_e$ 时, $P\{a \geqslant b\} \geqslant 0.5$ 。其中,当且仅当 $a_e = b_e$ 时 $P\{a \geqslant b\} = 0.5$

2)当 $a_e < b_e$ 时,注意到(3.26)式中积分区域 $D_1 \cap D_2 = \varphi$,而积分区域

$$D_1 \cup D_2 = \left\{ (u,v) \mid |u| \leqslant \frac{1}{2} l_a, |v| \leqslant \frac{1}{2} l_b \right\}。$$

于是，根据(3.26)式，有：

$$2P\{a \geqslant b\} = \iint_{D_1 \cup D_2} f(u+a_e)g(v+b_e)\mathrm{d}u\mathrm{d}v <$$

$$\iint_{|u| \leqslant \frac{1}{2}l_a, |v| \leqslant \frac{1}{2}l_b} f(u+a_e)g(v+b_e)\mathrm{d}u\mathrm{d}v = 1$$

由此证明了到当 $a_e < b_e$ 时，$P\{a \geqslant b\} < 0.5$ 。

综合上述证明过程，证明了如果 $a_e \geqslant b_e$ ，则 $P\{a \geqslant b\} \geqslant 0.5$ 。反之，如果 $P\{a \geqslant b\} \geqslant 0.5$ ，则运用反证法，利用上面的结论即可证明 $a_e \geqslant b_e$ 成立。证毕。

于是，根据定理 3.3 和定理 3.4，很容易得到如下重要的结论：

定理 3.5 对于给定的对称分布区间数集

$$\Gamma_n = \{a_i = \langle a_i^-, a_i^+ \rangle, i = 1,2,\cdots n\} ,$$

优序数 $\tau(a_i) > \tau(a_j)$ 的充分必要条件是区间数的中值 $a_{ie} > a_{je}$ ，即优序数排序法等价于区间数中值排序法。

定理 3.50 在区间数集合中，如果每个区间数均服从对称分布，则可以直接根据区间中值的大小进行排序，从而避免优序数排序法的繁琐计算。但是，如果区间数集合中存在非对称分布时，则区间中值排序法可能失效。

下面可通过如下实例进行检验。

例 3.4：设 $a = [0.1988, 0.2070]$ 和 $b = [0.1900, 0.2200]$ ，假设：

$a \sim \triangle U[0.1988, 0.2070]$ ，即为均匀分布区间数，

$b \sim \triangle G[0.1900, 0.1950, 0.2200]$ ，为三角分布区间数。

显然，$a_e = 0.2029 < b_e = 0.2050$ ，根据中值排序法是 $b > a$ 。然而，根据可能度计算公式(3.14)式，得到 $P\{a \geqslant b\} = 0.6026 > 0.5$ ，排序结果为 $a > b$ 。

为了进一步与高峰记(2013)的优序数排序法结果进行比较，下面选择了其用于排序的 5 个区间数。同时，基于其没有考虑区间数中值相同的情形，添加了 3 个中值相等的区间数。具体数据如下：

$$a_1 = [0.1888, 0.1972], a_2 = [0.2068, 0.2198],$$

$$a_3 = [0.1988, 0.2070], a_4 = [0.1874, 0.1907],$$
$$a_5 = [0.1874, 0.1962], a_6 = [0.2000, 0.2100],$$
$$a_7 = [0.1900, 0.2200], a_8 = [0.1888, 0.2300],$$

根据区间数中值排序法，非常容易得到排序结果为：

$$a_2 > a_6 \approx a_7 \approx a_8 > a_3 > a_1 > a_5 > a_4 \tag{3.29}$$

根据优序数排序法，当全为均匀分布区间数时，利用推论 3.2 的(3.12)式，得到可能度两两比较矩阵，见表 3.1。

按照优序数从大到小排序，得到排序结果为：

$$a_2 > a_6 \approx a_7 \approx a_8 > a_3 > a_1 > a_5 > a_4 \tag{3.30}$$

这一结果与区间数中值排序法的结果完全一致。但值得注意的是，对于给定的前 5 个区间数，本书的结果与高峰记(2013)中的排序在 a_5，a_4 上不同，他的排序结果是：

$$a_2 > a_3 > a_1 > a_4 > a_5$$

显然排序是错误的，因为从直观上可以看出：$a_4 = [0.1874, 0.1907]$ 和 $a_5 = [0.1874, 0.1962]$ 这两个区间数的下限一样，而 a_5 的上限大于 a_4，显然是 $a_5 > a_4$。究其原因，是其利用李德清(2008)的可能度计算模型时，计算得到的 $P\{a_1 > a_5\} = 0.5417$ 错误，应该是 0.1875，读者可以去验证。

表 3.1　均匀分布区间数可能度矩阵及优序数

Tab 3.1　Possibility Matrix and Ordinal Number of Uniformly Distributed Intervals

区间数	a1	a2	a3	a4	a5	a6	a7	a8	优序数	排序结果
a1	0.500	0.000	0.000	0.935	0.630	0.000	0.103	0.260	2	4
a2	1.000	0.500	0.999	1.000	1.000	0.961	0.777	0.666	7	1
a3	1.000	0.0002	0.500	1.000	1.000	0.290	0.430	0.458	3	3
a4	0.065	0.000	0.000	0.500	0.188	0.000	0.003	0.347	0	5
a5	0.370	0.000	0.000	0.813	0.500	0.000	0.073	0.236	1	6
a6	1.000	0.039	0.710	1.000	1.000	0.500	0.500	0.500	4	2
a7	0.897	0.223	0.570	0.997	0.927	0.500	0.500	0.500	4	2
a8	0.740	0.334	0.542	0.653	0.764	0.500	0.500	0.500	4	2

当区间数全部为对称三角分布区间数时，利用推论 3.4 的(3.15)式，得到可能度矩阵及对应的优序数，见表 3.2。

表 3.2　对称三角分布区间数可能度矩阵及优序数

Tab 3.2　Possibility Matrix and Merit Number of Interval Numbers in Symmetric TriangularDistributio

区间数	a1	a2	a3	a4	a5	a6	a7	a8	优序数	优序数排序	区间数排序
a1	0.500	0.000	0.000	0.989	0.680	0.000	0.027	0.138	2	6	6
a2	1.000	0.500	1.000	1.000	1.000	0.883	0.885	0.771	7	1	1
a3	1.000	0.000	0.500	1.000	1.000	0.221	0.376	0.422	3	5	5
a4	0.011	0.000	0.000	0.500	0.082	0.000	0.000	0.066	1	8	8
a5	0.321	0.000	0.000	0.918	0.500	0.000	0.014	0.114	2	6	7
a6	1.000	0.004	0.779	1.000	1.000	0.500	0.500	0.500	4	2	2
a7	0.974	0.115	0.624	1.000	0.986	0.500	0.500	0.500	4	2	2
a8	0.862	0.228	0.578	0.934	0.886	0.500	0.500	0.500	4	2	2

按照优序数从大到小排序，得到排序结果为：

$$a_2 > a_8 \approx a_7 \approx a_6 > a_3 > a_1 > a_5 > a_4 \tag{3.31}$$

显然，所得到的排序结果与区间中值排序结果(3.29)式完全一样。验证了当所有区间数均为对称分布区间数时，优序数排序法与中值排序法等价。

当区间数部分为均匀分布区间数，部分为三角分布区间数的混合情形时，由于高峰记(2013)的实例是基于均匀分布区间数的分析，因此，本书依然假设 a_1 到 a_5 都是均匀分布区间数。但为了呈现不同分布区间数之间的可能度性质差异，在所构建的 a_6, a_7, a_8 三个中值相同的区间数中，假设 a_6 为对称三角分布区间数，而 a_7 为右偏三角分布区间数，a_8 为左偏三角分布区间数。不失一般性，假设

$a_6 \sim \triangle G[0.2000, 0.2050, 0.2100]$，

$a_7 \sim \triangle G[0.1900, 0.1950, 0.2200]$，

$a_8 \sim \triangle G[0.1800, 0.2100, 0.2300]$，

利用推论 3.3 的(3.14)式，得到可能度两两比较矩阵，见下表 3.3：

表 3.3 均匀分布区间数与三角分布区间数混合情形下可能度矩阵及优序数

Tab 3.3 Possibility Matrix and Merit Order Number in Mixed Case of Uniform Distribution Interval Number and Triangular Distribution Interval Number

区间数	a1	a2	a3	a4	a5	a6	a7	a8	优序数	排序结果
a1	0.5000	0.0000	0.0000	0.9349	0.6296	0.0000	0.0954	0.0000	2	6
a2	1.0000	0.5000	0.9998	1.0000	1.0000	0.8689	0.9214	0.7084	7	1
a3	1.0000	0.0002	0.5000	1.0000	1.0000	0.3808	0.6026	0.0000	4	4
a4	0.0651	0.0000	0.0000	0.5000	0.1875	0.0000	0.0000	0.0000	0	8
a5	0.3704	0.0000	0.0000	0.8125	0.5000	0.0000	0.0597	0.0000	1	7
a6	1.0000	0.1311	0.6192	1.0000	1.0000	0.5000	0.7389	0.4194	5	3
a7	0.9046	0.0786	0.3974	1.0000	0.9403	0.2611	0.5000	0.3380	3	5
a8	1.0000	0.2916	1.0000	1.0000	1.0000	0.5806	0.6620	0.5000	6	2

按照优序数从大到小排序，得到排序结果为：

$$a_2 \succ a_8 \succ a_6 \succ a_3 \succ a_7 \succ a_1 \succ a_5 \succ a_4 \qquad (3.32)$$

该结果与结果(3.31)式比较，不仅发现将区间数的分布特征信息纳入可能度计算模型后，中值相同的区间数 a_6,a_7,a_8 实现了全排序，分布向左偏度越大，则区间数越大。而且同时发现：区间中值排序法有可能失效，如：a_3 的中值小于 a_7 的中值，但是 $a_3 \succ a_7$ 。

当区间数全为三角分布区间数时，假设它们来源于同一个风险偏好的评价主体，即任意一个区间数 $a \sim \triangle F(a^-,a,a^+)$，其中 $a=\lambda a^-+(1-\lambda)a^+$，$0<\lambda<1$ 。

下面取 $\lambda=0.4$，均为左偏分布区间数。根据优序数排序方法，利用推论3.4的(3.15)式，得到可能度矩阵及对应的优序数，见下表3.4：

表 3.4　同风险偏好三角分布区间数的可能度矩阵及优序数

Tab 3.4　Possibility Matrix and Ordinal Number of Triangular Distribution Intervals of Same Risk Preference

区间数	a1	a2	a3	a4	a5	a6	a7	a8	优序数	优序数排序	区间数排序
a1	0.5000	0.0000	0.0000	0.9884	0.6768	0.0000	0.0254	0.1196	2	6	6
a2	1.0000	0.5000	1.0000	1.0000	1.0000	0.9033	0.8711	0.7285	7	1	1
a3	1.0000	0.0000	0.5000	1.0000	1.0000	0.2148	0.3266	0.3599	3	5	5
a4	0.0116	0.0000	0.0000	0.5000	0.0766	0.0000	0.0000	0.0562	0	8	8
a5	0.321	0.0000	0.0000	0.9234	0.5000	0.0000	0.0139	0.0997	2	6	7
a6	1.0000	0.0043	0.7852	1.0000	1.0000	0.5000	0.4429	0.4307	4	4	4
a7	0.9746	0.1289	0.6734	1.0000	0.9861	0.5571	0.5000	0.4683	5	3	3
a8	0.8804	0.2715	0.6401	0.9438	0.9003	0.5693	0.5317	0.5000	6	2	2

按照优序数从大到小排序，注意到其中 $\tau(a_1)=\tau(a_5)=2$，但 $P\{a_1 \geqslant a_5\}=0.6768$，于是，根据规则 4 得到排序结果为：

$$a_2 \succ a_8 \succ a_7 \succ a_6 \succ a_3 \succ a_1 \succ a_5 \succ a_4 \tag{3.33}$$

值得注意的是，区间数可能来源于不同风险偏好的评价主体，因此，分布的偏态特征可能不相同，对应 λ 的取值不同。假设：

$a_1 \sim \triangle[0.1888,0.1938,0.1972]$，$\lambda=0.4$，$a_2 \sim \triangle[0.2068,0.2094,0.2198]$，$\lambda=0.8$，

$a_3 \sim \triangle[0.1988,0.2090,0.2070]$，$\lambda=0.5$，$a_4 \sim \triangle[0.1874,0.1884,0.1907]$，$\lambda=0.7$，

$a_5 \sim \triangle[0.1874,0.1883,0.1962]$，$\lambda=0.9$，$a_6 \sim \triangle[0.2000,0.2050,0.2100]$，$\lambda=0.5$，

$a_7 \sim \triangle[0.1900,0.2020,0.2200]$，$\lambda=0.6$，$a_8 \sim \triangle[0.1888,0.2100,0.2300]$，$\lambda=0.3$.

其中，如果 $\lambda<0.5$，则区间数为左偏分布区间数；如果 $\lambda=0.5$，则区间数为对称分布区间数；如果 $\lambda>0.5$，则区间数为右偏分布区间数；同样根据优序

数排序方法，利用推论 3.4 的(3.15)式，得到可能度矩阵及对应的优序数，见表 3.5。

按照优序数从大到小排序，得到排序结果为：

$$a_2 > a_8 > a_6 > a_7 > a_3 > a_1 > a_5 > a_4$$

这一结果与(3.33)式不完全相同，充分说明不同分布特征影响区间数的排序结果。

总之，根据以上几种情形的实例计算，充分说明区间数分布特征对区间数排序具有影响，验证了本书提出的理论和方法。将区间数的分布纳入可能度计算模型，能更好地刻画可能度性质，并能呈现区间数来源主体的风险偏好特征，具有很好的应用价值。

表 3.5 不同风险偏好的三角分布区间数可能度矩阵及优序数

Tab 3.5 The probability matrix and the ordinal number of the triangular distribution interval number for different risk preferences

区间数	a1	a2	a3	a4	a5	a6	a7	a8	优序数	优序数排序	区间数排序
a1	0.5000	0.0000	0.0000	0.9933	0.8350	0.0000	0.0381	0.1025	2	6	6
a2	1.0000	0.5000	1.0000	1.0000	1.0000	0.7074	0.869	0.5884	7	1	1
a3	1.0000	0.0000	0.5000	1.0000	1.0000	0.2209	0.4557	0.3013	3	5	5
a4	0.0067	0.0000	0.0000	0.5000	0.2182	0.0000	0.0000	0.0448	0	8	8
a5	0.1650	0.0000	0.0000	0.7818	0.5000	0.0000	0.0098	0.0668	1	7	7
a6	1.0000	0.0103	0.7791	1.0000	1.0000	0.5000	0.5759	0.3595	5	3	3
a7	0.9719	0.1331	0.5443	1.0000	0.9902	0.4241	0.5000	0.3505	4	4	4
a8	0.8975	0.4116	0.6987	0.9552	0.9332	0.6405	0.6495	0.5000	6	2	2

3.1.4 区间数的生成过程

在实际评价工作中，由于旅游经济发展具有动态性，运用精确数刻画的指标往往置信度不高，加上统计数据存在缺失，只能采用区间值进行估计。因此，根据本书研究分析及需要，在体系耦合度评价指标的测度中，对于旅游资源系统、旅游交通系统、旅游投资系统以及旅游教育系统等四类输出，以及旅游经济高质量发展评价部分指标，运用各子系统行业专家评判与区间数度量相结合的方法，提供一个区间方式表达的评价结果，比传统评价方法中所提供一个点值的评价结果更加令人信服和可接受。

针对某评级指标进行问卷调查或者访谈，假设给定指标的评价值集合，记为：

$$\Gamma = \{a + \frac{i}{n}(b-a), i = 0,1,\cdots n\}$$

假设有 m 个评价者，每个评价者在集合中给出一个评价值，对获得的数据用带分布的区间数进行刻画，具体过程如下：

第一步：获得数据频数分布：

$$P\{a + \frac{i}{n}(b-a) = \frac{m_i}{m}, i = 0,1,\cdots n, \sum_{i=0}^{n} m_i = n\}$$

第二步：对频数分布曲线进行拟合，获得近似分布密度函数：

$$f(x), x \in [a,b]$$

第三步：形成带分布区间数。

3.2 区间直觉模糊数评价方法

3.2.1 区间直觉模糊数及其运算

定义 3.6[①] 设 X 是一个非空论域，X 上的区间直觉模糊集定义为：

$$A = \{\langle x, u_A(x), v_A(x)\rangle \mid x \in X\}$$

其中，$u_A(x) \subseteq [0,1]$ 和 $v_A(x) \subseteq [0,1]$ 分别表示 X 中元素 x 具有属性 A 的隶属度区间和非隶属度区间。且对任意 $x \in X$，满足 $sup\ u_A(x) + sup\ v_A(x) \leqslant 1$。隶属区间 $u_A(x)$ 和非隶属区间 $v_A(x)$ 所组成的有序区间对 $\langle u_A(x), v_A(x)\rangle$ 被称为区间直觉模糊数，并称区间：

① 徐泽水. 区间直觉模糊信息的集成方法及其在决策中的应用[J]. 控制与决策，2007(02)：215－219。

$$[1-sup\ u_A(x)-sup\ v_A(x),1-inf\ u_A(x)-inf\ v_A(x)$$

为犹豫区间。为简单起见，本书记 $u_A(x)\equiv[a,b],v_A(x)=[c,d]$ 。

定义 3.7 设 $a_0=\langle[a_0,b_0],[c_0,d_0]\rangle$ 和 $a_1=\langle[a_1,b_1],[c_1,d_1]\rangle$ 为任意 2 个区间直觉模糊数，则其运算法则为

(1)补运算：$\bar{a}_0=\langle[c_0,d_0],[a_0,b_0]\rangle$ ；

(2)交运算：

$a_0\cap a_1=\langle[max(a_0,a_1),min(b_0,b_1)],[max(c_0,c_1),min(d_0,d_1)]\rangle$ ；

(3)并运算：

$a_0\cup a_1=\langle[max(a_0,a_1),max(b_0,b_1)],[min(c_0,c_1),min(d_0,d_1)]\rangle$ ；

(4)和运算：

$a_0+a_1=\langle[a_0+a_1-a_0a_1,b_0+b_1-b_0b_1)],[c_0c_1)+d_0d_1]\rangle$ ；

(5)乘运算：

$a_0a_1=\langle[a_0a_1,b_0b_1)],[c_0+c_1-c_0c_1,d_0+d_1-d_0d_1]\rangle$ ；

(6)数乘运算：

$\lambda a_0=\langle[1-(1-a_0)^{\lambda}],[1-(1-b_0)^{\lambda}],[c_0{}^{\lambda},d_0{}^{\lambda}],\lambda>0\rangle$ ；

(7)指数运算：

$c_0{}^{\lambda}=\langle[a_0{}^{\lambda},b_0{}^{\lambda}],[1-(1-c_0)^{\lambda}],[1-(1-d_0)^{\lambda}],,\lambda>0\rangle$ 。

根据上述运算法则，徐泽水(2007)推出了以下区间直觉模糊数的集结算子。

定义 7[①] 设 $a_i=\langle[a_i,b_i],[c_i,d_i]\rangle,i=1,2,\cdots,n$ ，对应权重为 $\omega_1,\omega_2\cdots,\omega_n$ ，满足：

$$\omega_1,\omega_2\cdots,\omega_n,\omega_i\geqslant 0,i=1,2,\cdots,n$$

则区间直觉模糊数的加权算术平均算子 *IIFWA* 和几何算术平均算子 *IIFWG* 定义分别为：

$$IIFWA(a_1,a_2\cdots,a_n=$$

① 徐泽水. 区间直觉模糊信息的集成方法及其在决策中的应用[J]. 控制与决策，2007(02)：215－219。

$$\langle\left[1-\prod_{i=1}^{n}(1-a_i)^{\omega_i},1-\prod_{i=1}^{n}(1-b_i)^{\omega_i}\right],[\prod_{i=1}^{n}c_i^{\omega_i},\prod_{i=1}^{n}d_i^{\omega_i}]\rangle$$

$$IIFWG(a_1,a_2\cdots,a_n)=$$

$$\langle[\prod_{i=1}^{n}a_i^{\omega_i},\prod_{i=1}^{n}b_i^{\omega_i}],\left[1-\prod_{i=1}^{n}(1-c_i)^{\omega_i},1-\prod_{i=1}^{n}(1-d_i)^{\omega_i}\right]\rangle.$$

为了对区间直觉模糊数进行排序，龚日朝和马霖源(2019)给出了如下区间直觉模糊数的得分函数和精确函数：

定义 3.8[①]设 $\alpha=\langle[a,b],[c,d]\rangle$ 为区间直觉模糊数，得分函数 $S(a)$和精确函数 $A(a)$分别定义为：

$$S(a)=\frac{(d-c)^2-(b-a)^2+2(a+b)}{2(a+b+c+d)}$$

$$A(a)=b+d-\frac{1}{2}\left[\frac{(b-a)^2}{b}+\frac{(d-c)^2}{d}\right]$$

其中规定 $0/0=1$，但 $0^2/0=1$。

该定义将区间直觉模糊数转化为数值，得分函数用数值刻画出了人们对客观事物进行模糊评价的结果[②]，同时通过精确函数刻画了模糊评价的精确度，为利用下面的定义对区间直觉模糊数的排序奠定了基础。

定义 3.9[③] 设 $a_0=\langle[a_0,b_0],[c_0,d_0]\rangle$ 和 $a_1=\langle[a_1,b_1],[c_1,d_1]\rangle$ 为任意 2 个区间直觉模糊数，则

(1)当 $S(a_0)>S(a_1)$ 时，$a_0>a_1$；

(2)当 $S(a_0)<S(a_1)$ 时，$a_0<a_1$；

(3)当 $S(a_0)=S(a_1)$ 时，有

1)如果 $A(a_0)>A(a_1)$，则 $a_0>a_1$；

2)如果 $A(a_0)<A(a_1)$，则 $a_0<a_1$；

---

① 龚日朝，马霖源. 基于区间直觉模糊数的得分函数与精确函数及其应用[J]. 系统工程理论与实践，2019，39(02)：63—475。

② 潘芬萍，龚日朝. 基于区间直觉模糊数的旅游项目群决策方法研究[J]. 旅游论坛，2019，12(03)：33—41。

③ Wang Z，Li K W，Wang W . An approach to multi—attribute decision making with interval—valued intuitio—nistic fuzzyassessments and incomplete weights[J]. Information Sciences，2009，179(17)：3026—3040。

3)如果 $A(a_0) = A(a_1)$,则:

①若 $\tau(a_0) > \tau(a_1)$,则 $a_0 < a_1$;

②若 $\tau(a_0) < \tau(a_1)$,则 $a_0 > a_1$;

③若 $\tau(a_0) < \tau(a_1)$,则

(ⅰ)若 $G(a_0) > G(a_1)$,则 $a_0 < a_1$;

(ⅱ)若 $G(a_0) < G(a_1)$,则 $a_0 > a_1$;

(ⅲ)若 $G(a_0) = G(a_1)$,则 $a_0 > a_1$ 。

其中规定 $T(a_0) = b + c - a - d$,和 $G(a_0) = b + d - a - c$ 被定义为区间直觉模糊数的隶属度不确定性指数和犹豫度不确定性指数。

3.2.2 区间直觉模糊数的生成过程

基于区间直觉模糊数,本书提出了其统计生成方法[①]:假设有 N 个专家,记为集合为 $D = \{D_1, D_2, \cdots, D_N\}$,每个专家对某个指标进行评价,评价方案按照表 3.6 调查表给出。

表 3.6 单指标评价问卷表

Tab 3.6 Single-index evaluation questionnaire

指标	评价选项	确认性态度	评价值	备注
C	好(高)	肯定		评价者在对应的选项填写数字 1
		犹豫		
	差(低)	肯定		
		犹豫		
	不了解或难以判断	弃权		

该问卷调查对每个指标的评价只设置两个选项,如:"好"和"差"。如果专家认为肯定好,则在确认性态度栏目选择"肯定",并填写数值 1;如果认为好,但不能完全肯定,也就是存在犹豫性,则在确认性栏目选择"犹豫",在相应项目下填写数值 1。类似地,如果专家认为肯定差,则在确认性态度栏目选择

① 该阶段性研究成果发表在 2020 年《统计与决策》。

“肯定”并填写数值 1；如果感觉差，但不能完全肯定，也就是存在犹豫性，则在确认性栏目选择“犹豫”，填写数值 1。特别地，如果对其不了解或难以判断，可以选择“弃权”，在相应项目下填写数值 1。

对评价指标，统计所有决策者的评价意见，得到集体评价结果公式如下：

$$d_i = \frac{1}{N}\sum x_i$$

由此得到汇总统计结果表 3.7。

表 3.7 指标 C 的评价结果汇总表

Tab 3.7 Summary table of evaluation results of indicator C

指标	评价选项	确认性态度	统计数据
C	强（高）	肯定	d_1
		犹豫	d_2
	差（低）	肯定	d_3
		犹豫	d_4
	不了解或难以判断	弃权	d_5
合计			1

于是，结合 $IVIFN$ 形成机理，定义

$$\begin{cases} a = d_1, b = d_1 + d_2 \\ c = d_3, d = d_3 + d_4 \end{cases}$$

得到关于指标的 $IVIFN$ 形式评价结果①，记为：

$$a = \langle [a,b],[c,d] \rangle$$

显然，运用该方法，不仅将评价者认知的模糊性和偏好意愿纳入了评价体

① 假设指标被评价为区间直觉模糊数 $a = \langle [0.4,0.5],[0.25,0.4] \rangle$，可做如下解释：(1)区间[0.4,0.5]为隶属度区间，其下限 0.4 表示至少有 40%的人认为指标“肯定高”，区间的长度为 0.1，表示有 10%的人带有犹豫性地认为高，也就是比较高的含义。(2)区间[0.25,0.4]为非隶属度，下限 0.25 表示至少有 25%的人认为指标“肯定低”，区间长度为 0.15，表示有 15%的人感觉指标比较低。(3)隶属度区间和非隶属度区间的上界之和为 0.9，说明还有 10%的人没有(或不愿意)给予评价或者难以评价。

系，呈现了决策群体的集体意志，克服了传统等级评价方法存在的弊端，而且在实际工作中，通过确认性提问的方式，提醒了评价者尽可能地减少其随意性，同时，降低了评价者工作难度和问卷调查数据统计的工作量。对于模糊不确定性的评价问题，该方法具有独特的优势。本书称之为“区间直觉模糊评价取值法”。

旅游经济体系是一个开放性的复杂系统，其高质量发展不仅受到各子系统高质量发展水平的影响，更受到各子系统之间，各子系统与国民经济相关子系统之间相互关系等诸多不确定因素的影响。在旅游经济发展实际评价中，部分重要指标由于受限于统计数据缺失，同时受到评价者认知水平、思维偏好及其模糊性的影响而被放弃。因此，对于管理子系统、服务子系统以及基础设施子系统三类系统的主要输出及旅游经济高质量发展水平部分模糊不确定性指标，本书采用区间直觉模糊数进行刻画。

第四章　旅游经济体系理论框架构建

本章主要基于体系工程理论研究范式，构建旅游经济体系理论分析框架。首先分析了旅游经济体系理论提出的理论与现实依据；其次，运用体系工程方法，对旅游经济体系的概念内涵进行界定，分析其基本特征；最后，理清旅游经济体系的构成要素及各要素系统之间的相互耦合关系，并形成旅游经济体系的耦合机理。

4.1 旅游经济体系理论的提出

旅游经济体系理论的提出，是体系工程理论运用于旅游经济领域的有益尝试与探索，是适应旅游经济高质量发展需求，对旅游系统理论的创新与实践。

4.1.1 理论依据

从理论渊源上看，旅游经济体系理论是在分工理论基础上，对产业链理论的深化与探索。同时，也是旅游系统理论的延伸与拓展。

首先，马克思分工思想是旅游经济体系理论提出的思想渊源。马克思分工协作理论是在亚当·斯密分工理论基础上加以批判继承而形成的，其思想精髓对旅游经济高质量发展具有深刻的指导意义。马克思指出："协作是许多人在同一生产过程中，或在不同的但相互联系的生产过程中，有计划地一起协同劳动。[①]”“分工是一种特殊的，有专业划分的，进一步发展的协作形式，是提高劳动生产力，在较短的时间内完成同样的工作，从而缩短再生产劳动能力所必需的劳动时间和延长剩余劳动时间的有力手段[②]”，他认为，这种以分工为特征的协作“提高了个人生产力，而且创造了一种生产力，这种生产力本身必然是集体力[③]。”旅游经济体系运行正是以协作为起点，通过各子系统为旅游者提供旅游活动中所需的各种旅游服务，共同完成旅游产品生产与消费的过程。需要特别指出的是，旅游产业的分工协作不同于传统产业，其分工协作不仅仅局限于产业内部，而是跨区域、跨产业、跨部门的分工与协作。旅游经济体系理论正是基于这一思想，结合旅游产业发展实际，强调从宏观层面构建旅游经济体系，以协调跨区域、跨产业、跨部门的各子系统之间相互关系，不断提升体系整体发展能力，从而推动旅游经济的高质量发展。

其次，旅游产业链理论是旅游经济体系理论构建的理论依托。旅游产业链是为了获得经济、社会、生态效益，旅游产业内部的不同企业承担不同的价值创造职能，共同向消费者提供产品和服务时形成的链条体系（刘彩霞，2010）。但旅游学者则更倾向于将旅游产业链理解为涉旅部门—旅游企业—旅游产品组合的链型关系（张海洲，2020；左冰和杨艺，2021）等。旅游产业链不同于工业产业链，其横向联系特点使得产业链整体面向旅游市场，产业链上下游企业之间的利益相关性较小，甚至不受其他相关行业的制约。从而导致产业链各企业之间相互约束力弱，不同行业之间的矛盾、产品质量等需要政府相关部门参与解决。因此，我国旅游业改革与发展应该采取“旅游产业网”的思路，而不能停留在传统意义上的“旅游产业链”的发展模式（黄常锋等，2011）。旅游经济体系理论即是“旅游产业网”思路的综合体现，试图通过构建一个包括管理、资源、基础设施、交通、服务、教育及投资等在内的完整体系网络，强化体系内各子系统之间的内在关联性，促进旅游经济高质量发展。从这个意义上讲，旅游经济体系理论是对旅游产业链理论的进一步深化与拓展。

---

① 《马克思恩格斯全集》：第 47 卷［M］. 北京：人民出版社，1979：293－294。

② 《马克思恩格斯全集》：第 47 卷［M］. 北京：人民出版社，1979：301。

③ 《资本论》：第 1 卷［M］. 北京：人民出版社 2004：207。

最后，体系工程理论为旅游经济体系理论构建提供了基本的理论框架。体系工程理论是对系统工程理论的延伸与拓展。系统工程理论作为指导旅游研究的基本理论，受到学术界的普遍认同，多数学者认为系统工程理论在旅游业中的应用价值十分明显（郭利利，2015），旅游经济运行必须作为一个系统来研究（钟韵和彭华，2001；陈绍友，2004；长安，2006；郭长江等，2007；赵磊和吴文智，2010）。但随着社会经济的发展，信息科技的不断进步，仅从系统视角考察旅游产业的整体优化，忽略国民经济其他相关系统对旅游产业的影响，显然跟现实发展是背离的。因此，从宏观视角对旅游经济体系进行整体审视，借鉴体系工程理论框架，基于"需求挖掘与顶层设计—体系集成与构建—体系演化与评估"为基本思路，构建旅游经济体系理论框架，不仅有利于决策部门提高对所研究问题认识的清晰程度，以辅助其选择行动方案，也是对旅游系统工程理论的丰富与拓展。

4.1.2 现实依据

旅游经济体系理论是基于十九大报告建设现代化经济体系精神，国家文化和旅游部加快构建现代化旅游经济体系部署而提出的，适应旅游经济高质量发展实践的理论创新，有着深刻的现实背景。

一是解决旅游发展不平衡不充分问题的客观要求。在当前和今后一段时期内，广大人民群众日益增长且日渐变化的旅游休闲需求与非均衡旅游产业结构之间的矛盾是影响我国旅游经济发展的主要矛盾，而由此引起旅游经济发展不平衡不充分，成为旅游经济高质量发展的主要障碍（戴斌和夏少颜，2009）。究其根源，主要在于现有"旅游经济体系"已经不能满足市场需求的变化与增长（王德刚，2020）。要解决这些问题，首要的任务就是跳出"系统"思维，从"体系高度"重新认知旅游经济，以"体系思想"指导旅游经济发展。

二是实现旅游经济体系整体发展能力提升的迫切要求。随着大众旅游时代的到来，旅游需求个性化、多元化趋势明显，旅游市场容量和范围不断扩大（董培海等，2019），导致旅游产品的最终服务过程，需要共同配合以完成生产的产业链企业数量和种类越多，旅游活动过程中需要的产品与服务也越多，产业链服务环节不断扩展。这种扩展使得产业链上各企业"单打独斗"，各自面向旅游市场的状态更为严重，其聚合难度进一步增大。因此，构建以各子系统“团体作战”为特征的旅游经济体系，成为解决这一难题的重要手段，并以此推动旅游经济体系耦合发展，避免结构失衡和资源错配，注重区域旅游产业结构的有效衔接和分工协作，强调体系整体发展能力的提升。

三是解决网络化时代大规模旅游复杂系统问题的必然选择。当前，中国已进入以互联网蓬勃发展为特征的信息化社会，旅游经济发展也全面进入传统旅游与虚拟旅游同构的旅游发展新时代，旅游经济发展呈现出与传统旅游迥然不同的新特征：一是数据成为一种新的生产要素并渗透到旅游经济活动的各个领域。数据的获取以及处理能力成为旅游企业发展的重中之重。二是旅游经济运行新模式的形成。互联网将旅游消费者与旅游供给者双方信息转换为数据，并运用于虚拟交易中，通过人工智能、大数据进行供需匹配。三是深度融合，协同创新成为旅游经济发展新特点。旅游业生产与消费的同步性、不可储存性等属性受到挑战，在高度发展的互联网信息时代下，旅游服务的边际成本降低，经营范围由于借力大型网络平台而不断扩大，旅游与其他产业的跨界融合、产业整合，协同创新成为新的发展趋势。正因为如此，旅游经济发展各产业、部门之间的关系更加密切，边界却更加模糊，要求边界明确的旅游系统理论已经不能适应现代旅游发展，而用于解决旅游需求分析、旅游系统集成交互、动态演化等不确定复杂问题的体系理论成为推动旅游经济高质量发展的必然选择。

4.2 旅游经济体系概念内涵与特征

4.2.1 旅游经济体系的概念

关于旅游经济体系的概念内涵，国内外专题性的研究成果较少，相关研究多基于系统论视角进行探讨，且并未严格区分旅游系统与旅游经济系统的范畴。关于旅游系统，多数学者认为其是由客源市场系统、目的地系统、出行系统及支持系统等要素构成的有机整体（吴必虎，1998；Mill & Morrison，2012），旅游要素间的复杂互动是旅游系统以一种非线性的方式运行的重要原因（Mckercher，1999）；也有学者认为旅游系统的核心是主客关系，因而旅游系统应该是主体系统、客体系统和媒介系统三个部分的有机组合（张惠，2004）；经济学视角的旅游系统则是指由旅游供给子系统、旅游需求子系统、中介子系统和支持大子系统四个部分共同组成的有机整体（张树民，2012）。关于旅游经济系统，早期研究认为旅游经济系统是旅游系统的重要子系统，是在一定地域范围内，由旅游市场系统、旅游目的地系统和出行系统三个部分构成的有机整体（长安，2006），但随着旅游业的不断发展，其内涵不断拓展，学术界开始将其纳入国民经济体系范畴，提出旅游经济系统应该是区域经济的一个子系统，其与国民经济总体、区域经济的其他相关系统存在着复杂的关系（王云才，2002；杨友宝和王荣成，2015；马慧强等，2021）。

以上对旅游系统、旅游经济系统的描述尽管各有差异，但本质上都未能跳出旅游范畴。事实上，旅游经济是一个动态的复杂系统，其构成要素不仅局限于旅游系统，还包括交通系统、教育系统、投资系统等非旅游系统，所有要素系统独立运行，独立管理，且每个要素系统都有相应的管理主体，有的甚至存在同一要素系统归属不同的管理主体的现象。如旅游交通属于交通系统，管理主体是交通运输部；旅游教育属于教育系统，管理主体是教育部；旅游资源系统则分属两个不同管理主体，其自然旅游资源归属国土与自然资源部，而人文旅游资源却归属文化和旅游部。显然，旅游经济体系运行涉及多个部门，多个管理主体，彼此之间的协同合作、互联互通显得尤为重要。因此，本书认为应该跳出旅游范畴，从宏观视角对旅游经济运行与发展进行整体审视，对旅游经济体系概念内涵进行重新界定。

从体系（SoS）视角界定旅游经济体系的概念内涵，不能脱离“体系”概念的基本范畴，“体系”概念决定了“旅游经济体系”概念的结构属性。根据上文对“体系”的界定，体系是以履行综合集成复杂系统职能以产生期望结果的巨系统，它由多个自主的、嵌入的复杂系统组成，这些复杂系统在技术、环境、运行方式、地理区域上都存在差异（林绍洋，2014）。类似地，旅游经济体系也是由多个自主的、嵌入的复杂系统构成，其构建显然不是一个简单的旅游系统问题，而是一个涉及管理、资源、基础设施、交通、服务、教育以及投资等多个子系统的跨系统综合问题。基于此，本书认为旅游经济体系可以界定为：以履行综合集成旅游管理、旅游资源、旅游基础设施、旅游交通、旅游服务、旅游教育以及旅游投资等七大子系统为基本职能，以实现旅游经济高质量发展为目标，不断产生"涌现"的大规模旅游系统组合，七大旅游子系统在统一的旅游经济高质量发展目标下相互作用、相互影响，但又彼此独立，独立运行、独立管理，且在技术、环境、运行方式、地理分布以及管理主体上各有差异。

4.2.2 旅游经济体系的特征

基于对旅游经济体系（TESoS）概念内涵分析，结合旅游经济活动特征，旅游经济体系具备以下六大特征：

（1）组成系统运行独立性。组成系统的独立性是指旅游经济体系中每个组成系统都是独立的实体，分属不同的管理主体，有各自独立的职责与功能，实施自主决策与管理。旅游经济运行过程中的每一项业务都是体系的利益相关方，有自己独立的利益、价值观念和经营理念。如旅游投资系统和旅游教育系统，两者各自独立履行其自身职能，分别以资金因素和人力资本因素影响其他组成系统及体系整体运行的同时获得自身利益，旅游投资系统通过投资行为获得投资回报，旅游教育系统则通过旅游教育活动培养和输送旅游人才而获得自身利益。

（2）组成系统的高度关联性。关联性是指体系各要素系统保持相互连接的能力，连接是实现体系交互的基础。旅游经济体系各组成系统是旅游经济运行的主要节点，通过在旅游经济活动中为旅游者提供旅游资源、生产设计旅游产品、提供旅游服务而相互关联，相互影响。此外，关联性还表现在旅游经济体系的宏观管理上，整个旅游经济体系由旅游管理系统进行支配控制，要求各利益相关方都必须遵守体系运行规则，并服从管理。

（3）组成系统具有隶属性。旅游经济体系的主要目标是确保旅游经济的高质量发展，而这一目标的实现伴随着经济上的利益分配，各旅游要素系统通过交易关系或运行依赖关系成为旅游经济体系的组成部分，其隶属性首先体现在所有旅游要素系统都隶属于旅游经济体系，必须服从旅游经济体系的整体运行规则；此外，各旅游要素系统同时隶属于相对应的国民经济要素系统，其服务标准和服务程序受到国民经济对应要素系统的影响，如旅游管理系统是政府宏观管理体系的子系统，其管理行为必须遵循国家政府所制定的相关管理制度，接受其监督管理。

(4)组成系统关系的协调性。旅游经济体系各组成系统来自不同的行业，具有不同管理主体，在运行管理上存在一定的异质性，各要素系统之间协调与合作是旅游经济活动顺利进行的基本保障，旅游体系链条上任一要素系统出现问题，都会导致整个体系链条的断裂与崩溃。因此，体系发展必须重视协调和开发来自旅游链条上不同要素系统或不同利益相关者完成共同目标的能力。

(5)组成系统地理上的分布性。地理上的分布性主要是指体系各组成系统在物理区域上的分布程度。旅游经济体系各组成系统地理上的分布性主要体现在两个方面：一是各旅游要素系统本身在空间分布上具有广泛性，如旅游资源系统就是一个复杂系统，各类旅游资源数量庞大，遍布全国。二是由于旅游产品的生产与消费同步，在旅游经济活动过程中，通常需要集成不同区域的不同旅游要素共同协作才能完成，形成地理分布性，如吃、住、行、游、购、娱等旅游六要素分布于旅游线路的节点，彼此协同合作，共同完成旅游接待任务。

(6)体系行为的涌现性。涌现性是指体系各要素系统聚集在一起并相互作用而涌现新功能、新特征，体系涌现部分是可预测的，部分是不可预测和不确定的。在旅游经济体系中，可预测的涌现性是指依据职责分工、法规政策、规划等进行的相关旅游经济活动及相互关系，是可以确定的旅游经济行为。但当旅游经济体系处于复杂动态的环境中时，大多数涌现性是不确定和不可预测的。如全国甚至全球范围内的政治、经济影响，以及自然环境带来的不确定性；不同行业、不同需求和不同管理规程导致内部关系的复杂与不确定性等。

4.3 旅游经济体系组成要素与耦合机理

4.3.1 旅游经济体系组成要素

根据前文的内涵界定，旅游经济体系是由多个自主嵌入、彼此独立起作用的旅游要素系统共同构成的复杂联合体。由旅游管理系统、旅游资源系统、旅游服务系统、旅游基础设施系统、旅游交通系统、旅游投资系统及旅游教育系统等七个交互系统共同构成。

(1)旅游管理系统。旅游管理是指对旅游资源及相关旅游组织进行有效整合以达到其既定目标与责任的动态创造性活动。目前我国旅游经济在管理体系如下图4.1。根据管理对象不同,分为宏观、中观、微观旅游管理三个层面,本书所称旅游管理是从体系视角,基于宏观层面的旅游管理,即国家和地方政府权力当局以及经其授权的社会组织对旅游经济运行所实施的总体上的规划、协调与控制。因而,旅游管理系统可以界定为:国务院为实现既定的旅游管理目标,而将文化和旅游部、自然资源部、教育部、交通运输部以及各级地方政府、旅游行政管理部门等为管理对象,以一定的方式组织起来形成的一种社会系统,旅游管理系统是旅游经济运行的掌舵者,主要负责制订旅游产业政策、规章制度、行业标准等,约束体系相关组成系统经济行为,协调其相互关系,以实现整个旅游经济体系的协调耦合发展。

(2)旅游资源系统。根据《旅游资源分类、调查与评价》国家标准①,旅游资源由地文景观、水域景观、生物景观、天象与气候景观、建筑与设施、历史遗迹、旅游购品以及人文活动等八大类资源要素构成,是能对旅游者产生吸引力,可为旅游业开发利用,并可产生经济效益、社会效益和环境效益的各种自然和人文资源。旅游资源系统则是由不同类型人文或自然景观资源组合构成的相互依托、相互制约的开放复合系统。

旅游资源管理主体具有多元化特征,自然旅游资源管理主体为自然资源部,而人文旅游资源管理权则归属国家文化和旅游部,分别负责相关资源的保护与合理利用,确保各类自然与人文旅游资源以最佳的状态呈现出来,为旅游经济运行与发展提供最基本的旅游资源保障。

① GB/T 19872—2017 旅游资源分类、调查与评价[S]。

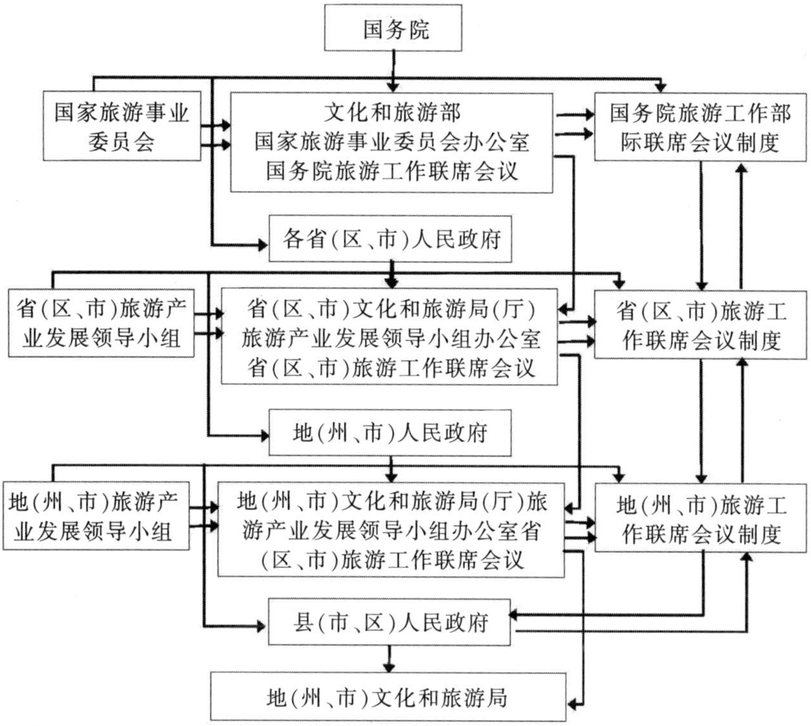

图 4.1　我国旅游管理系统构成图

Fig 4.1　Composition diagram of my country's tourism management system

(3)旅游服务系统。旅游服务是旅游企业或相关组织为了满足旅游者在旅游过程中的多种需要而提供的一系列活动。旅游服务系统则是指旅游活动过程中,为旅游者提供服务的两个及两个以上具有相互联系和相互作用的服务要素,共同构成的具有特定结构和服务功能的有机整体。以旅行社为执行主体,由餐饮服务、住宿服务,交通服务、游览讲解服务、购物与娱乐服务等六大要素部门共同构成,管理权归属文化和旅游部。旅游服务系统主要负责旅游产品的组合设计,组织旅游者进行旅游体验活动,并为其提供旅行过程中的各项服务。旅游服务过程即旅游产品的生产与消费过程,是旅游经济目标赖以实现的关键环节。

(4)旅游基础设施系统。基础设施是指直接为生产部门、流通部门和人民生活提供共同条件和公共服务的设施和机构(陆大道,2003)。类似地,旅游基础设施则是指服务于旅游生产活动的各类设施与机构的总称,包括旅游公共服务设施和旅游基础设施两个部分。前者包括公共信息服务设施、医疗保健设施、餐饮住宿设施和交通服务设施等;后者包括游览及休憩设施、旅游购物娱乐设施、旅游环卫设施、旅游安全设施和能源通信设施等五个组成部分。旅游基础设施系统的管理主体多元化,是一个复杂的综合性系统。需要特别指出的是,本书考虑到交通系统在旅游发展中的重要作用,将旅游交通基础设施归属于旅游交通子系统中,不纳入旅游基础设施系统范围。旅游基础设施系统是旅游经济发展不可或缺的组成系统之一,其主要功能是为旅游活动的顺利开展提供基本物质保障。

(5)旅游交通系统。旅游交通是指旅游者利用某种手段和途径,实现从一个地点到达另一个地点的空间转移过程,是旅游者完成旅游活动的先决条件。由此,翁莉(2006)将旅游交通系统界定为:以基本或特殊的运输设施和交通线路为基础,有效完成旅游空间连接,满足旅游者出行、游览和审美活动需要,带有特定功能和特殊条件的旅游运输服务产品的集合。旅游交通不仅具有基本的空间转移功能,某些特殊交通方式更是游览和审美的对象,包括铁路、水路、公路及航空四大交通要素,其管理权归属交通运输部。旅游交通系统的核心功能是实现旅游者从旅游客源地到旅游目的地之间的空间转移,为旅游资源、旅游基础设施、旅游服务等相关系统功能的发挥提供交通便利性。

(6)旅游投资系统。旅游投资是指在一定时期内,在符合国家各项政策法规的前提条件下,根据旅游业发展的需要,各投资主体对某一旅游项目投入一定数量的资金、实物资产或无形资产等,以期获得经济收益或综合效益的经济行为(朱忆文,2014)。旅游投资系统则是由不同属性要素,如:资金、劳动力、技术以及制度等相互作用构成的具有特定结构和功能的开放复杂系统。主要包括政府投资、企业投资、个体投资、外商投资等四大要素,其投资行为由文化和旅游部统一调控管理。投资主体不同,其投资目的、投资要素选择侧重点也各不相同,如企业投资以资金要素、劳动力要素投入为主,而政府投资则以技术要素、制度要素为主。旅游投资系统的主要功能在于为体系及其各要素系统的正常运行提供资金支持,同时正确引导旅游投资方向,优化旅游投资结构，调控旅游投资规模等。

(7)旅游教育系统。旅游教育从广义看，是指一切以影响人的身心发展为目的而进行的与旅游相关的教育活动；从狭义上理解，旅游教育则仅仅指学校旅游教育。广义上理解的旅游教育与本书主旨更为吻合。旅游教育系统则是一个由旅游教育者、受教育者、旅游教育内容、旅游教育方法、旅游教育环境等要素构成的有机整体(王金伟，2012)。一般而言，根据受教育对象与层次的不同，旅游教育系统可以分为旅游高等教育、旅游职业教育、旅游行业培训等子系统，学校旅游教育管理权归属教育部，但旅游企业员工日常培训则由文化和旅游部授权相关行政管理部门统一管理。旅游教育系统是旅游经济体系不断发展演化的重要支持系统，是旅游人才培养的主要阵地，其主要功能是为实现旅游经济的可持续发展提供源源不断的人才支撑。

4.3.2 组成要素耦合关系分析

耦合(coupling)源本属于物理学科，是指两个或以上电路元件或网络之间输入与输出的紧密配合与相互影响，并通过相互作用从一侧向另一侧传输能量的现象。随着学科的交叉与融合，耦合概念被广泛应用于人文社科领域。相应地，旅游经济体系耦合是指七大子系统之间相互配合与相互影响，一个子系统满足或制约另一个子系统的现象。为此，要分析体系各组成系统之间的耦合机理，首要任务是要找出双方"能量"传输的"管道"以及传输的方向。众所周知，旅游经济体系各组成系统之间的耦合都是双向的，即存在着相互的"输入"与"输出"。因此，在分析各组成系统之间的耦合关系时，只需分别研究各组成系统之间的主要"输出"关系。下文将重点分析各组成系统向其他系统的输出，并由此形成旅游经济体系的耦合机理。

(1)旅游管理系统与其他子系统的耦合关系

旅游管理系统对体系各子系统的"输出"主要是"政策与制度"。通过制订相应的政策制度，对体系的整体运行进行宏观调控与管理，同时激励和约束体系其他子系统行为，以推动旅游经济体系的高质量发展。体系其他子系统则根据自身需求，接受政策制度的约束，并在政策制度许可的范围内，把握政策、制度红利，推动系统自身的健康运行与发展。

具体而言，旅游资源系统在政府相关管理部门的总体规划与指导下，对旅游资源进行评价、开发与保护，构建旅游资源保护与开发的和谐关系，以实现旅游资源配置的最优化，旅游资源利用的永续性；旅游基础设施系统根据国家相关政策与行业标准，对旅游基础设施的生产、供应以及服务进行系统管理，以保障旅游者在旅游活动过程中的安全与合法权益，满足其基本物质需求，促进旅游活动场所管理和服务水平的提高；旅游服务系统在文化和旅游部制定的旅游管理制度与服务标准体系约束下，规范旅游市场秩序，不断提高旅游服务质量与服务水平，以保障旅游者和旅游经营者的合法权益；旅游投资系统在旅游投资政策的引导下，不断优化旅游投资结构，提高旅游投资效益，为旅游经济体系的高质量发展提供资金保障；旅游教育系统在以教育部为核心的主管部门制定相关政策与制度的指导下，构建全面满足旅游经济高质量发展所需要的人才培养体系，同时有效控制人才培养规模，加强对培养层次与培养方向的引导，形成人才培养与人才需求的良性双向互动；旅游交通系统在交通管理部门行政或法律手段的约束下，对多种交通资源进行优化配置与有效整合，以形成适应旅游业发展交通网络系统，同时制定交通管理制度，约束和控制交通流量，保障旅游交通秩序的安全高效。

(2)旅游资源系统与体系各子系统的耦合关系

旅游资源系统在体系中的直接“输出”主要是“旅游资源禀赋与表现力”。旅游资源禀赋是一国或地区所拥有旅游资源的丰富程度，是招引旅游者来访的吸引力本源。但旅游资源禀赋只是一种客观存在，还需要对其进行价值识别，规划与开发，赋予其表现力，才能准确呈现其旅游价值，并输出给其他子系统。体系其他子系统根据自身需求，利用区域旅游资源禀赋与资源表现力，招徕旅游者并提供相关服务，以实现本系统的健康运行与发展。

旅游管理系统通过对旅游资源禀赋的调查与评价，指导旅游资源系统对区域旅游资源进行规划与有序开发，赋予旅游资源表现力，以满足旅游市场需求；旅游基础设施系统与旅游资源系统互为支撑，旅游基础设施配套越完善，越有利于旅游资源表现力的提升，二者共同决定着旅游产品的供给质量；旅游服务系统的核心任务是以旅游资源为主要载体，设计和生产旅游产品并销售给旅游者，而旅游资源禀赋高低是决定旅游产品质量的关键因素之一，其表现力更是影响旅游者决策的首选因素;旅游投资系统对旅游资源开发的投资意愿,其主要动力来自旅游资源禀赋与资源表现力大小,旅游资源禀赋越高,表现力越好,其吸引投资能力越强,投资潜力越大,投资回报也就越高;旅游教育系统对旅游资源系统的需求相对较少,但旅游资源作为一种客观存在,需要人为因素去识别、开发和利用,而优秀的旅游规划、开发人才储备是前提,因而旅游资源系统的发展可为教育系统提供大量的就业机会。旅游交通系统对旅游资源系统并不产生直接需求,而是一种间接需要,因为消费者的出游意愿受到区域旅游资源禀赋与表现力的影响,资源禀赋与表现力越好,旅游者到当地旅游的意愿更强烈,对旅游交通的需求也更大。

(3)旅游服务系统与体系各子系统的耦合关系

旅游服务系统对体系其他子系统的主要输出是“旅游产品与服务”,但由于旅游产品生产与消费的同步性,产品的生产过程即旅游服务的提供过程,为表述方便,下文均将“旅游产品与服务”称作“旅游服务”。旅游服务在整个体系运行中起着重要连接作用,是对旅游要素进行组合设计,为消费者提供服务的关键环节,也是旅游经济目标赖以实现的核心环节。

旅游管理系统通过制订政策制度,对旅游服务系统运行进行监管,旅游管理政策制度越完善,旅游管理水平越高,旅游服务系统运行越好;反之,旅游管理水平越低,旅游服务系统运行则越可能出现问题,进而影响整个体系的运转。旅游资源系统与旅游服务系统互为依存,旅游产品的设计必须以资源为基础,旅游服务系统通过组合各类旅游要素,形成旅游产品并推向旅游市场,才能最终实现旅游经济收益。旅游产品创意程度及旅游服务质量水平直接影响旅游者的满意度和回头率,进而会对旅游资源系统乃至整个区域旅游发展产生直接或间接的影响。旅游基础设施是旅游服务系统为旅游者提供服务的重要载体,优良的旅游基础设施是吸引旅游者购买旅游服务的主要因素。旅游投资对旅游服务系统的需求并不明显,但旅游服务系统的健康发展,将促进旅游经济体系整体不断发展演化,从而吸引资本进入旅游行业,间接推动旅游投资系统的发展与优化。旅游教育系统对旅游服务系统的核心需求是就业岗位,二者相互促进,共同发展,旅游服务系统是吸纳旅游人才的核心行业,2019年,旅游行业直接和间接就业人数为 7987 万,以旅行社为主旅游服务系统从业人数达 2825 万，占旅游业总就业总人口的 35.36%[①]。旅游交通系统对旅游服务系统的主要需求是客源。旅游交通是实现旅游者从客源地到目的地的重要环节，没有旅游服务系统的产品设计、销售和招徕游客，就不会产生旅游者空间转移的需求，从这个意义上讲，旅游服务系统为旅游交通系统提供客源，助力其健康运行。

(4)旅游基础设施系统与体系各子系统的耦合关系

旅游基础设施系统在体系中的直接“输出”主要是“工程基础设施”。旅游基础设施是旅游活动得以顺利开展的物质载体，高质量的旅游基础设施，在一定程度上可以强化旅游资源吸引力，提升旅游服务水平，优化旅游投资环境，从而促进其他子系统的发展。体系其他子系统则根据自身需求，以旅游基础设施为载体，参与旅游经济活动，维持系统自身健康运行与发展的同时，实现旅游经济体系的整体发展演化。

旅游管理系统通过制定相关政策与标准，对旅游基础设施的规划、建设及服务管理进行宏观调控，并根据旅游基础设施的供给与需求匹配程度作出“响应”，不断加强基础设施建设，并调整服务标准以满足旅游需求；旅游资源系统的发展与旅游基础设施的完善程度息息相关，高质量的旅游基础设施，可以提升旅游资源吸引力；旅游服务系统是对旅游基础设施系统接待能力与服务水平需求最大的子系统，旅游接待设施的创新与完备程度，决定着旅游接待能力高低，更是保证旅游服务质量，提升旅游体验质量的基础与前提；旅游基础设施系统也是旅游投资的一个重要板块，但由于旅游基础设施建设周期长，投资回报低，当前我国旅游基础设施投资主要以政府投资为主，社会资本为辅；旅游教育系统对旅游基础设施系统的需求主要是就业岗位，以解决旅游教育系统人才就业问题；最后，旅游基础设施系统接待能力直接影响旅游交通系统发展，接待能力越强，接待旅游者数量越多，对旅游交通的要求也就越高，反之亦然。

(5)旅游交通系统与体系各子系统的耦合关系

旅游交通系统在体系中的直接输出主要是交通网络与服务，通达性是度

① 数据来源：中华人民共和国文化和旅游部 2019 年文化和旅游统计公报。

量交通网络发达程度的有效指标。交通网络越发达，通达性越好，向体系其他系统的“输出”质量越高，对旅游经济高质量发展的贡献也就越大。体系其他子系统利用旅游交通对旅游者的空间转移功能，将旅游者输送到旅游目的地，在保证旅游经济发展目标的同时，实现自身的健康运行与发展。

旅游管理系统通过制定交通发展规划、交通运输规则，对旅游交通系统进行管理，当旅游交通网络发展不能满足旅游市场需求时，旅游管理系统须联合其他相关政府部门对旅游交通基础设施进行规划与布局，不断完善交通基础设施，提升交通运输能力，以满足旅游市场需要；旅游资源系统发展程度与交通条件息息相关，发达的旅游交通是驱动旅游资源集群式开发和旅游流集聚的关键要素，可以提高旅游资源要素组合及其利用程度，促进区域旅游高质量发展；旅游交通是旅游服务系统平稳运行的先决条件，影响着游客出游动机与目的地选择，交通越便利的旅游地，对旅游者吸引力越大，其市场空间越广阔；旅游交通系统为旅游基础设施系统的正常运行提供客源，客源量越大，基础设施利用程度越高；交通网络发达程度也是评价旅游投资环境的重要指标，交通越便利、服务水平越高，对旅游投资的吸引力越大，反之越小；旅游交通系统输出对旅游教育系统的影响力相对较弱，但可为其提供一定的就业岗位，间接影响人才就业去向，交通越便利的旅游地，更容易招揽到优质人才。

(6)旅游投资系统与体系各子系统的耦合关系

旅游投资系统在体系中的直接“输出”主要是“资本投资与服务”，其是一个国家或地区旅游经济健康运行与快速发展的重要动力系统。旅游投资系统对其他子系统的资本供给越充足，则各子系统发展越快；反之，若旅游资本不能满足各子系统的发展需要，则旅游经济发展可能受阻。体系其他子系统则通过改善投资环境，充分吸引旅游投资，提高投资效益，以促进自身健康发展。

旅游管理系统主要通过制订政策制度，对旅游投资系统进行宏观调控与管理，解决旅游投资市场信息不对称、投资规模和投资结构调控缺陷等问题，推动旅游经济体系的整体发展，间接为旅游管理系统发展提供了资金保障，促进其管理水平的提升。旅游资源系统是旅游投资重点领域之一，但由于旅游资源前期开发建设周期长，投资收益率偏低，前期投资多以政府财政投入为主。随着旅游投资系统发展的日渐成熟，旅游投资主体越来越多元化。旅游基础设施系统是对资金需求最大的子系统之一，且必须与旅游资源系统发展程度相匹配，其投资周期长，资金需求量大。旅游服务系统对旅游投资系统的依赖程度较高，旅游投资是推动旅游服务系统发展的重要动力，旅游产品创新、旅游咨询与策划、旅游金融服务以及旅游信息传播与中介等是当前旅游投资的重点领域。旅游教育系统对旅游投资系统的主要需求是就业机会，旅游投资不同于一般投资，有其特殊性，往往需要大量的专业人才做出详细的投资规划，而旅游教育系统能解决投资系统的人才需求问题。旅游交通系统对旅游投资系统的主要需求依然是资金，但由于旅游交通网络建设所需资金量较大，其所需资金除了社会资本，政府财政投资也是主要来源，由交通运输部统一规划布局，以促进旅游交通体系的不断完善。

(7)旅游教育系统与体系各子系统的耦合关系

旅游教育系统在体系中的直接输出主要是旅游人才供给。人才是推动旅游产业发展的第一资源，旅游教育系统肩负着为旅游经济体系培养和输送人才的重任，以高层次科技人才、高技能实用人才、高素质管理人才为重点，建立完善的人才培养体系，为旅游经济又好又快发展提供坚强的人才保障和广泛的智力支持。体系其他各子系统则由于其业务板块不同，对旅游人才的需求数量、学历层次等均各有差异。

4.3.3 旅游经济体系的耦合机理

旅游管理系统需要高素质管理与技术人才，负责旅游经济运行的宏观调控与管理工作，如拟订旅游产业政策和发展规划并组织实施，推动旅游产业投融资体系建设。旅游资源系统需要具有能洞察资源价值、擅长旅游资源规划、开发及管理人才，对旅游资源进行系统开发利用；旅游基础设施建设需要专门的规划与设计人才，负责景区基础设施建设、布局与管理，使之与旅游资源更匹配，更好地满足旅游者需求；旅游服务系统需要具有创新意识的旅游产品设计人才，具有较高产品销售能力的旅游营销人才，具有广博知识，高素质的管理及导游服务人才，为旅游者提供高品质的旅游产品与服务。旅游交通系统需要高素质的交通规划、设计以及管理服务人才，保证旅游者从旅游客源地到目的地转移过程的快捷、舒适。旅游投资系统需要具有系统的投资知识、眼光精准的投资管理人才，做到精准投资，不断优化投资结构，提升投资效益等。

综上所述，旅游经济体系由旅游资源、旅游基础设施、旅游交通、旅游服务、旅游教育、旅游投资及旅游管理等七大子系统共同构成(见图 4.2)。

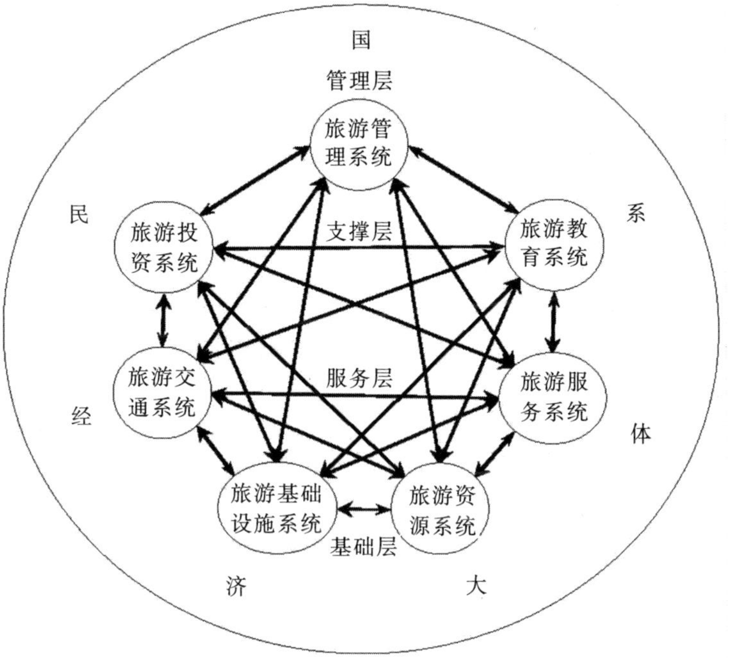

图 4.2　旅游经济体系耦合机理示意图

Fig 4.2　Schematic diagram of coupling mechanism of tourism economic SoS

各子系统分属不同的管理主体，具有相对独立性，其在旅游经济复杂体系中的职责各不相同，分别对应不同功能与职责，但又相互作用、相互影响。

根据各子系统在体系中的不同职责与功能，将旅游经济体系分为基础、服务、支撑、管理等四大功能模块。其中，基础模块包括旅游资源系统与旅游基础设施系统，这是旅游经济发展的物质基础。旅游资源是具有吸引力的事物和因素，能对相应的人群产生定向吸引功能，激发旅游者的旅游动机，是旅游经济体系的核心要素系统；旅游基础设施是旅游资源最重要的辅助系统，有利于提升旅游景区服务质量和水平，是增加旅游资源吸引力的重要物质保障。

服务模块包括旅游服务系统与旅游交通系统。旅游交通是连接旅游客源与目的地，实现旅游者从旅游客源地与目的地空间转移的重要纽带；旅游服务系统是旅游经济目标赖以实现的关键环节，其主要任务是以资源、基础设施、餐饮住宿、交通、购物娱乐等有形资源为载体，设计生产旅游产品，组织旅游者进行旅游体验，并为其提供各项旅行生活服务。

支撑模块包括旅游投资系统与旅游教育系统。旅游投资是旅游经济发展的重要动力，为旅游经济体系其他要素系统发展提供资金支撑；旅游教育则是旅游人才培养的主阵地，为体系其他要素系统的发展提供人力资源保障，以促进旅游经济体系的持续发展演化。

管理模块由国务院主管的旅游管理系统单独构成。主要负责体系的顶层设计，制定各项规章制度、行业标准，以约束各要素系统经济行为，协调各要素系统之间的关系。四大功能模块相互连接，彼此耦合，任一模块功能的缺失都会导致整个体系链条的断裂和崩溃。

第五章　我国旅游经济体系耦合测度

旅游经济体系是由旅游管理、旅游资源、旅游基础设施、旅游交通、旅游服务、旅游投资、旅游教育等子系统相互耦合而成的复杂系统。各子系统之间既相互支撑又相互制约，体系中各子系统耦合越好，体系协同发展能力越强，其发展水平越高。基于体系视角，实现旅游经济体系各子系统内部、各子系统之间有机高度耦合，是旅游经济高质量发展的基础与前提。由此，对旅游经济体系中各子系统间的耦合水平进行科学测度就十分必要，不仅有助于评估旅游经济体系中各子系统发展的互动协调程度，并且能为旅游经济高质量发展提供决策思路与依据。

5.1 耦合测度方法构建的依据与基本思路

5.1.1 耦合测度方法构建依据

从耦合机理分析可知，在旅游经济体系中，各组成系统之间的耦合都是双向的，即存在相互间“输入”与“输出”关系，其本质属于“供给”与“需求”的关系。显然，只有当供给充分满足每个子系统的发展需要，整个旅游经济体系才可能良性发展。由此，假设第 i 个系统的“输出能量”为 X，代表系统 i 的供给能力，第 j 个子系统对第 i 个系统的最大需求为 Y，则第 i 个系统对体系中其他子系统的满足程度理论上可定义为：

$$a_{ij}^{(1)} = \min\left\{\frac{X}{Y_j},1\right\},j = 1,2,\cdots,7 \tag{5.1}$$

其中,如果 $X \geqslant Y$,则说明供给不低于需求,第 i 个系统的输出能量完全能满足第 j 个子系统的发展需求;而如果 $X < Y$,则说明第 i 个系统的输出能量不能满足第 j 个子系统的发展需求。

根据公式(5.1),要测度第 i 个系统的"能量输出"对其他子系统的满足程度(本书称之为"供给度"),其核心问题在于如何获得第 i 个子系统的供给能力和第 j 个子系统的最大需求。

关于各子系统供给能力,学界有多种测度方法,如资源系统供给能力多以区域 A 级旅游景区数作为衡量标准(杨天英等,2017),教育系统则以旅游高等院校在校学生人数刻画其供给能力等(孙晓等,2021)。但子系统 j 对子系统 i 的最大需求的刻画却是一个尚未得到妥善解决的难题。这是因为,需求主体对"供给"的接受程度涉及很强的主观性,难以用精确数值进行刻画,只能采用定性的感知方法给出一种模糊的评价。目前学术界对此还缺乏相关测度方法,这也是旅游经济体系耦合模型构建的重要动机。

5.1.2 耦合测度方法构建思路

基于旅游经济体系的 7 个子系统相互耦合机理,耦合测度方法构建的基本思路是:首先,运用统计与调查技术、定性与定量相结合、确定性与不确定性分析等方法,对 7 个子系统两两相互之间的供给度——即一个子系统对另一个子系统的"直接耦合度"进行评价,构建出旅游经济体系的直接耦合矩阵:

$$\boldsymbol{\Lambda}^{(1)} = \begin{pmatrix} a_{11}^{(1)} & a_{12}^{(1)} & a_{13}^{(1)} & a_{14}^{(1)} & a_{15}^{(1)} & a_{16}^{(1)} & a_{17}^{(1)} \\ a_{21}^{(1)} & a_{22}^{(1)} & a_{23}^{(1)} & a_{24}^{(1)} & a_{25}^{(1)} & a_{26}^{(1)} & a_{27}^{(1)} \\ a_{31}^{(1)} & a_{32}^{(1)} & a_{33}^{(1)} & a_{34}^{(1)} & a_{35}^{(1)} & a_{36}^{(1)} & a_{37}^{(1)} \\ a_{41}^{(1)} & a_{42}^{(1)} & a_{43}^{(1)} & a_{44}^{(1)} & a_{45}^{(1)} & a_{46}^{(1)} & a_{47}^{(1)} \\ a_{51}^{(1)} & a_{52}^{(1)} & a_{53}^{(1)} & a_{54}^{(1)} & a_{55}^{(1)} & a_{56}^{(1)} & a_{57}^{(1)} \\ a_{61}^{(1)} & a_{62}^{(1)} & a_{63}^{(1)} & a_{64}^{(1)} & a_{65}^{(1)} & a_{66}^{(1)} & a_{67}^{(1)} \\ a_{71}^{(1)} & a_{72}^{(1)} & a_{73}^{(1)} & a_{74}^{(1)} & a_{75}^{(1)} & a_{76}^{(1)} & a_{77}^{(1)} \end{pmatrix} = (a_{ij}^{(1)})_{7\times 7} \quad (5.2)$$

其中, $a_{ij}^{(1)}$ 表示第 i 个子系统对第 j 个子系统的"供给"满足第 j 个子系统的"需求"的程度,即"直接供给度", $a_{ij}^{(1)} \in [0,1]$,规定 $a_{ij}^{(1)} = 1$ 。

然后，根据直接耦合矩阵，基于各子系统之间相互影响的传递性，运用随机过程理论中概率转移矩阵的分析方法，获得综合影响耦合矩阵：

$$\boldsymbol{\Lambda} = \begin{pmatrix} a_{11} & a_{12} & a_{13} & a_{14} & a_{15} & a_{16} & a_{17} \\ a_{21} & a_{22} & a_{23} & a_{24} & a_{25} & a_{26} & a_{27} \\ a_{31} & a_{32} & a_{33} & a_{34} & a_{35} & a_{36} & a_{37} \\ a_{41} & a_{42} & a_{43} & a_{44} & a_{45} & a_{46} & a_{47} \\ a_{51} & a_{52} & a_{53} & a_{54} & a_{55} & a_{56} & a_{57} \\ a_{61} & a_{62} & a_{63} & a_{64} & a_{65} & a_{66} & a_{67} \\ a_{71} & a_{72} & a_{73} & a_{74} & a_{75} & a_{76} & a_{77} \end{pmatrix} = (a_{ij})_{7\times 7} \tag{5.3}$$

最后，基于综合影响耦合矩阵，构建耦合度测度模型。

5.2 各子系统对体系的供给度测度方法

根据耦合度测度方法的构建思路，模型的核心问题是如何获得 $a_{ij}^{(1)}$ ，即各子系统之间的“直接供给度”。由于“供给”的输出形式与作用各异，加之数据缺乏，学术界暂时还没有相应的测度方法。因此，本书借助模糊理论中区间数、区间模糊数对客观事物评价的优点，提出采用“区间直觉模糊数测度”和“区间数测度”两种方法测度各子系统两两之间的“供给度”。

5.2.1 基于区间直觉模糊数的测度方法

在旅游经济体系中，旅游管理子系统的供给主要是“政策与制度”，为体系其他子系统提供政策支持与制度保障。政策制度越完善，覆盖面越广，越能满足旅游经济各子系统对政策制度的需求。但在旅游经济的发展过程中，政策制度通常具有滞后性，无法满足其他子系统的发展需求，或者有些政策制度对某些子系统能满足发展，而对某些子系统却不能满足，甚至制约其发展，而且可能通过传递效应，制约着整个体系的发展。

旅游基础设施子系统的“供给”主要是“基础设施”，为体系其他子系统提供基本的物质基础。旅游基础设施条件越好，对其他各子系统的供给度越大，如良好的旅游基础设施直接影响旅游者对旅游目的地的选择，从而决定着旅游服务系统客源量的多少。相反，若旅游基础设施系统发展滞后，必将影响其他子系统的发展，进而阻碍旅游经济体系的整体发展。目前，我国区域发展不平衡，很大一部分旅游地，尤其是西部地区，由于受经济发展水平影响，旅游基础设施配套严重不足，已成为我国旅游经济发展的主要制约因素。

旅游服务子系统的供给主要是“旅游产品与服务”，通过对各子系统提供的旅游要素进行组合与设计，生产旅游产品，招徕游客并组织实施旅游活动，为体系其他子系统输送客源，以维持其健康发展。一般来说，旅游产品质量越好，服务水平越高，对旅游者的吸引力越大，对体系其他子系统的供给度也越大。但在实际发展过程中，旅游产品单一性、同质化严重，旅游服务过于强调标准化，特色缺乏等，制约着旅游服务系统的发展，并通过传递效应，影响整个旅游经济体系的发展。

针对上述三类供给是否满足其他子系统需求的评价问题，学术界鲜有涉猎。如：关于旅游管理子系统的供给对其他子系统的满足度，学术界没有相关研究，王慧娴和张辉（2015）从供给视角，通过对旅游政策制度的效用进行评估，检验政策目标与实施效果是否匹配，从而探讨旅游政策与制度的科学性。但这种方法无法适用于体系视角的供给度评价。事实上，政策制度的供给是否满足某个主体的发展需要，不仅与政策制度的完备性相关，还取决于主体的需求以及主体心态、偏好、对政策与制度的认知能力等主观性因素，加上统计数据的缺乏，难以对其进行精确度量。因此，只能采用定性的感知方法给出一种模糊的评价，这种方法本书定义为区间直觉模糊数测度方法。基本过程如下：

第一步：问卷调查。如：以旅游管理系统对其他子系统的直接输出为例，构建一个问卷调查表（或专家评价表），评价专家依据旅游管理系统“政策制度”输出对体系其他子系统的满足程度，给出相应的评价。

该问卷调查（见表 5.1）对旅游管理子系统出台的政策与制度的评价只设置两个选项：“完全满足”和“不能满足”。如果专家认为政策与制度完全可以满足某个子系统的发展需要，则在确认性态度栏目选择“肯定”，并填写数值 1；但如果存在犹豫，不能完全肯定，则在确认性栏目选择“犹豫”，在相应项目下填写数值 1。类似地，如果专家认为政策与制度不能满足某个子系统的发展，则在“不能满足发展需求”对应的确认性态度栏目中“肯定”并填写数值 1；若存在犹豫性，则在确认性栏目选择“犹豫”，填写数值 1。特别地，如果对其不了解或难以判断，可以选择“弃权”，在相应项目下填写数值 1。

表 5.1　管理子系统对其他子系统的供给度评价表

Tab 5.1　Supply rating tableof management subsystem to other subsystems

指标	评价选项	确认性态度	评价值	备注
旅游管理子系统	能满足发展需求	肯定		评价者在对应的选项填写数字 1
		犹豫		
	不能满足发展需求	肯定		
		犹豫		
	不了解或难以判断	弃权		

第二步：统计汇总并生成区间直觉模糊数。假设有 n 个专家给出了评价意见，其中有 a 个专家认为旅游管理子系统的供给肯定能满足某个子系统的发展，有 b 个专家认为旅游管理子系统的供给“应该能”满足某个子系统的发展，但不能肯定；有 c 个专家认为旅游管理子系统的供给“肯定不能”满足某个子系统的发展，有 d 个专家认为旅游管理子系统的供给“可能不能”满足某个子系统的发展，但存在犹豫；还有 $n-(a+b+c+d)$ 个专家由于不了解或难以判断，而放弃给出评价，选择“弃权”。由此，可以获得如下统计汇总表 5.2：

表 5.2　管理子系统对其他子系统的供给度评价汇总表

Tab 5.2　A summary supply rating tableofthe management subsystem to other subsystems

指标	评价选项	确认性态度	评价值
旅游管理子系统	能满足发展需求	肯定	a
		犹豫	b
	不能满足发展需求	肯定	c
		犹豫	d
	不了解或难以判断	弃权	$n-(a+b+c+d)$

根据区间直觉模糊数的生成机理，可得到旅游管理子系统对其他子系统

的供给度的区间直觉模糊数评价结果：

$$a_{ij} = \langle \left[\frac{a}{n},\frac{a+b}{n}\right],\left[\frac{c}{n},\frac{c+d}{n}\right] \rangle$$

一般地，将旅游管理子系统对第 j 个子系统的“供给”满足第 j 个子系统的“需求”的程度，即“直接供给度”的区间直觉模糊数记为：

$$a_{ij} = \langle [a^{-},a^{+}],[b^{-},b^{+}] \rangle \ , j = 1,2, \cdots ,7$$

其中规定 $a_{11} = \langle [1,1],[0,0] \rangle$，表示自己对自己的供给度为 1。

假设旅游管理系统“政策与制度”被评价为区间直觉模糊数：

$$a = \langle [0.4,0.5],[0.25,0.4] \rangle$$

可做如下解释：

(1)区间[0.4,0.5]为隶属度区间，其下限 0.4 表示至少有 40%的人认为旅游政策制度完全满足某个子系统的发展需求，区间的长度为 0.1，表示有 10%的人带有犹豫性地认为完全满足，也就是比较满足的含义。

(2)区间[0.25,0.4]为非隶属度，下限 0.25 表示至少有 25%的人认为旅游政策与制度不能满足某个子系统的发展，区间长度为 0.15，表示有 15%的人感觉旅游政策与制度完全不能满足某个子系统的发展。

(3)隶属度区间和非隶属度区间的上界之和为 0.9，说明还有 10%的人没有(或不愿意)给予评价或者难以评价。

运用该方法，不仅将评价者认知的模糊性和偏好意愿纳入了评价体系，呈现了决策群体的集体意志，克服了传统等级评价存在的方法弊端，而且在实际工作中，通过确认性提问的方式，提醒了评价者尽可能地减少其随意性，同时降低评价者的工作难度和问卷调查数据统计的工作量，对于模糊不确定性的评价问题，该方法具有独特的优势。

5.2.2 基于区间数的测度方法

旅游资源系统的供给主要是“旅游资源禀赋”。旅游资源是旅游经济发展的基础，与劳动力、资金一起构成旅游经济体系的三大驱动要素(方叶林，2018)。旅游资源禀赋越好，越能满足其他子系统对旅游资源的需求，如旅游服务系统设计高质量旅游产品需要资源系统的高质量供给，禀赋好的旅游资源，可吸引更多旅游投资等。但现实中，随着游客需求、价值观的转变，现有旅游资源往往不能满足对高品质旅游的需求，出现"有需求，无供给"的现象（杨天英等，2017），导致旅游资源系统发展速度放缓，进而阻碍旅游经济体系整体发展。

旅游交通系统的供给主要是"交通运输网络"，借助一定的交通运输工具，实现旅游者从旅游客源地到旅游目的地的空间转移，为各子系统之间旅游要素的自由流通创造条件。交通条件越好，对体系各子系统的满足度越大。研究表明，良好的旅游交通条件对区域旅游尤其是中小城市旅游发展有明显的驱动作用（周晓琴等，2017）；反之，如果旅游交通设施发展滞后，则将成为区域旅游经济发展的重要制约因素（刘安乐等，2017）。

旅游投资系统的供给主要是"资本"，为体系各子系统发展提供资金支持。投资系统是旅游经济发展的主要资金来源，旅游投资服务体系越完善，投资力度越大，越能满足体系其他各子系统对资金的需求。但在实际的投资服务中，由于旅游投资主体各有偏好，所能提供给各子系统的资金量各不相同，导致出现旅游投资结构失衡，省域空间分布不均、部门差异明显等现象（李涛等，2019），严重阻碍了旅游经济体系的发展。

旅游教育系统的供给主要是"旅游人力资本"，为体系其他各子系统提供旅游人力资本保障和智力支持。旅游人力资本是推动旅游经济发展的重要潜在动力，旅游教育系统人才培养体系越完善，向体系其他各子系统输出的高素质人才越多，越能满足其发展需要。但现实中，人才供给常常难以满足旅游市场需求，尤其是对高层次旅游人才的需要，旅游人才的缺乏在很大程度上制约着旅游经济的发展（王丽梅，2015）。

针对上述四类供给是否满足其他各子系统需求的评价问题，学术界主要采取精确数测度方法。然而，由于事物的动态变化性，这种精确数刻画在置信度不高，加上统计数据在缺失，往往只能采用区间值进行估计。如：对旅游资源供给度的评价，相关研究仅从供给视角，以 4A、5A 级景区数量衡量旅游资源的供给能力（朱鹤等，2020），而忽略其他子系统对旅游资源禀赋的最大需求，因而很难获得客观科学的评价结果。因此，本书以旅游资源系统为例，运用各子系统行业专家评判与区间数度量相结合的方法（龚日朝和谭可星，

2020)，给出上述四类子系统对体系其他各子系统的供给度测度方法：

第一步，确定赋值区间。考虑到各子系统行业专家认知的主观性和模糊性，每个专家给出一个供给度的区间数评价值，也可以是精确数评价值，如：某专家认为旅游资源子系统对某个子系统的供给满足度在50%左右，可采用区间数[45%，55%]刻画，特别地，如果认为100%满足，则用[100%，100%]刻画。

由此，假设有 n 个专家，第 i 个专家关于旅游资源子系统对第 j 个子系统的供给满足度为 $a_{ij}=[a_{ij}^{-},a_{ij}^{+}]$，则得到专家组的评价结果集合为：

$$a_{ij}=[a_{ij}^{-},a_{ij}^{+}],\ i=1,2,\cdots,7$$

第二步，获得综合评价结果。假设第 i 个专家的权重为 ω_i，则根据如下公式获得旅游资源子系统对第 j 个子系统的供给满足度综合评价结果：

$$a_j=\left[\sum\nolimits_{i=1}^{n}\omega_i a_{ij}^{-},\sum\nolimits_{i=1}^{n}\omega_i a_{ij}^{+}\right],j=1,2,\cdots,7$$

其中规定 $a_2=[\sum\limits_{i=1}^{n}\omega_i a_{i2}^{-},\sum\nolimits_{i=1}^{n}\omega_i a_{i2}^{+}]=[100\%,100\%]$，表示旅游资源子系统对自己的供给满足度为100%。

5.3 旅游经济体系的耦合测度模型

5.3.1 耦合测度基本模型

记 $A_1,A_2,A_3,A_4,A_5,A_6,A_7$ 分别为旅游管理、旅游资源、旅游服务、旅游基础设施、旅游交通、旅游投资和旅游教育等七个子系统。

第一步：生成原始耦合矩阵。根据上述各子系统供给度的测度方法，旅游经济体系的直接耦合矩阵(5.2)式变为：

$$\mathbf{\Lambda}^{(1)}=$$

$$\begin{pmatrix} \langle[a_{11}^{-},a_{11}^{+}],[b_{11}^{-},b_{11}^{+}]\rangle & \langle[a_{12}^{-},a_{12}^{+}],[b_{12}^{-},b_{12}^{+}]\rangle & \cdots & \langle[a_{17}^{-},a_{17}^{+}],[b_{17}^{-},b_{17}^{+}]\rangle \\ [a_{21}^{-},a_{21}^{+}] & [a_{22}^{-},a_{22}^{+}] & \cdots & [a_{27}^{-},a_{27}^{+}] \\ \langle[a_{31}^{-},a_{31}^{+}],[b_{31}^{-},b_{31}^{+}]\rangle & \langle[a_{32}^{-},a_{32}^{+}],[b_{32}^{-},b_{32}^{+}]\rangle & \cdots & \langle[a_{37}^{-},a_{37}^{+}],[b_{37}^{-},b_{37}^{+}]\rangle \\ \langle[a_{41}^{-},a_{41}^{+}],[b_{41}^{-},b_{41}^{+}]\rangle & \langle[a_{42}^{-},a_{42}^{+}],[b_{42}^{-},b_{42}^{+}]\rangle & \cdots & \langle[a_{47}^{-},a_{47}^{+}],[b_{47}^{-},b_{47}^{+}]\rangle \\ [a_{51}^{-},a_{51}^{+}] & [a_{52}^{-},a_{52}^{+}] & \cdots & [a_{57}^{-},a_{57}^{+}] \\ [a_{61}^{-},a_{61}^{+}] & [a_{62}^{-},a_{62}^{+}] & \vdots & [a_{67}^{-},a_{67}^{+}] \\ [a_{71}^{-},a_{71}^{+}] & [a_{72}^{-},a_{72}^{+}] & \cdots & [a_{77}^{-},a_{77}^{+}] \end{pmatrix} \tag{5.4}$$

第二步:归一化不同测度。对于区间直觉模糊数,采用龚日朝和马霖源(2019)区间直觉模糊数的得分函数将取值转化为 [0,1] 区间内的评价值。而对于区间数,假设区间内取值服从均匀分布,则采用期望值将区间数转化为 [0,1] 区间内的精确数。于是将(5.4)式转化为:

$$\boldsymbol{\Lambda}^{(1)} = \begin{pmatrix} a_{11}^{(1)} & a_{12}^{(1)} & a_{13}^{(1)} & a_{14}^{(1)} & a_{15}^{(1)} & a_{16}^{(1)} & a_{17}^{(1)} \\ a_{21}^{(1)} & a_{22}^{(1)} & a_{23}^{(1)} & a_{24}^{(1)} & a_{25}^{(1)} & a_{26}^{(1)} & a_{27}^{(1)} \\ a_{31}^{(1)} & a_{32}^{(1)} & a_{33}^{(1)} & a_{34}^{(1)} & a_{35}^{(1)} & a_{36}^{(1)} & a_{37}^{(1)} \\ a_{41}^{(1)} & a_{42}^{(1)} & a_{43}^{(1)} & a_{44}^{(1)} & a_{45}^{(1)} & a_{46}^{(1)} & a_{47}^{(1)} \\ a_{51}^{(1)} & a_{52}^{(1)} & a_{53}^{(1)} & a_{54}^{(1)} & a_{55}^{(1)} & a_{56}^{(1)} & a_{57}^{(1)} \\ a_{61}^{(1)} & a_{62}^{(1)} & a_{63}^{(1)} & a_{64}^{(1)} & a_{65}^{(1)} & a_{66}^{(1)} & a_{67}^{(1)} \\ a_{71}^{(1)} & a_{72}^{(1)} & a_{73}^{(1)} & a_{74}^{(1)} & a_{75}^{(1)} & a_{76}^{(1)} & a_{77}^{(1)} \end{pmatrix} = (a_{ij}^{(1)})_{7\times 7}$$

第三步:计算直接负向影响矩阵。通常影响分为正向影响和负向影响。如果各子系统相互完全满足,即直接满足矩阵为:

$$(1)_{7\times 7} = \begin{pmatrix} 1 & 1 & 1 & 1 & 1 & 1 & 1 \\ 1 & 1 & 1 & 1 & 1 & 1 & 1 \\ 1 & 1 & 1 & 1 & 1 & 1 & 1 \\ 1 & 1 & 1 & 1 & 1 & 1 & 1 \\ 1 & 1 & 1 & 1 & 1 & 1 & 1 \\ 1 & 1 & 1 & 1 & 1 & 1 & 1 \\ 1 & 1 & 1 & 1 & 1 & 1 & 1 \end{pmatrix}_{7\times 7}$$

则说明在这种理想状态下各子系统相互之间的负向影响均为 0。据此，如果各子系统之间的直接满足矩阵为 $\boldsymbol{\Lambda}^{(1)}$，则可定义直接负向影响矩阵为

$$\bar{\boldsymbol{\Lambda}}^{(1)} = (1)_{7\times7} - \boldsymbol{\Lambda}^{(1)} = (1 - a_{ij}^{(1)})_{7\times7} \tag{5.5}$$

第四步：计算综合耦合矩阵。由于各子系统之间存在耦合关系，负向制约影响具有传递性，因此，不仅存在直接影响，而且存在间接影响。借鉴概率转移矩阵的分析思路，本书构建如下综合耦合矩阵：

$$\begin{aligned}\Gamma &= (1)_{7\times7} - \lim_{N\to\infty}\sum_{n=1}^{N}\frac{\bar{\boldsymbol{\Lambda}}^{(n)}}{7^{n-1}} \\ &= (1)_{7\times7} - \lim_{N\to\infty}\left(I - \frac{\bar{\boldsymbol{\Lambda}}^{(N)}}{7^N}\right)\bar{\boldsymbol{\Lambda}}^{(1)}\left(I - \frac{\bar{\boldsymbol{\Lambda}}^{(1)}}{7}\right)^{-1} \\ &= (a_{ij})_{7\times7}\end{aligned} \tag{5.6}$$

其中，I 为单位矩阵，$\bar{\boldsymbol{\Lambda}}^{(n)} \triangleq \bar{\boldsymbol{\Lambda}}^{(1)}\bar{\boldsymbol{\Lambda}}^{(1)}\cdots\bar{\boldsymbol{\Lambda}}^{(1)}$ 表示 n 阶传递矩阵，$(I-\bar{\boldsymbol{\Lambda}}^{(1)}/7)^{-1}$ 表示 $(I-\bar{\boldsymbol{\Lambda}}^{(1)}/7)$ 的逆矩阵，a_{ij} 则表示第 i 个子系统对第 j 个子系统的综合耦合度。

第五步：计算综合耦合度：综合耦合度计算公式为：

$$\|\boldsymbol{\Lambda}\| = \frac{1}{7}\sum_{i=1}^{7} a_i \tag{5.7}$$

其中，$a_i \triangleq \sum_{j=1}^{7} a_{ij}/7$ 表示第 i 个子系统对体系的供给度。如果 a_{ij} 越大，说明第 i 个子系统对体系的满足度越大；否则，如果 a_{ij} 越小，则第 i 个子系统对体系的满足度越小，同时说明其对旅游体系高质量发展的制约性越大。

5.3.2 耦合测度模型分析

根据上述耦合度测度方法，在极端理性化的情形下，即如果每一个系统都能相互 100%满足，则耦合矩阵为

$$\boldsymbol{\Lambda}^{(0)} = (1)_{7\times7}$$

根据(5.6)式，显然综合耦合度为 1，此时体系为最理想的耦合体系，是旅游经济体系的理想发展目标，也是旅游经济高质量发展的重要标志。

特别地，不难证明：如果 $\boldsymbol{A}^{(1)} = (1)_{7\times7}$ ，则 $\boldsymbol{A}^{(n)} / 7^{n-1} \equiv \boldsymbol{A}^{(1)}$ ，说明各子系统之间均相互完全满足直接需求，必然也完全满足相互间接需求。相应地，$\boldsymbol{A} = \boldsymbol{A}^{(1)} = (1)_{7\times7}$ ，这显然与人们的客观直觉相吻合。

此外，如果存在某个 $a_{i_0j_0}^{(1)} \in [0,1)$ ，即至少存在某个子系统不能直接完全满足其他子系统的需求(包括该子系统内部自身的发展存在问题)，则体系综合耦合度必然小于1。这说明体系中只要有一个子系统存在问题，必将影响其他子系统的运行，导致整个体系的耦合度下降。显然，该结论与客观现实非常吻合。由此可推断，若要提高体系的综合耦合度，不仅要不断完善每一个子系统自身的功能，而且要构建好各子系统之间畅通的“供给”渠道，提高各子系统之间相互的“供给度”。

耦合矩阵中，

$$a_i \triangleq \sum_{j=1}^{7} a_{ij} / 7$$

表示第 i 个子系统对体系的供给度。

类似地，

$$b_i \triangleq \sum_{k=1}^{7} a_{ki} / 7$$

则表示第 i 个子系统从体系中获得的满足度。

据此，如果 $a_i > b_i$ ，则说明第 i 个子系统对体系的供给度(也可认为是付出)大于从体系中所获得的满足度(也可认为是回报)。如果 $a_i < b_i$ ，则说明第 i 个子系统对体系的供给度小于从体系中所获得的满足度。这两种情形都说明付出与回报都不均衡，只有当所有子系统都满足 $a_i = b_i$ ，体系才达到均衡发展。

基于上述分析可知，$0 < \|\boldsymbol{A}\| < 1$ 。且 $\|\boldsymbol{A}\|$ 值越接近于1，体系综合耦合度越高，$\|\boldsymbol{A}\|$ 值越趋近于0，则体系综合耦合度越低。由此，本书借鉴(王三北、高亚芳，2007)，将体系的耦合程度分为9个等级，见表5.3。

表 5.3 旅游经济体系耦合度等级划分标准①

Tab 5.3 Classification standard of coupling degree of tourism economic SoS

序号	耦合度	耦合等级	序号	耦合度	耦合等级
1	0.9—1.0	优质耦合	6	0.4—0.5	濒临失调
2	0.8—0.9	良好耦合	7	0.3—0.4	轻度失调
3	0.7—0.8	中等耦合	8	0.2—0.3	中度失调
4	0.6—0.7	一般耦合	9	0.0—0.2	严重失调
5	0.5—0.6	勉强耦合			

5.4 旅游经济体系耦合评价实证

5.4.1 数据来源与处理

本书以我国 31 个省旅游经济体系为研究对象②。数据来源：分别对 31 个省的旅游经济体系各子系统所属行业资深专家、旅游管理部门以及有关专家学者等进行问卷调查，经过统计整理，获得调查结果见附录 2。

针对旅游管理系统、旅游服务系统和旅游基础设施系统等三类供给，由于缺乏相关定量数据，只能采用定性评价方法，从直觉的角度进行评价，因此，本书采用问卷调查的方式，设计如表 5.1 所示问卷调查表（专家评价表），采用区间直觉模糊数进行刻画。

针对旅游资源系统、旅游交通系统、旅游投资系统和旅游教育系统等四类供给，分别基于旅游资源的禀赋、旅游交通的通达、旅游投资的数量和旅游人才培养的数量等对其他子系统的满足程度进行定量刻画，但因其具有不确定性，因此，本书采用区间数测度进行评价。

① 王成，唐宁. 重庆市乡村三生空间功能耦合协调的时空特征与格局演化[J]. 地理研究. 2018，37(06)：1100—1114。

② 不包括港澳台地区。

5.4.2 评价结果与分析

(1)我国旅游经济体系的整体耦合度评价结果分析

根据问卷调查统计数据，按照5.3.1耦合测度模型构建步骤的第二步，获得31个省及全国旅游经济体系的直接耦合矩阵 $\boldsymbol{\Lambda}^{(1)}$，矩阵数据见附录2。再根据(5.5)式得到各子系统相互直接影响矩阵 $\bar{\boldsymbol{\Lambda}}^{(1)}$，矩阵数据见附录3。基于31个省直接影响矩阵 $\bar{\boldsymbol{\Lambda}}^{(1)}$ 数据，运用Matlab软件编程计算得到31个省对应的综合耦合矩阵 $\Gamma=(a_{ij})_{7\times 7}$，具体计算结果见附录4。

根据(5.7)式，计算得到我国31个省旅游经济体系综合耦合度，按照大小排序，结果见表5.4。

表5.4　我国31省旅游经济体系耦合度测度结果

Tab 5.4　Measurement results of coupling degree of tourism economicSoS in 31 provinces and cities

省份	综合耦合度	耦合等级	省份	综合耦合度	耦合等级	省份	综合耦合度	耦合等级
上海	0.9180	优质耦合	山西	0.8580	良好耦合	贵州	0.7997	中等耦合
浙江	0.9151	优质耦合	河南	0.8573	良好耦合	陕西	0.7908	中等耦合
广东	0.9116	优质耦合	福建	0.8551	良好耦合	黑龙江	0.7834	中等耦合
北京	0.9033	优质耦合	安徽	0.8461	良好耦合	吉林	0.7767	中等耦合
江苏	0.8953	良好耦合	山东	0.8431	良好耦合	新疆	0.7220	中等耦合
湖北	0.8903	良好耦合	河北	0.8426	良好耦合	甘肃	0.7029	中等耦合
天津	0.8839	良好耦合	广西	0.8354	良好耦合	青海	0.6945	一般耦合
重庆	0.8701	良好耦合	海南	0.8350	良好耦合	西藏	0.6113	一般耦合
湖南	0.8695	良好耦合	云南	0.8266	良好耦合	宁夏	0.6007	一般耦合
江西	0.8655	良好耦合	内蒙古	0.8208	良好耦合	全国	0.8655	良好耦合
四川	0.8637	良好耦合	辽宁	0.8003	良好耦合			

数据来源：根据问卷调查统计、计算并整理所得

从我国31个省旅游经济体系综合耦合度测度结果可以看出，我国旅游经济体系整体耦合较好，但与优质耦合仍有一定差距，全国共有22个省处于良好耦合状态及以上，占全国所有省的70.96%；从区域分布来看，华北、华南、

华中、华东地区各省(市、区)的旅游经济体系综合耦合度较高,如:上海、浙江、广东、北京等四省达到优质耦合,其他省均为良好耦合;东北地区次之,重庆、四川、云南处于良好耦合状态,其他省为中等耦合;西部地区耦合度最低,仅有新疆、甘肃达到中等耦合,其余均为一般耦合。总之,根据行业领域专家的评价意见,我国各省的旅游经济体系都存在较大的提升空间,目前存在的状况对旅游经济的高质量发展有较大的影响。

(2)各省旅游经济体系的子系统供给度评价结果分析

根据31个省每个子系统对体系的供给度进行测算,结果见表5.5。

表5.5 我国31个省各子系统对体系的供给度测算结果

Tab 5.5 Measured results of supplydegreeof each subsystem to SoS in 31 provinces and cities

地区	省份	旅游管理子系统	旅游资源子系统	旅游服务子系统	旅游基础子系统	旅游交通子系统	旅游投资子系统	旅游教育子系统
华北	北京	0.8770	0.9264	0.8877	0.8887	0.9109	0.9199	0.9124
	天津	0.8903	0.9008	0.8460	0.8740	0.9026	0.8977	0.8762
	河北	0.8613	0.9058	0.8117	0.8893	0.8363	0.7574	0.8361
	山西	0.8788	0.8947	0.9098	0.8759	0.8116	0.8617	0.7731
	内蒙古	0.8505	0.8481	0.8847	0.8085	0.7700	0.8089	0.7749
	华北地区	0.8716	0.8952	0.8680	0.8673	0.8463	0.8491	0.8345
东北	辽宁	0.8245	0.7699	0.8351	0.8041	0.7956	0.7973	0.7753
	吉林	0.8117	0.7956	0.8106	0.7999	0.7441	0.7729	0.7021
	黑龙江	0.8119	0.8057	0.8548	0.7835	0.7863	0.7052	0.7364
	东北地区	0.8160	0.7904	0.8335	0.7958	0.7753	0.7585	0.7380
华东	上海	0.9165	0.9226	0.9304	0.9210	0.9119	0.9180	0.9058
	江苏	0.8876	0.9129	0.8971	0.8388	0.9042	0.9073	0.9194
	浙江	0.9132	0.9347	0.9148	0.9083	0.9117	0.9177	0.9056
	安徽	0.8898	0.8889	0.8746	0.8550	0.8343	0.8555	0.7247
	福建	0.8586	0.8530	0.8788	0.8185	0.8602	0.8834	0.8333
	山东	0.8640	0.8236	0.9035	0.7557	0.8341	0.8777	0.8430
	江西	0.8908	0.8904	0.9056	0.8355	0.8454	0.8735	0.8169
	华东地区	0.8886	0.8894	0.9007	0.8475	0.8717	0.8904	0.8498

续表

地区	省份	旅游管理子系统	旅游资源子系统	旅游服务子系统	旅游基础子系统	旅游交通子系统	旅游投资子系统	旅游教育子系统
华中	河南	0.8788	0.8947	0.9098	0.8759	0.8116	0.8572	0.7731
	湖北	0.9092	0.9171	0.9031	0.8884	0.8821	0.8760	0.8562
	湖南	0.8896	0.8830	0.8835	0.8558	0.8592	0.8769	0.8389
	华中地区	0.8925	0.8983	0.8988	0.8734	0.8510	0.8700	0.8227
华南	广东	0.9022	0.9176	0.9022	0.9175	0.9145	0.9160	0.9115
	广西	0.8691	0.8839	0.8992	0.8123	0.8037	0.7992	0.7803
	海南	0.8102	0.8985	0.8965	0.7900	0.8336	0.8353	0.7812
	华南地区	0.8605	0.9000	0.8993	0.8399	0.8506	0.8502	0.8243
西南	重庆	0.9024	0.8783	0.8933	0.8673	0.8322	0.8788	0.8387
	四川	0.8971	0.8817	0.9187	0.8622	0.8086	0.8579	0.8200
	贵州	0.8695	0.8809	0.8638	0.7947	0.7061	0.7930	0.6899
	云南	0.8506	0.9247	0.8984	0.8041	0.7788	0.8193	0.7105
	西藏	0.8236	0.7897	0.8347	0.6597	0.6514	0.6917	0.6029
	西南地区	0.8686	0.8711	0.8818	0.7976	0.7554	0.8081	0.7324
西北	陕西	0.8665	0.8396	0.8784	0.7255	0.7580	0.7386	0.7288
	甘肃	0.7940	0.7266	0.7917	0.5751	0.7281	0.6352	0.6696
	青海	0.7059	0.7018	0.8275	0.6290	0.7045	0.7094	0.5834
	宁夏	0.5856	0.5696	0.5926	0.6191	0.6002	0.6158	0.6217
	新疆	0.7056	0.5705	0.5868	0.5566	0.6100	0.6050	0.6446
	西北地区	0.7315	0.6816	0.7354	0.6211	0.6802	0.6608	0.6496
全国	平均值	0.8479	0.8461	0.8588	0.8029	0.8045	0.8107	0.7801
	排序	2	3	1	6	5	4	7

数据来源：根据问卷调查统计、计算并整理所得

按照供给度平均结果来看，我国旅游服务子系统、旅游管理子系统和旅游资源子系统对体系的供给度都比较高，达到 84%以上；旅游教育系统供给度最低，仅为 78%，说明我国旅游教育系统对旅游经济体系发展的支撑度不高，旅游人才供给不能完全满足旅游经济体系发展的需要。

此外,以 31 个省为评价对象,将 7 个子系统看成 7 个指标,运用熵值法分别计算得到 7 个子系统对应的“权重”,见表 5.6。基于熵权法所蕴含的思想,数值越大,说明全国各省该子系统发展的地区差异越大,其结果呈现了 7 个子系统供给度的不均衡性。其中,权重最大的是旅游教育子系统,说明其区域供给的差异性最大,其余依次是投资子系统、交通子系统、基础设施子系统、资源子系统、服务子系统和管理子系统。

表 5.6　我国旅游经济体系各子系统供给度的不均衡性

Tab 5.6　Thesupply disequilibrium of each subsystem of tourism economy SoS in my country

子系统	管理子系统	资源子系统	服务子系统	基础设施子系统	交通子系统	投资子系统	教育子系统
不均衡测度	0.0756	0.1249	0.1001	0.1568	0.1619	0.1805	0.2002
排序	7	5	6	4	3	2	1

从各子系统对体系的供给情况,基本上可以发现我国旅游经济体系发展的不均衡特征,与当前我国旅游发展现实基本吻合。旅游服务子系统、旅游资源系统作为对客服务的一线部门,在旅游管理系统的宏观调控下发展迅速,整体供给度较高;旅游投资系统与旅游交通系统仍有提升空间,需要大力加强。全国 31 个省中对体系供给度最低的子系统为基础设施系统和教育系统,全国 22.58%的省基础设施系统对旅游经济体系发展的贡献偏低,教育系统以接近 50%的比例位居首位,说明我国旅游教育对旅游经济体系的供给度存在的问题最大,远远不能满足旅游市场需要,一定程度上制约着旅游经济的高质量发展。

从各子系统的地区整体供给度来看,华东、华中、华北地区整体供给度优于西北、西南、东北地区,其共性问题是旅游教育子系统的供给不足,人才缺乏;西部地区存在的主要问题则是基础设施建设滞后于其他子系统的发展,且交通便利性相对较差,影响和阻碍着其旅游经济的高质量发展。

(3)各省旅游经济体系的子系统满足度评价结果分析

进一步,根据体系对 31 个省每个子系统需求的满足度,即每个子系统发展的环境条件进行测算,结果见表 5.7。

表 5.7　我国 31 个省各子系统满足度测算结果

Tab 5.7　Satisfaction measurementresultsof each subsystem in 31 provinces and cities in my country

地区	省份	旅游管理子系统	旅游资源子系统	旅游服务子系统	旅游基础子系统	旅游交通子系统	旅游投资子系统	旅游教育子系统
华北	北京	0.9139	0.8863	0.9309	0.9093	0.8967	0.8938	0.8920
	天津	0.8871	0.8837	0.9042	0.8869	0.8743	0.8757	0.8756
	河北	0.8575	0.8354	0.8810	0.8190	0.8239	0.8502	0.8310
	山西	0.8661	0.8805	0.8928	0.8628	0.8466	0.8634	0.7937
	内蒙古	0.8470	0.8588	0.8628	0.8300	0.8026	0.8045	0.7399
	地区均值	0.8743	0.8689	0.8943	0.8616	0.8488	0.8575	0.8265
东北	辽宁	0.8211	0.8394	0.8503	0.8164	0.7864	0.7832	0.7051
	吉林	0.8006	0.8170	0.8415	0.7856	0.7320	0.7719	0.6884
	黑龙江	0.8033	0.8057	0.8310	0.7790	0.7662	0.7873	0.7115
	地区均值	0.8083	0.8207	0.8409	0.7936	0.7615	0.7808	0.7017
华东	上海	0.9165	0.9210	0.9334	0.9134	0.9211	0.9150	0.9058
	江苏	0.9004	0.9019	0.9098	0.8834	0.8972	0.8802	0.8943
	浙江	0.9270	0.9238	0.9394	0.9176	0.9161	0.9070	0.8751
	安徽	0.8568	0.8703	0.8817	0.8526	0.8287	0.8338	0.7990
	福建	0.8620	0.8463	0.8805	0.8571	0.8443	0.8753	0.8203
	山东	0.8493	0.8539	0.8449	0.8362	0.8393	0.8591	0.8186
	江西	0.8795	0.8934	0.8990	0.8725	0.8706	0.8390	0.8043
	地区均值	0.8845	0.8872	0.8984	0.8761	0.8739	0.8728	0.8453
华中	河南	0.8615	0.8805	0.8928	0.8628	0.8466	0.8634	0.7937
	湖北	0.8949	0.9012	0.9077	0.8968	0.8837	0.8857	0.8621
	湖南	0.8750	0.8909	0.8995	0.8797	0.8652	0.8691	0.8075
	华中地区	0.8771	0.8909	0.9000	0.8798	0.8652	0.8727	0.8211

续表

地区	省份	旅游管理子系统	旅游资源子系统	旅游服务子系统	旅游基础子系统	旅游交通子系统	旅游投资子系统	旅游教育子系统
华南	广东	0.9191	0.9175	0.9207	0.9176	0.9007	0.9083	0.8975
	广西	0.8343	0.8819	0.8710	0.8553	0.8136	0.8237	0.7679
	海南	0.8461	0.8736	0.8495	0.8587	0.8023	0.8425	0.7726
	地区均值	0.8665	0.8910	0.8804	0.8772	0.8389	0.8581	0.8127
西南	重庆	0.8624	0.8974	0.9043	0.8644	0.8778	0.8677	0.8170
	四川	0.8775	0.8768	0.8973	0.8710	0.8594	0.8643	0.7997
	贵州	0.7848	0.8233	0.8422	0.7808	0.7926	0.8032	0.7712
	云南	0.7751	0.7946	0.8211	0.7966	0.7908	0.8242	0.7331
	西藏	0.7546	0.7540	0.7308	0.7301	0.7298	0.7427	0.6117
	地区均值	0.8109	0.8292	0.8391	0.8086	0.8101	0.8204	0.7465
西北	陕西	0.7751	0.7946	0.8211	0.7966	0.7908	0.8242	0.7331
	甘肃	0.7174	0.7314	0.7592	0.6628	0.7017	0.6883	0.6596
	青海	0.7340	0.7165	0.7178	0.7275	0.6585	0.6818	0.6255
	宁夏	0.6062	0.6328	0.6157	0.5908	0.5775	0.6005	0.5811
	新疆	0.5969	0.6347	0.6217	0.5991	0.6139	0.6199	0.5929
	地区均值	0.6859	0.7020	0.7071	0.6753	0.6685	0.6830	0.6384
全国	平均值	0.8352	0.8462	0.8537	0.8296	0.8180	0.8261	0.7783
	排序	3	2	1	4	6	5	7

数据来源：根据问卷调查统计、计算并整理所得

按照满足度的平均结果来看，服务子系统、资源子系统和管理子系统从体系获得的满足程度比较高，均达到了83%以上，旅游教育子系统从体系所获得的满足度依然居末位，仅为77.83%，表明旅游教育子系统基于游离于旅游经济体系之外，与体系的整体耦合程度较低，是未来体系发展需要关注的重点模块。

类似地，以31个省为评价对象，将7个子系统看成7个指标，运用熵值法计算得到7个子系统对应的“权重”，如下表5.8，其结果呈现了7个子系统从体系获得的满足度同样存在不均衡性。

表 5.8　我国旅游经济体系各子系统满足度的不均衡性

Tab 5.8　SatisfactionimbalanceofEach Subsystem of Tourism Economic SoS in my country

子系统	管理子系统	资源子系统	服务子系统	基础设施子系统	交通子系统	投资子系统	教育子系统
不均衡测度	0.1259	0.1413	0.1293	0.1373	0.1270	0.1320	0.2072
排序	7	2	5	3	6	4	1

表 5.8 显示，旅游教育子系统权重最大，且满足评价值与其他各子系统差距明显，说明我国旅游经济发展过程中，教育子系统从体系获得的满足度区域差异非常明显，远高于其他子系统；其次是旅游资源子系统，但与教育子系统不同的是，资源子系统发展受区域地理因素影响较大。管理子系统和交通子系统的体系满足度区域差异最小，说明我国各省对政策制度和交通条件重视程度基本相同。

体系供给对各子系统满足度同样反映出我国旅游经济体系发展的不均衡特征。旅游管理系统整体满足度最均衡，也就是说旅游经济体系为全国各省管理系统的发展均提供了较好的环境条件，这也是我国政府主导旅游发展模式的必然产物，体现了宏观管理在旅游经济发展中地位的重要性；其余依次为旅游交通子系统、旅游服务子系统、旅游投资子系统、旅游基础设施子系统、旅游资源子系统和旅游教育子系统。其中，旅游教育系统从体系获得的满足度最低，全国有 93.54％的省旅游经济体系发展对旅游教育系统支撑不足，导致旅游教育供给水平相对较低。

从各子系统的地区整体满足度来看，华东、华中、华北、华南等地区整体满足度高于西北、西南、东北地区，其共性问题依然是旅游教育子系统满足度偏低，旅游教育与旅游行业发展链接不足。西部地区旅游基础设施、旅游交通系统满足度低于其他子系统，直接影响着其对旅游经济发展的贡献度。

(4)各省旅游经济体系的子系统供给度与满足度比较分析

通过对各子系统供给度与其所获得的体系满足度进行比较分析发现，全国大多数省旅游经济体系各子系统的供给度与满足度存在差距，也就是普遍存在着供需不均衡现象，但不均衡程度各有差异，见表 5.9.

表 5.9 我国各省旅游子系统供给度与满足度之差计算结果

Tab 5.9 Calculation results of the difference between the supply degree and the satisfaction degree of tourism subsystems in various provinces in my country

省(市、区)	旅游管理	旅游资源	旅游服务	旅游基础	旅游交通	旅游投资	旅游教育
北京	−0.04	0.04	−0.04	−0.02	0.01	0.03	0.02
天津	0.00	0.02	−0.06	−0.01	0.03	0.02	0.00
河北	0.00	0.07	−0.07	0.07	0.01	−0.09	0.01
山西	0.01	0.01	0.02	0.01	−0.04	0.00	−0.02
内蒙古	0.00	−0.01	0.02	−0.02	−0.03	0.00	0.04
华北	0.00	0.03	−0.03	0.01	0.00	−0.01	0.01
辽宁	0.00	−0.07	−0.02	−0.01	0.01	0.01	0.07
吉林	0.01	−0.02	−0.03	0.01	0.01	0.00	0.01
黑龙江	0.01	0.00	0.02	0.00	0.02	−0.08	0.02
东北	0.01	−0.03	−0.01	0.00	0.01	−0.02	0.04
上海	0.00	0.00	0.00	0.01	−0.01	0.00	0.00
江苏	−0.01	0.01	−0.01	−0.04	0.01	0.03	0.03
浙江	−0.01	0.01	−0.02	−0.01	0.00	0.01	0.03
安徽	0.03	0.02	−0.01	0.00	0.01	0.02	−0.07
福建	0.00	0.01	0.00	−0.04	0.02	0.01	0.01
江西	0.01	0.00	0.01	−0.04	−0.03	0.03	0.01
山东	0.01	−0.03	0.06	−0.08	−0.01	0.02	0.02
华东	0.00	0.00	0.00	−0.03	0.00	0.02	0.00
广东	−0.02	0.00	−0.02	0.00	0.01	0.01	0.01
广西	0.03	0.00	0.03	−0.04	−0.01	−0.02	0.01
海南	−0.04	0.02	0.05	−0.07	0.03	−0.01	0.01
华南	−0.01	0.01	0.02	−0.04	0.01	−0.01	0.01
河南	0.02	0.01	0.02	0.01	−0.04	−0.01	−0.02
湖北	0.01	0.02	0.00	−0.01	0.00	−0.01	−0.01
湖南	0.01	−0.01	−0.02	−0.02	−0.01	0.01	0.03
华中	0.02	0.01	0.00	−0.01	−0.01	0.00	0.00

续表

省(市、区)	旅游管理	旅游资源	旅游服务	旅游基础	旅游交通	旅游投资	旅游教育
重庆	0.04	−0.02	−0.01	0.00	−0.05	0.01	0.02
四川	0.02	0.00	0.02	−0.01	−0.05	−0.01	0.02
贵州	0.08	0.06	0.02	0.01	−0.09	−0.01	−0.08
云南	0.08	0.13	0.08	0.01	−0.01	0.00	−0.02
西藏	0.07	0.04	0.10	−0.07	−0.08	−0.05	−0.01
西南	0.06	0.04	0.04	−0.01	−0.05	−0.01	−0.01
甘肃	0.08	0.00	0.03	−0.09	0.03	−0.05	0.01
青海	−0.03	−0.01	0.11	−0.10	0.05	0.03	−0.04
陕西	0.09	0.05	0.06	−0.07	−0.03	−0.09	0.00
宁夏	−0.02	−0.06	−0.02	0.03	0.02	0.02	0.04
新疆	0.11	−0.06	−0.03	−0.04	0.00	−0.01	0.05
西北	0.05	−0.02	0.03	−0.05	0.01	−0.02	0.01

数据来源:根据表5.7与表5.8进行差值计算所得

从表5.9发现,华北、华东、华南、华中等四个地区旅游经济发展环境条件整体优于西南、西北、东北地区。但不同地域旅游经济体系的发展,各有各的特点。其中华南、华东地区供需均衡度最高,发展环境最好;华中、华北次之;西南、东北、西北等地区体系各子系统之间供需均衡程度相对较低,如西北地区旅游管理和旅游服务系统供给度大于满足度,但基础设施、旅游资源、旅游投资等子系统供给度却小于其满足度;同样地,西南地区资源供给充足,管理、服务供给度高于满足度,但基础设备、交通、投资、教育均存在供给不足,低于满足度的现象。这种不均衡必将导致其旅游经济体系整体耦合水平难以提升。因此,要提高我国旅游经济体系的耦合度,必须根据不同地域的特点和问题采用不同的治理对策。

第六章　我国旅游经济高质量发展评价

本章基于旅游经济体系理论框架，界定旅游经济体系的高质量发展概念内涵与特征，构建各子系统高质量发展评价指标体系，以熵权法确定各指标权重，建立高质量发展评价模型，对我国30个省(市、区)的旅游经济高质量发展相对水平进行评价①。

6.1 旅游经济高质量发展概念与特征

6.1.1 旅游经济高质量发展概念

学术界在经济高质量发展概念基础上，基于不同视角对旅游经济的高质量发展概念进行了探讨。何建民(2018)从系统论视角，认为旅游高质量发展系统是发展方式、产业结构、增长动力、利益公平等诸要素相互作用的综合体；于法稳和黄鑫等(2020)基于生态经济协调发展视角，认为乡村旅游高质量发展是以绿色发展理念为指导，基于旅游资源的利用与提升，科学规划，创新产品，实现生态与经济和谐发展，以满足人民日益增长的美好生活需要的一种发展模式；唐业喜和左鑫等(2021)则基于新发展理念，定义旅游经济高质量发展为在旅游经济总量与物质财富数量增长的基础上，对一定时期旅游经济发展水平及其优劣性的价值判断，等等。

---

① 注：不包括港澳台，西藏数据统计不全，本书未纳入评价范围。

上述概念尽管表述方式各有不同，但本质上都围绕新发展理念而展开。然而，新发展理念是党中央针对当前经济发展中存在的诸多问题所提出的高质量发展目标定位，是目标导向与问题导向的结合（陈金龙，2016）。作为高质量发展的思想引领，新发展理念在旅游经济高质量发展中起着重要的作用，但并不能严谨而科学的阐释旅游经济高质量发展的内涵。

从逻辑学角度来讲，概念C的通常定义模式是："如果对象A具有B特征或属性，则定义为C"，其中A是概念主体，B是主体行为所具有的特征属性。因此，要界定旅游经济高质量发展的内涵，首先，要明确概念主体是什么？很多学者认为主体就是旅游经济，这种观点不能说错误，但太过于笼统。事实上，旅游经济并非一个抽象概念，而是由多个子系统构成的一个复杂系统，各子系统具有各自独立的功能、作用与特征。因此，旅游经济高质量发展的主体是旅游经济体系。其次，要明确主体的行为。旅游经济体系的行为是发展，即在一定条件下的体系成长过程，包括了发展的基础条件、动力与模式、方式与方法、速度与水平等要素。再次，要明确主体行为的属性特征。显然，旅游经济发展具有"高速发展""低速发展""高质量发展""低质量发展"等多种属性。过去我国的旅游经济发展虽然具备"高速发展"属性，但其"低质量"已经不能满足广大人民群众对美好生活的需求。为此，我国提出了加快旅游供给侧改革，实施高质量发展的战略目标，规定了旅游经济的发展必须具有"高质量"属性，即基础条件优质性、发展动力创新性、发展模式绿色性、发展方式开放性和协调性以及发展成效共享性。

基于以上分析，本书认为，旅游经济高质量发展是旅游经济体系的高质量发展。具体而言，是旅游经济体系在各子系统自身高质量发展及相互高度耦合的基础上，以创新为动力源泉，遵循绿色发展方式，通过各子系统内部及各子系统之间的相互协调，为旅游者提供创意、优质、绿色、安全的旅游产品和服务，实现旅游发展成果共享，不断满足人民群众日益增长的美好生活需要，全面体现创新、协调、绿色、开放、共享等五大理念的发展。

6.1.2 旅游经济高质量发展特征

旅游经济高质量发展是以各子系统自身高质量发展为前提，各子系统之间高质量耦合为基石，具备“高质量”属性的发展。因而其特征体现在以下几个方面：

(1)体系运行的高效稳定。高效稳定是指旅游经济体系各子系统之间相互满足度高，“能量输出”渠道畅通，旅游经济发展效率高，体系整体运行保持一个较高水平的稳定状态。从短期来看，表现为旅游经济运行平稳维持在合理的区间范围内；从长期来看，是指旅游经济高质量发展的可持续性强。

(2)各子系统供给的高质量。供给高质量是指旅游经济体系各子系统之间相互的“能量输出”不仅要满足“量”的需求，更要有“质”的保证，因为只有高质量的供给才可能有高质量的产出。因此，旅游经济高质量发展的关键是体系各子系统自身发展高质量，有能力向体系其他子系统进行高质量输出，共同推动体系整体高质量发展。在旅游经济体系中，高质量供给即各子系统所提供的旅游资源、基础设施、旅游服务、劳动力、资本以及管理等基本要素的高质量，并最终体现在旅游产品的生产与消费过程中，满足人们对高品质旅游和对日益增长的美好生活的需要。

(3)发展动力的创新性。旅游业是我国经济高质量发展的重要高地，旅游发展动力创新就是要在各子系统自身不断创新的基础上，由内聚到耦合，构建旅游经济体系的整体创新能力，打破一直以来我国旅游经济发展依靠要素和资源驱动的局面，跳出资源与环境承载力的约束，达到旅游经济体系的全方位创新。

(4)发展手段的协调性。旅游经济高质量发展是一个整体，一个大系统、大体系，各子系统相互协调是旅游经济高质量发展的内生特点。体系视角下的协调，有其明确内涵和要求，其更关注整体发展效能的提升，而不仅仅是单个系统内部的协调，但体系的整体效能又依赖于各子系统之间相互的“能量”支撑。

(5)发展模式的绿色性。绿色成为普遍模式是旅游经济高质量发展的重要特征之一。即从旅游资源绿色开发、交通绿色出行到基础设施的绿色发展，以及绿色理念下的旅游管理、旅游服务、旅游教育和旅游投资等，绿色发展应贯穿于旅游经济体系的各个环节。其核心要求是要实现旅游经济发展与生态环境的有机统一，实现旅游经济活动过程和结果的“绿色化”和“生态化”。

(6)发展路径的开放性。旅游本就是一个具有高度开放性和交叉性的行业,开放性是旅游经济体系的内在特点。旅游经济是由不同子系统构成的高度耦合的巨复杂大体系,其高质量发展只有在高度开放的前提下才能实现。首先表现为政府在宏观层面积极参与旅游经济治理,不断提高其旅游经济发展过程中的宏观调控能力;其次,各子系统充分利用自身比较优势,加快融入旅游经济发展体系,实现资源优化配置,不断推进旅游经济的高质量发展。

(7)发展目标的共享性。共享发展是旅游经济体系发展的出发点和落脚点,其实质是以各子系统的发展为中心,实现资源共享、信息共享,推动各子系统高质量发展的同时,最终实现旅游经济体系的高质量发展,以满足人们的美好生活需要。

6.2 旅游经济高质量发展评价方法

6.2.1 评价的基本理念

从体系视角,旅游经济体系与旅游经济高质量发展存在密切的逻辑关系。旅游经济体系各子系统的高质量发展,一方面直接带来旅游经济体系发展水平的提升,另一方面也带来旅游经济体系运行质量的改善,并通过体系的高质量运行间接推动旅游经济体系发展水平的提升。可见,旅游经济运行质量和各子系统的发展水平共同支撑旅游经济体系的高质量发展。

本书认为对旅游经济高质量发展水平的评价要从两个方面进行:一是旅游经济体系是否高度耦合,二是各子系统是否高质量发展,二者缺一不可。因为高度耦合并不等价于高质量,耦合度反映的仅仅是体系各子系统之间相互作用的程度,不能表征各子系统之间是在高水平上相互促进还是低水平上相互制约的程度(王成和唐宁,2018),因此,体系高质量发展必须是在各子系统高质量发展基础上的高度耦合发展。总之,旅游经济体系的高质量发展不仅要体系耦合度高,而且要体系及其各子系统高质量供给和高质量产出。

对于上述理念,我们可以运用概率论全概率公式的思想进行刻画。将旅游经济体系看成是概率空间,每个子系统看成是对空间的一个分割。记每个

子系统的高质量发展水平为 $P\{A_i\}$ ，每个子系统对系统耦合的供给贡献为 $P\{A|A_i\}$ ，其中 A 表示旅游经济体系耦合事件，则根据全概率公式的思想，旅游经济体系的高质量发展水平可刻画为：

$$G=\sum_{i=1}^{7}\omega_i P\{A_i\}P\{A|A_i\} \tag{6.1}$$

其中 ω_i 为各子系统的权重。根据公式(6.1)，假设在理想状态下，每个子系统的高质量发展水平达到1，而且每个子系统对体系耦合的供给贡献度也能达到1，此时根据体系耦合度测度公式，体系的耦合度也达到1，则体系的高质量发展水平就达到1。

6.2.2 评价的基本模型

基于上述基本理念，构建旅游经济高质量发展评价的基本模型：

第一步：计算每个子系统在现有条件下的高质量发展水平。假设第 i 个子系统在现有条件下的高质量发展水平评价指标集为：

$$\{X_{ij},j=1,2,\cdots,n_i\},i=1,2,\cdots,7$$

对应权重为 $\{\mu_{ij},j=1,2,\cdots,n_i\}$ 。其中每个指标 X_{ij} 的评价将通过数据归一的方法，转化为区间[0,1]中的精确数进行刻画。于是，每个子系统在现有条件下的高质量发展水平评价公式为：

$$G_i \triangleq P\{A_i\}=\sum_{j=1}^{n_i}\mu_{ij}X_{ij},\ i=1,2,\cdots,7 \tag{6.2}$$

第二步：根据耦合矩阵 $(a_{ij})_{7\times7}$ 计算各子系统对体系的综合供给度：

$$P\{A|A_i\}=\frac{1}{7}\sum_{j=1}^{7}p_{ij} \tag{6.3}$$

第三步：根据公式(6.1)计算得到体系的高质量发展水平。

6.2.3 指标权重确定方法

本书运用熵值法确定各子系统的客观权重，其基本步骤如下：

第一步，将各个指标的数据进行标准化处理。

假设给定了 k 个指标 $x_1,x_2,\cdots,x_k$ ，其中，$x_i=\{x_1,x_2,\cdots,x_n\}$ ，假设各

指标数据标准化后的值各 $Y_1, Y_2, \cdots, Y_k$，则：

$$Y_{ij} = \frac{x_{ij} - \min(x_i)}{\max(x_i) - \min(x_i)}$$

第二步，求各指标的信息熵。根据信息熵的定义，一组数据的信息熵为：
$$E_j = -\frac{1}{lnn}\sum_{i=1}^{n} p_{ij} ln\, p_{ij}$$

其中，$p_{ij} = Y_{ij} / \sum_{i=1}^{n} Y_{ij}$，如果 $p_{ij} = 0$，则定义：$\lim_{p_{ij} \to 0} p_{ij} ln\, p_{ij} = 0$。

第三步，确定各指标权重。根据信息熵的计算公式，计算出各个指标的信息熵为：$E_1, E_2, \cdots, E_k$，通过信息熵计算各指标的权重。公式如下：

$$\omega_i = 1 - E_i / k - \sum_{i=1}^{n} E_i (i = 1, 2, \cdots, k) \tag{6.4}$$

6.3 各子系统高质量发展评价指标体系

根据上述基本理念与模型，要评价旅游经济体系高质量发展水平，其核心内容就是构建各子系统高质量发展评价指标体系。基于体系工程视角，假设旅游经济体系七大子系统相互高度耦合，则各子系统对体系的高质量供给就成为体系高质量发展的关键。因此，对各子系统高质量发展水平的评价，重点在于各子系统对体系的主要供给，也就是各子系统自身的产出是否高质量。

6.3.1 旅游管理子系统高质量发展评价指标

旅游管理系统对体系的主要供给是"政策与制度"，其高质量发展是旅游经济高质量发展的重要保障。旅游管理系统高质量发展，其核心在于充分利用各方资源，制定符合现代旅游发展需求的政策制度，打造旅游经济高质量发展良好政策制度环境。

管理理念的创新是管理子系统高质量发展的根本。理念是行动的先导，高质量的政策制度来源于先进的理念引领。当前，实现以政府为主导的"旅游管理"向多主体共同参与的"旅游治理"转变，是实现管理系统高质量发展的基本前提（刘梦华和易顺，2017）。因此，评价管理系统是否高质量，首要标准是管理理念的创新程度，是否符合现代旅游发展实际，能否推动旅游管理体制的革新。由于理念的创新，很难以具体数据进行刻画，因此，本书采用专家定性评价的方法进行测度，由专家采取二元语义给出评价意见，形成一个区间直觉模糊数进行评价①。

各种政策制度的高度耦合是管理子系统高质量发展的保障。良好的制度要配套良好的政策才能产生良好的效能，政策与制度的互动决定着治理的绩效（燕继荣，2020）。好的政策，需要恰当的制度安排去落实，否则也将是空中楼阁，难以发挥效用。现实中，过去一些政策制度相互之间并不协调，甚至存在相互矛盾的现象，政策制度体系并不完备，耦合度比较低，因此，旅游经济制度体系的高度耦合性，是评价管理子系统高质量发展的重要指标。对于这一指标的评价，只有相关主体在实际操作过程中才能发现，因此，本书采用行业相关主体中的高级管理者和专家进行主观评价的方法进行测度②。

大数据信息化的运用是管理子系统高质量发展的手段条件。在大数据时代背景下，管理部门能否破解地理分布性带来的地区差异，通过快速处理海量数据，及时有效地整合调动各类资源，是协调和平衡各子系统利益的关键（邓念国，2016）。因此，管理高质量离不开信息化水平提升，具体以互联网综合发展指数进行衡量③。

信息透明是旅游管理子系统高质量发展的体现。旅游信息透明，不仅可以保障旅游公众及相关旅游企业的知情权，更体现了政府部门与旅游公众、行业企业的互动程度。旅游信息越透明，旅游公众的安全感越高，对管理系统的认可度也越高。因此，旅游信息透明度是体现政策制度公平性的重要指标，但由于缺乏数据统计，本书采用行业相关主体管理者和专家进行主观评价，形成区间数进行刻画④。

管理效能是旅游管理子系统高质量发展的目标，也是“政策制度”执行落地的重要体现。对旅游经济体系而言，旅游行政管理效能越好，表明各级政府对政策制度执行力越强，对旅游经济高质量发展的保障作用越大。因此，政策

---

① 采用行业专家访谈方法，运用二元语义模糊评价，形成区间直觉模糊数刻画。

② 采用行业专家访谈方法，运用二元语义模糊评价，形成区间直觉模糊数刻画。

③ 数据来源：中国互联网信息中心《中国互联网发展报告》。

④ 采用行业专家访谈方法，运用二元语义模糊评价，形成区间直觉模糊数刻画。

制度执行力是管理高质量的重要依据，具体以旅游行政管理效能衡量，同样采用行业相关主体中的高级管理者和专家进行主观评价的方法进行测度[①]。

基于以上分析，本书针对旅游管理子系统的高质量发展构建如下表6.1的指标体系。

表 6.1　旅游管理子系统高质量发展评价指标体系

Tab 6.1　Evaluation index system for high-quality development of tourism management subsystem

目标	评价指标	评价方法	指标属性
旅游管理子系统高质量发展(GL)	管理理念的创新程度(GL_1)	定性评价	正向
	政策制度体系耦合性(GL_2)	定性评价	正向
	互联网综合发展指数(GL_3)	定量评价	正向
	政府旅游信息透明度(GL_4)	定性评价	正向
	旅游行政管理效能(GL_5)	定性评价	正向

6.3.2 旅游资源子系统高质量发展评价指标

旅游资源系统的主要供给是“旅游资源”，其高质量发展是旅游经济高质量发展的重要基础。旅游资源的高质量发展，主要体现在旅游资源品质的高质量、旅游资源组合水平的高质量及其旅游资源的丰裕程度。本书主要以国家级森林公园、湿地公园、地质公园、自然保护区、风景名胜区、文物保护单位、历史文化名城、历史文化名村(镇)、国家级博物馆以及国家级水利风景名胜区等由国家统计局公布的A—5A级景区的加权和进行测度[②]。

孤立的、单一的旅游资源很难对旅游者形成较大的吸引力，进而激发旅游者的旅游动机。因此，要实现旅游资源高质量发展，必须合理有序开发旅游资源，使不同类型旅游资源实现优势互补，相互依存，不断提升区域旅游资源吸引力与竞争力，具体以旅游资源组合度进行表征。一般认为，旅游资源的组合度越好，资源吸引力越大，其发展质量越高，区域旅游竞争力越强。旅游资源

① 采用行业专家访谈方法，运用二元语义模糊评价，形成区间直觉模糊数刻画。

② 数据来源：文化和旅游部、国家林业和草原局等网站。

组合度是指区域内不同类型旅游资源之间的差异程度及其相互协调能力，其组合状态可用资源组合度进行衡量，用以反映不同地区各种资源地域组合或结构特征（杨友宝，2016；笪玲和张述林，2011）。本书采用如下样本离散度公式进行测度：

$$E_i = \frac{1}{\bar{x}} \sqrt{\frac{1}{n} \sum_{j=1}^{n} (x_j - \bar{x})^2}$$

其中，E_i 代表 i 地区的旅游资源组合度，x_j 代表某地区第 j 类旅游资源的数量占全国的比重，$\bar{x}$ 代表各类旅游资源占全国比重的平均值。根据王晓芳等(2019)，把旅游资源组合度分为四个等级：若 $0 < E_i < 0.641$ 时，旅游资源组合为较佳；若 $0.641 < E_i < 1.244$ 时，旅游资源组合相对协调；若 $1.244 < E_i < 2.118$ 时，旅游资源组合度较不协调；若 $E_i > 2.118$ 时，旅游资源组合较差。

旅游资源丰裕度是旅游资源类型丰度与等级状况的综合体现（杨友宝等，2015），是用以衡量旅游资源质量水平的普适性指标。一般而言，旅游资源类型越丰富，资源品级越高，说明旅游资源品质越好。因此，旅游资源丰裕度是评估旅游资源高质量发展的重要标准。本书采用如下计算公式进行测度（杨友宝等，2015）：

$$H = -\sum_{i=1}^{m} P_i \log_2 P_i$$

其中 P_i 为第 i 种旅游资源占旅游资源总数的比例；m 为旅游资源类型数量。

基于以上分析，本书针对旅游资源子系统的高质量发展构建如表 6.2 的指标体系。

表 6.2　旅游资源子系统高质量发展评价指标体系

Tab 6.2　Evaluation index system for high-quality development of tourism resources subsystem

目标	评价指标	评价方法	指标属性
旅游资源子系统高质量发展 ZY	旅游资源品质度(ZY_1)	定量评价	正向
	旅游资源组合度(ZY_2)	定量评价	正向
	旅游资源丰裕度(ZY_3)	定量评价	正向

6.3.3 旅游服务子系统高质量发展评价指标

旅游服务系统对体系的主要供给是“旅游产品与服务”，其高质量发展是旅游经济高质量发展的决定性力量。旅游服务是以旅行社为核心的吃、住、行、购、娱等服务主体，为旅游者提供旅游产品和旅行生活游览服务的关键系统。因此，旅游服务系统高质量必须从旅游服务与旅游产品两个层面进行评价，同时各服务主体在旅行前沟通、服务中交接配合和售后反馈等是否做到及时高效，也是影响服务系统高质量发展的重要因素。

旅游服务水平是服务系统高质量的核心因素。旅游服务不同于其他服务，包含两层意思：对旅游企业而言，旅游服务是服务企业以交通、住宿、餐饮、景区娱乐、购物等基础设施为依托，为旅游者所提供的在旅游活动过程中所需要的旅行生活服务；对旅游消费者而言，旅游服务则是旅游支付一定的金钱、时间和精力所获得的一种经历。因此，旅游产品质量的高低，不仅取决于各子系统所提供服务及产品的质量，还受旅游者主观需求以及心态的影响。对于企业服务质量，目前并没有十分成熟的评价方法，根据国家文旅部对旅游服务质量的相关标准，以注册旅行社数量、万名游客旅游从业人员数量进行刻画[①]；对于旅游者视角的旅游服务质量，采用学术界通常做法，通过对旅游者期望质量与感知质量的差距进行评价（杨懿和李秋艳，2018），通常以游客满意度表征[②]，本书借鉴这一指标进行刻画。

旅游产品高质量是服务高质量的重要基础。旅游产品有其特殊性，高质量不等价于绝对的高品质和高消费，而必须以满足旅游者多元化、个性化需求为基本前提。因此，旅游产品结构的优化就显得十分重要，产品结构越合理，越能满足不同层次旅游者的多样化需求，具体以旅游产品结构的协调度表征[③]。

① 数据来源：文化和旅游部公布的《中国旅游统计年鉴》。

② 数据来源：文化和旅游部及各省“游客满意度”调查报告。

③ 采用行业专家访谈方法，运用二元语义模糊评价，形成区间直觉模糊数刻画。

旅游经济收益是旅游服务质量高低的直接表现。服务质量越好，旅游者出游意愿越强，相应地，旅游收入也就越高。因此，旅游经济收益的高低是评价旅游服务高质量的重要指标，具体以旅游总收入占 GDP 的比重、旅游接待总人数进行刻画①。

旅游服务主体协作能力是实现旅游服务高质量的重要纽带。旅游服务质量是旅游者对旅游前后感知差异的整体印象，吃、住、行、游、购、娱等六大要素，任何一个环节出现问题，都将影响旅游服务整体质量。因此，六大要素各旅游服务主体之间的协同合作能力，是保证旅游服务整体质量的重要环节，具体以旅游服务链协调度表征②。

基于以上分析，本书针对旅游服务子系统的高质量发展构建如表 6.3 的指标体系。

表 6.3　旅游服务子系统高质量发展评价指标体系

Tab 6.3　Evaluation index system for high-quality development of tourism service subsystem

目标	评价指标	评价方法	指标属性
旅游服务子系统高质量发展（FW）	注册旅行社数量（FW_1）	定量评价	正向
	万名游客旅游从业人员数（FW_2）	定量评价	正向
	游客满意度（FW_3）	定量评价	正向
	旅游产品结构协调度（FW_4）	定性评价	正向
	旅游总收入占 GDP 的比重（FW_5）	定量评价	正向
	旅游接待总人数（FW_6）	定量评价	正向
	旅游服务链协调度（FW_7）	定性评价	正向

6.3.4 旅游基础设施子系统高质量发展评价指标

旅游基础设施系统对体系的主要供给是“基础设施”，其高质量发展是旅游经济高质量发展的重要物质基础。旅游基础设施的核心作用是满足游客在

① 数据来源：文化和旅游部公布的历年《中国旅游统计年鉴》。

② 采用行业专家访谈方法，运用二元语义模糊评价，形成区间直觉模糊数刻画。

旅行游览过程中的各种物质需要，基础设施高质量发展的关键是在节约资源、保护环境的前提下，更加快捷高效地满足旅游者需求。

快捷高效地满足旅游者需求是旅游基础设施高质量发展的首要任务。随着智慧城市、智慧旅游景区建设的快速推进，旅游基础设施更新换代，智能化升级已成为必然趋势。因此，立足旅游者的使用效果和感知，提升旅游基础设施智能化程度①，使旅行游览更加便捷化、高效化，是旅游基础设施高质量核心评价指标。

绿色是旅游基础设施高质量供给体系的主色调。旅游基础设施的建设与运营，必须始终坚持以绿色理念为指导，尽可能节约资源，降低能耗，减少其对生态环境的破坏和影响，助力旅游经济可持续发展，具体以单位旅游收入能耗来衡量基础设施的资源节约度，以污水收集处理率、生活垃圾无害化处理率刻画对资源环境的保护程度②。

保障旅行生活质量是旅游基础设施的重要功能。在旅游活动过程中，旅游基础设施的核心作用就是让旅游者吃好、睡好，并切实保证其健康与安全。因此，星级酒店、旅游厕所以及医疗机构床等基础设施必不可少，是评价基础设施是否高质量的重要指标，基于服务的公平正义性，具体以星级酒店房间数、每万游客拥有旅游厕所数量以及每万游客拥有医疗机构床位数刻画旅游基础设施高质量③。

基于以上分析，本书针对旅游服务子系统的高质量发展构建如表 6.4 的指标体系。

---

① 采用行业专家访谈方法，运用二元语义模糊评价，形成区间直觉模糊数刻画。

② 数据来源：国家统计局及文化和旅游部、生态环境部公布的历年《中国旅游统计年鉴》《中国环境统计年鉴》。

③ 数据来源：国家统计局及文化和旅游部、生态环境部公布的历年《中国旅游统计年鉴》《中国环境统计年鉴》。

表 6.4 旅游基础设施子系统高质量发展评价指标体系

Tab 6.4 Evaluation index system for high-quality development of tourism infrastructure subsystems

目标	评价依据	评价方法	指标属性
旅游基础设施子系统高质量发展(SS)	旅游基础设施的智能化程度(SS_1)	定性评价	正向
	单位旅游收入能耗(SS_2)	定量评价	负向
	污水收集处理率(SS_3)	定量评价	正向
	生活垃圾无害化处理率(SS_4)	定量评价	正向
	星级酒店房间数(SS_5)	定量评价	正向
	每万游客拥有旅游厕所数(SS_6)	定量评价	正向
	每万游客拥有医疗卫生机构床位(SS_7)	定量评价	正向

6.3.5 旅游交通子系统高质量发展评价指标

旅游交通系统对体系的主要供给是“旅游交通及服务”，其高质量发展是旅游经济高质量发展的先决条件。旅游交通的核心作用是实现旅游者从旅游客源地到目的地空间转移，是连接客源地和目的地的重要纽带。实现交通系统高质量，重点在于不断优化旅游交通立体网络，提高区域旅游交通通达性以及旅游地的可进入性。

交通基础设施是旅游交通高质量发展重要物质基础。交通基础设施高质量体现在两个方面：一是区域之间交通网络的高质量，旨在减少旅行时间，提升旅行舒适度。具体以单位面积高速公路里程数、单位面积铁路里程数、民用机场数量为主要衡量标准；二是城市内部交通网络高质量，使出行更加方便快捷，具体以万人拥有城市公交车数量、城市轨道交通里程数表征城市交通运输便利化程度①。

能源节约、环境友好是旅游交通高质量发展的根本出发点。旅游交通高

① 数据来源：国家统计局和交通运输部所公布的《中国统计年鉴》《中国交通统计年鉴》。

质量发展，要以节约资源保护环境为根本出发点，降低汽车尾气对环境的污染，尽量选择能耗低，碳排放量小的交通工具。具体以旅游交通废气排放量反映旅游交通对环境的友好程度，以全国公路绿化里程数、城市公共交通机动化分担率反映能源消耗度[①]。

经济、高效是旅游交通高质量的核心要义。一方面，交通发展必须以高质、高效为绩效目标，根据各地区地形地势的不同，配套适宜的交通网络，充分发挥各种交通运输方式自身的优势，提升区域旅游可进入性，具体以区域旅游交通通达性进行衡量（叶茂、王兆峰，2017）；另一方面，要实现不同区域，不同交通方式的无缝对接，实现旅游交通的安全、舒适、快捷和高效，具体以联程运输服务水平进行刻画。

基于以上分析，本书针对旅游服务子系统的高质量发展构建如表 6.5 的指标体系。

表 6.5　旅游交通子系统高质量发展评价指标体系

Tab 6.5　Evaluation index system for high-quality development of tourism transportation subsystem

目标	评价依据	评价方法	指标属性
旅游交通子系统高质量发展(JT)	单位面积高速公路里程数（JT_1）	定量评价	正向
	单位面积铁路营业里程数（JT_2）	定量评价	正向
	民用机场数量（JT_3）	定量评价	正向
	城市轨道交通里程数（JT_4）	定量评价	正向
	万人拥有公交车数量（JT_5）	定量评价	正向
	旅游交通废气排放量（JT_6）	定量评价	负向
	城市公共交通机动化分担率（JT_7）	定量评价	正向
	单位面积全国公路绿化里程数（JT_8）	定量评价	正向
	区域旅游交通通达性（JT_9）	定量评价	正向
	联程运输服务水平（JT_{10}）	定性评价	正向

① 数据来源：国家统计局和交通运输部所公布的《中国统计年鉴》《中国交通统计年鉴》。

6.3.6 旅游投资子系统高质量发展评价指标

旅游投资系统对体系的主要供给是“资本投资”，其高质量发展是旅游经济高质量发展的重要驱动力。2019 年中国旅游业发展报告显示，“十三五”以来，在大多数行业投资增长减缓的情况下，旅游投资规模保持年均 6.82%的增速，成为社会投资热点和综合性开发的引擎性产业[①]。进入“十四五”，旅游投资继续保持逆势上扬态势，领跑宏观经济，投资环境持续向好，投融资规模不断创出新高。但如何实现旅游投资高质量，助推旅游经济高质量发展问题，学者们普遍认为有效投资是促进经济高质量发展的重要力量（李强，朱宝清，2019；吴丽云，2020）。

创新旅游投融资模式是实现旅游投资有效的根本前提。当前，我国以政府主导的旅游投融资模式，已日渐凸显其弊端，只有破除政府主导的融资模式，不断拓宽旅游投融资渠道，有效引导和撬动金融资本、社会资本进入旅游行业，实现政府财政、企业投资、社会资本、外商投资等在旅游发展中的不同优势，才能真正实现旅游投资高质量发展。因此，旅游投融资模式变革是促进旅游投资高质量发展的关键，具体以投融资渠道多元化程度进行刻画[②]。

扩大有效投资，尤其要加强对旅游基础设施投资力度，发挥投资对旅游经济的拉动作用，为旅游经济高质量发展提供支撑。近年来，我国旅游投资一直领跑宏观经济，保持着持续上涨的态势，是促进旅游经济高质量发展的重要动力。投资力度越大，对旅游经济的推动作用也就越大，由于统计数据缺失，同时考虑到旅游投资多以固定资产形式体现，故以旅游固定资产投资额刻画[③]。

优化旅游投资结构，补短板，促均衡。我国现有旅游投资大多集中的旅游景区，以文化旅游、生态旅游和乡村旅游等为主要投资对象（冯娟、胡静和谢双玉，2020）。进入高质量发展阶段，优化旅游投资结构，加大以高科技为核心的未来景区、未来酒店、大数据旅游中心等智慧旅游投资，成为“十四五”旅游规

---

① 王晓芳，胡静，谢双玉. 2019 年中国旅游业发展报告[M]. 北京：中国旅游出版社，2019。

② 采用行业专家访谈方法，运用二元语义模糊评价，形成区间直觉模糊数刻画。

③ 数据来源：文化和旅游部公布的历年《中国旅游统计年鉴》。

划的重点。因此,旅游投资结构优化是旅游投资高质量的重要参考依据,主要以旅游投资结构合理性进行衡量①。

投资效率是衡量旅游投资高质量的核心指标,但不同的投资主体,其利益诉求并不完全相同,其关注的重点也各有差异,如社会资本更重视投资的经济效率,政府则更关注旅游投资的环境效益,而旅游社区居民则关注旅游投资带来的社会效益,是不是给自己带来了更好的收入,或者提供了更多的就业岗位,等等。但整体而言,经济效益是旅游投资的核心目标。因此,本书基于资金供给视角,以旅游投资经济效率衡量投资系统高质量发展水平(龚日朝等,2000)。

基于以上分析,本书针对旅游服务子系统的高质量发展构建如表 6.6 的指标体系。

表 6.6　旅游投资子系统高质量发展评价指标体系

Tab 6.6　Evaluation index system for high-quality development of tourism investment subsystem

目标	评价依据	评价方法	指标属性
旅游投资子系统高质量发展(TZ)	旅游投融资渠道多元化程度(TZ_1)	定性评价	正向
	旅游固定资产投资额(TZ_2)	定量评价	正向
	旅游投资结构的合理性(TZ_3)	定性评价	正向
	旅游投资效率(TZ_4)	定量评价	正向

6.3.7 旅游教育子系统高质量发展评价指标

旅游教育系统对体系的主要供给是“旅游人才”,其高质量发展是旅游经济高质量的智力支撑。旅游教育高质量的重心是培养高质量的旅游人才,主要体现在两个方面:一是院校旅游人才培养高质量,二是旅游在职从业人员综合素质的提升。

旅游教育高质量,其关键在于培养主体的高质量。从旅游院校来看,其培养质量主要包括教育理念、课程体系设置、科研能力三个方面。第一,教育理

① 采用行业专家访谈方法,运用二元语义模糊评价,形成区间直觉模糊数刻画。

念的创新性是人才培养高质量的基本前提。第二，课程体系设置的合理性，决定了旅游人才知识结构的合理性。对于上述两类指标，由于目前还缺失该类型的统计数据，且难以用精确数值里进行衡量，本书采用行业相关管理者和专家主观评价的方法进行测度[①]。第三，旅游科研项目立项数[②]、旅游学术论文发表数[③]是院校创新实力的重要标志。此外，旅游培养主体的数量也是衡量旅游教育发展水平高低的重要指标，对于旅游从业人员继续教育主体，包括旅游培训机构和旅游高等院校两大类，但由于旅游培训机构缺乏相关统计数据，故以旅游院校数量对二者进行综合衡量[④]。

旅游教育高质量的重点是要根据旅游市场需求，培养符合旅游市场所需的专业人才，结构合理，层次多样化。从旅游高等院校、旅游中等职业学校到旅游培训机构，三者缺一不可，缺乏其中任何一个的人才培养都是不完善的。因此，高等院校旅游专业学生在校人数、旅游中等职业学校学生在校人数，以及旅游从业人员培训人次数的合理分布，是旅游教育综合素质越高重要体现，具体以高等院校旅游专业学生人数、旅游从业人员年培训人次进行衡量[⑤]。

基于以上分析，本书针对旅游服务子系统的高质量发展构建如表 6.7 的指标体系。

① 采用行业专家访谈方法，形成区间数进行刻画。

② 数据来源：国家社科、自科基金数据库网站统计整理所得。

③ 数据来源：中国知网，以“旅游”为主题，“作者”地区机构检索整理所得。

④ 由于 2019 年后统计口径变化，本书数据根据《中国旅游统计年鉴》现有数据进行线性化处理所得。

⑤ 数据来源：根据文化和旅游部网站相关统计数据整理所得。

表 6.7　旅游教育子系统高质量发展评价指标体系

Tab 6.7　Evaluation index system for high-quality development of tourism education subsystem

目标	评价依据	评价方法	评价测度
旅游教育子系统高质量发展(JY)	旅游教育理念创新性(JY_1)	定性评价	正向
	旅游教育体系的完善性(JY_2)	定性评价	正向
	设置旅游专业的高等院校数(JY_3)	定量评价	正向
	旅游学术论文发表数(JY_4)	定量评价	正向
	旅游科研项目立项数(JY_5)	定量评价	正向
	旅游从业人员培训人次(JY_6)	定量评价	正向
	高等院校旅游专业人数(JY_7)	定量评价	正向
	中等职业院校旅游专业人数(JY_8)	定量评价	正向

6.4 我国旅游经济高质量发展评价实证

6.4.1 数据来源与处理

由于西藏的数据缺失严重，本书只对我国 30 个省(市、区)(不包括港澳台地区)的旅游经济高质量发展水平进行实证分析。

七大子系统高质量发展水平评价指标体系所需数据主要分为三大类：第一类是直接纳入国家统计范围的指标数据，部分数据由于统计口径改变的原因，缺乏 2019 年的数据，则根据前期数据运用数据平滑处理方法获得；第二类是未直接纳入国家统计范围，但可以由其他统计数据替代或经过处理获得的数据；第三类是未纳入国家统计范围，且无法获得原始数据的指标数据。

前两类原始数据主要来自《中国旅游统计年鉴》、历年《中国旅游景区报告》《中国统计年鉴》《中国社会统计年鉴》《中国城乡建设统计年鉴》《中国环境统计年鉴》《中国交通统计年鉴》以及各省统计年鉴，部分数据来自中国知网数据库、国家自科及社科基金管理数据库等；第三类数据采取专家问题调查法，通过设计问卷，由不同地区、不同行业领域专家进行打分，获得相应的直觉模糊数和区间数，并进行归一化处理后所得。

对于交通里程数(包括高速公路、铁路、公路绿化里程数)等,本书采用除以区域单位面积的方法进行标准化。

根据上述各子系统及其对应的评价指标,运用相关统计测度方法,获得我国30个省(直辖市、自治区,下同)各子系统的评价数据,见表6.8—6.13:

表6.8　我国30个省旅游管理子系统评价数据

Tab 6.8　Evaluation data of tourism management subsystems in 30 provinces and cities in my country

	GL_1	GL_2	GL_3	GL_4	GL_5
北京	＜[0.81,0.92],[0.03,0.08]＞	＜[0.82,0.94],[0.03,0.06]＞	76.78	[0.95,0.99]	＜[0.78,0.94],[0.02,0.06]＞
天津	＜[0.63,0.90],[0.03,0.10]＞	＜[0.81,0.94],[0.03,0.06]＞	50.31	[0.90,0.95]	＜[0.74,0.92],[0.06,0.08]＞
河北	＜[0.72,0.87],[0.07,0.13]＞	＜[0.69,0.88],[0.07,0.12]＞	34.20	[0.84,0.90]	＜[0.65,0.92],[0.05,0.08]＞
山西	＜[0.68,0.81],[0.11 ,0.19]＞	＜[0.70,0.87],[0.06,0.13]＞	32.61	[0.86,0.92]	＜[0.56,0.86],[0.09,0.13]＞
内蒙古	＜[0.55,0.71],[0.14,0.29]＞	＜[0.68,0.84],[0.07,0.16]＞	28.21	[0.82,0.88]	＜[0.52,0.71],[0.14,0.29]＞
辽宁	＜[0.73,0.88],[0.06,0.12]＞	＜[0.70,.85],[0.10,0.15]＞	24.33	[0.78,0.85]	＜[0.52,0.69],[0.16,0.31]＞
吉林	＜[0.51,0.65],[0.18,0.35]＞	＜[0.64,0.78],[0.12,0.22]＞	22.86	[0.82,0.88]	＜[0.51,0.76],[0.13,0.24]＞
黑龙江	＜[0.50,0.63],[0.19,0.37]＞	＜[0.62,0.83],[0.09,0.17]＞	19.23	[0.86,0.91]	＜[0.42,0.60],[0.21,0.39]＞
上海	＜[0.81,0.90],[0.03,0.08]＞	＜[0.83,0.92],[0.03,0.08]＞	64.94	[0.93,0.98]	＜[0.72,0.89],[0.07,0.09]＞
江苏	＜[0.79,0.93],[0.06,0.07]＞	＜[0.82,0.93],[0.05,0.07]＞	56.68	[0.95,0.99]	＜[0.75,0.96],[0.02,0.04]＞
浙江	＜[0.83,0.95],[0.02,0.05]＞	＜[0.83,0.95],[0.02,0.05]＞	58.71	[0.94,0.98]	＜[0.78,0.91],[0.05,0.09]＞

续表

	GL_1	GL_2	GL_3	GL_4	GL_5
安徽	<[0.66,0.83], [0.10,0.17]>	<[0.68,0.86], [0.07,0.14]>	41.80	[0.87,0.94]	<[0.58,0.82], [0.12,0.15]>
福建	<[0.65,0.85], [0.08,0.15]>	<[0.75,0.89], [0.06,0.11]>	47.61	[0.90,0.96]	<[0.60,0.87], [0.08,0.12]>
江西	<[0.68,0.93], [0.04,0.07]>	<[0.75,0.90], [0.06,0.10]>	52.74	[0.66,0.72]	<[0.74,0.92], [0.06,0.08]>
山东	<[0.75,0.86], [0.08,0.14]>	<[0.73,0.92], [0.04,0.08]	38.48	[0.86,0.91]	<[0.72,0.91], [0.06,0.09]>
河南	<[0.68,0.85], [0.08,0.15]>	<[0.72,0.90], [0.05,0.10]>	37.45	[0.69,0.76]	<[0.74,0.92], [0.05,0.08]>
湖北	<[0.80,0.90], [0.05,0.10]>	<[0.80,0.92], [0.03,0.08]>	45.04	[0.90,0.95]	<[0.68,0.85], [0.06,0.15]>
湖南	<[0.72,0.88], [0.07,0.12]>	<[0.75,0.92], [0.04,0.08]>	40.72	[0.88,0.95]	<[0.73,0.91], [0.05,0.07]>
广东	<[0.83,0.93], [0.04,0.07]>	<[0.83,0.94], [0.03,0.06]>	62.21	[0.88,0.94]	<[0.76,0.98], [0.00,0.02]>
广西	<[0.65,0.80], [0.12,0.20]>	<[0.70,0.85], [0.07,0.15]>	28.40	[0.81,0.88]	<[0.62,0.87], [0.06,0.09]>
海南	<[0.64,0.82], [0.11,0.18]>	<[0.71,0.87], [0.08,0.13]>	30.03	[0.92,0.98]	<[0.48,0.66], [0.20,0.33]>
重庆	<[0.79,0.8]8, [0.06,0.12]>	<[0.81,0.92], [0.05,0.08]>	41.57	[0.87,0.94]	<[0.65,0.86], [0.08,0.14]>
四川	<[0.74,0.91], [0.03,0.09]>	<[0.80,0.91], [0.04,0.09]>	47.08	[0.86,0.93]	<[0.76,0.92], [0.06,0.08]>
贵州	<[0.72,0.92], [0.03,0.08]>	<[0.75,0.90], [0.06,0.10]>	39.46	[0.86,0.91]	<[0.76,0.94], [0.04,0.06]>
云南	<[0.75,0.92], [0.06,0.08]>	<[0.70,0.89], [0.07,0.11]>	35.13	[0.82,0.89]	<[0.73,0.91], [0.06,0.09]>

续表

	GL_1	GL_2	GL_3	GL_4	GL_5
陕西	<[0.65,0.85],[0.09,0.15]>	<[0.69,0.86],[0.06,0.14]>	31.50	[0.86,0.93]	<[0.58,0.78],[0.09,0.20]>
甘肃	<[0.64,0.76],[0.12,0.24]>	<[0.68,0.83],[0.09,0.17]>	27.10	[0.79,0.89]	<[0.59,0.78],[0.16,0.22]>
青海	<[0.45,0.63],[0.16,0.37]>	<[0.57,0.77],[0.12,0.23]>	20.64	[0.80,0.90]	<[0.38,0.60],[0.20,0.36]>
宁夏	<[0.43,0.59],[0.20,0.41]>	<[0.63,0.78],[0.12,0.22]>	19.58	[0.77,0.84]	<[0.41,0.55, 0.25,0.42]>
新疆	<[0.48,0.65],[0.08,0.18]>	<[0.68,0.83],[0.08,0.17]>	21.38	[0.84,0.91]	<[0.56,0.76],[0.13,0.24]>

表 6.9　我国 30 个省旅游资源子系统评价数据

Tab 6.9　Evaluation data of tourism resource subsystems in 30 provinces and cities in my country

省份	ZY_1	ZY_2	ZY_3	省份	ZY_1	ZY_2	ZY_3
北京	50.73	1.10	1.7043	河南	109.93	0.30	2.0507
天津	19.93	0.65	1.6530	湖北	92.53	0.22	2.4651
河北	84.40	0.34	2.0007	湖南	103.80	0.26	1.9461
山西	49.27	0.51	1.9423	广东	95.73	0.23	2.1845
内蒙古	75.47	0.68	2.0737	广西	128.53	0.27	2.2725
辽宁	106.33	1.39	1.6624	海南	13.67	0.34	2.1501
吉林	47.53	1.61	2.2355	重庆	53.00	1.67	1.9957
黑龙江	80.13	4.11	2.1019	四川	147.13	1.04	2.0036
上海	27.13	0.88	1.8200	贵州	92.20	1.70	2.1394
江苏	130.87	0.45	1.8813	云南	66.67	1.29	2.1746
浙江	168.13	0.34	1.8261	陕西	98.00	0.18	2.0511
安徽	128.27	0.52	1.8802	甘肃	23.87	0.35	2.4704
福建	79.07	0.46	2.2478	青海	64.47	0.39	2.1367
江西	93.07	0.21	2.2858	宁夏	19.33	0.43	1.5092
山东	238.40	0.36	1.5818	新疆	100.67	0.32	1.7896

表 6.10　我国 30 个省旅游服务子系统评价数据

Tab 6.10 Evaluation data of tourism service subsystems in 30 provinces and cities in my country

省份	FW_1	FW_2	FW_3	FW_4	FW_5	FW_6	FW_7
北京	3062	3.89	82.79	<[0.78,0.95],[0.01,0.05]>	0.1760	32176.90	<[0.87,0.98],[0.01,0.02]>
天津	502	0.96	81.64	<[0.74,0.94],[0.02,0.06]>	0.3061	24553.10	<[0.76,0.95],[0.03,0.05]>
河北	1513	1.47	81.60	<[0.61,0.88],[0.08,0.12]>	0.2653	78097.08	<[0.73,0.92],[0.03,0.08]>
山西	927	0.76	80.98	<[0.56,0.86],[0.09,0.13]>	0.4715	83076.22	<[0.70,0.91],[0.06,0.09]>
内蒙古	1147	3.86	81.98	<[0.64,0.82],[0.14,0.18]>	0.2702	19512.48	<[0.68,0.91],[0.07,0.09]>
辽宁	1524	1.50	82.08	<[0.60,0.80],[0.16,0.20]>	0.2498	64169.74	<[0.58,0.91],[0.06,0.09]>
吉林	701	1.02	80.06	<[0.59,0.86],[0.11,0.14]>	0.4196	24833.01	<[0.59,0.83],[0.11,0.17]>
黑龙江	837	2.44	80.35	<[0.72,0.89],[0.07,0.09]>	0.1972	22000.00	<[0.70,0.90],[0.06,0.10]>
上海	1758	2.31	81.48	<[0.78,0.91],[0.05,0.09]>	0.1407	36734.69	<[0.66,0.93],[0.03,0.07]>
江苏	2943	1.87	85.46	<[0.76,0.93],[0.02,0.07]>	0.1428	88399.50	<[0.81,0.98],[0.00,0.02]>
浙江	2769	2.39	83.41	<[0.74,0.92],[0.04,0.08]>	0.1750	73000.00	<[0.64,0.89],[0.06,0.09]>
安徽	1487	1.45	80.84	<[0.58,0.82],[0.12,0.15]>	0.2297	82379.74	<[0.53,0.82],[0.12,0.17]>
福建	1181	1.65	80.79	<[0.60,0.87],[0.08,0.12]>	0.1911	53263.03	<[0.68,0.94],[0.03,0.06]>

续表

省份	FW_1	FW_2	FW_3	FW_4	FW_5	FW_6	FW_7
江西	909	0.96	78.79	<[0.56,0.80],[0.13,0.16]>	0.3902	79275.47	<[0.60,0.86],[0.08,0.14]>
山东	2613	2.32	80.15	<[0.61,0.81],[0.11,0.19]>	0.1593	93809.30	<[0.53,0.91],[0.03,0.09]>
河南	1156	1.36	82.63	<[0.65,0.84],[0.13,0.16]>	0.1766	89983.35	<[0.57,0.90],[0.02,0.09]>
湖北	1267	1.65	80.40	<[0.72,0.92],[0.06,0.08]>	0.1512	60593.72	<[0.59,0.84],[0.03,0.16]>
湖南	1143	2.24	80.09	<[0.64,0.80],[0.13,0.18]>	0.2457	83000.00	<[0.81,0.94],[0.01,0.06]>
广东	3281	3.90	81.20	<[0.61,0.93],[0.04,0.07]>	0.1404	53131.39	<[0.64,0.82],[0.08,0.17]>
广西	850	0.94	80.75	<[0.62,0.80],[0.13,0.16]>	0.4822	87623.96	<[0.68,0.88],[0.03,0.12]>
海南	483	5.50	81.78	<[0.60,0.85],[0.09,0.14]>	0.1995	8311.20	<[0.59,0.73],[0.17,0.26]>
重庆	673	0.74	84.22	<[0.72,0.92],[0.06,0.08]>	0.2503	65686.11	<[0.53,0.82],[0.12,0.17]>
四川	1242	2.88	80.79	<[0.67,0.86],[0.08,0.13]>	0.2487	75414.78	<[0.60,0.86],[0.08,0.14]>
贵州	594	0.57	78.19	<[0.75,0.91],[0.06,0.09]>	0.7347	113412.47	<[0.53,0.91],[0.03,0.09]>
云南	1105	3.46	78.40	<[0.65,0.82],[0.06,0.16]>	0.4751	80739.02	<[0.57,0.90],[0.02,0.09]>
陕西	862	1.43	78.48	<[0.69,0.92],[0.04,0.08]>	0.2709	70665.72	<[0.81,0.94],[0.01,0.06]>
甘肃	723	1.35	82.55	<[0.65,0.82],[0.11,0.15]>	0.3074	37019.82	<[0.64,0.82],[0.08,0.17]>

续表

省份	FW_1	FW_2	FW_3	FW_4	FW_5	FW_6	FW_7
青海	515	2.71	79.80	<[0.58,0.76],[0.16,0.20]>	0.1893	5080.17	<[0.68,0.88],[0.03,0.12]>
宁夏	164	3.47	80.80	<[0.66,0.80],[0.14,0.18]>	0.0918	4011.11	<[0.59,0.73],[0.17,0.26]>
新疆	702	2.37	80.30	<[0.61,0.76],[0.13,0.24]>	0.2673	21155.43	<[0.59,0.73],[0.17,0.26]>

表 6.11　我国 30 个省旅游基础设施子系统评价数据

Tab 6.11　Evaluation data of tourism infrastructure subsystems in 30 provinces and cities in my country

	SS_1	SS_2	SS_3	SS_4	SS_5	SS_6	SS_7
北京	<[0.84,0.97],[0.01,0.03]>	0.19	99.30	99.98	124800	3.24	3.97
天津	<[0.77,0.95],[0.04,0.05]>	0.59	96.00	100.00	19809	1.16	2.78
河北	<[0.70,0.85],[0.09,0.15]>	0.88	98.30	99.43	83637	3.04	5.51
山西	<[0.71,0.85],[0.07,0.15]>	1.12	95.80	100.00	39082	2.19	2.63
内蒙古	<[0.73,0.82],[0.12,0.17]>	1.09	97.40	99.81	45703	7.82	8.26
辽宁	<[0.71,0.83],[0.13,0.17]>	0.86	96.20	99.42	57533	2.02	4.89
吉林	<[0.67,0.80],[0.14,0.20]>	0.60	95.20	90.24	23241	3.62	6.86
黑龙江	<[0.64,0.78],[0.12,0.22]>	0.82	92.80	95.49	32803	4.29	11.94

续表

	SS_1	SS_2	SS_3	SS_4	SS_5	SS_6	SS_7
上海	<[0.77,0.97],[0.01,0.03]>	0.29	96.30	100.00	76765	2.56	3.99
江苏	<[0.83,0.96],[0.02,0.04]>	0.30	96.10	100.00	101164	4.14	5.84
浙江	<[0.87,0.92],[0.03,0.05]>	0.31	97.00	100.00	137310	3.02	4.80
安徽	<[0.73,0.89],[0.08,0.11]>	0.33	97.10	100.00	64784	2.60	4.22
福建	<0.76,0.89],[0.05,0.09]>	0.28	95.20	99.95	80031	4.18	3.80
江西	<[0.71,0.84],[0.10,0.16]>	0.34	95.40	100.00	73181	3.02	3.37
山东	<[0.70,0.90],[0.05,0.10]>	0.55	98.00	99.94	131194	1.93	6.71
河南	<[0.71,0.87],[0.09,0.13]>	0.41	97.70	99.65	86987	4.10	7.11
湖北	<[0.78,0.87],[0.08,0.11]>	0.34	100.00	99.98	92468	2.50	6.66
湖南	<[0.75,0.89],[0.05,0.11]>	0.37	97.10	99.98	66551	2.41	6.10
广东	<[0.76,0.97],[0.01,0.03]>	0.28	96.70	99.95	150016	1.85	10.26
广西	<[0.71,0.84],[0.11,0.16]>	0.46	97.50	100.00	70767	1.46	3.17
海南	<[0.71,0.89],[0.07,0.11]>	0.36	93.70	100.00	38212	3.01	5.99
重庆	<[0.70,0.86],[0.10,0.14]>	0.33	97.20	88.82	35629	2.99	3.53

续表

	SS_1	SS_2	SS_3	SS_4	SS_5	SS_6	SS_7
四川	<[0.68,0.84],[0.12,0.16]>	0.39	95.30	99.82	79199	2.53	8.38
贵州	<[0.60,0.78],[0.12,0.22]>	0.56	96.80	96.59	40181	2.80	2.34
云南	<[0.60,0.82],[0.08,0.18]>	0.45	95.70	99.77	95222	4.59	3.86
陕西	<[0.63,0.87],[0.03,0.12]>	0.46	95.50	99.71	75422	4.90	3.76
甘肃	<[0.62,0.84],[0.08,0.16]>	0.86	97.10	100.00	52085	3.05	4.89
青海	<[0.58,0.80],[0.10,0.18]>	1.39	95.10	96.28	22297	3.65	8.16
宁夏	<[0.54,0.75],[0.12,0.25]>	1.45	95.90	99.89	4499	2.99	10.21
新疆	<[0.60,0.80],[0.10,0.20]>	1.15	97.90	96.26	56529	2.74	8.81

表 6.12　我国 30 个省旅游交通子系统评价数据

Tab 6.12　Evaluation data of tourismtransportation subsystem in 30 provinces and cities in my country

	JT_1	JT_2	JT_3	JT_4	JT_5	JT_6	JT_7	JT_8	JT_9	JT_{10}
北京	695	13248	3	695.50	34.98	2.63	12	44.12	13121	<[0.86,0.97],[0.02,0.03]>
天津	1146	14386	1	238.90	5.75	6.19	11	45.41	12678	<[0.74,0.95],[0.01,0.05]>
河北	396	10236	6	38.40	2.92	68.75	8	342.59	4951	<[0.76,0.88],[0.05,0.12]>

续表

	JT_1	JT_2	JT_3	JT_4	JT_5	JT_6	JT_7	JT_8	JT_9	JT_{10}
山西	364	9147	7	0.00	3.97	101.54	12	267.22	3942	<[0.75,0.89],[0.07,0.11]>
内蒙古	56	1713	19	21.70	4.32	73.25	22	731.09	262	<[0.75,0.81],[0.11,0.16]>
辽宁	291	8275	8	268.50	6.42	58.02	10	237.08	4877	<[0.69,0.78],[0.12,0.20]>
吉林	191	5624	6	117.60	4.93	46.47	12	256.98	4910	<[0.62,0.76],[0.13,0.21]>
黑龙江	95	3533	13	30.30	4.35	34.27	18	418.58	2780	<[0.55,0.83],[0.15,0.17]>
上海	1341	20804	2	704.60	18.58	3.70	40	34.78	18222	<[0.84,0.98],[0.01,0.02]>
江苏	454	14807	9	739.70	6.27	29.76	6	211.71	148	<[0.76,0.95],[0.02,0.05]>
浙江	449	11659	7	281.20	3.55	16.76	5	198.49	7669	<[0.78,0.96],[0.02,0.04]>
安徽	348	14906	5	89.50	3.55	37.35	7	228.65	13546	<[0.71,0.82],[0.09,0.15]>
福建	440	8970	6	125.30	3.68	16.88	6	203.46	7827	<[0.76,0.89],[0.04,0.11]>
江西	385	10140	6	60.40	2.83	60.11	4	288.28	6862	<[0.73,0.85],[0.10,0.15]>
山东	386	16515	9	232.50	1.99	40.72	8	248.80	13688	<[0.75,0.89],[0.07,0.11]>
河南	417	16083	4	151.70	3.70	27.34	4	214.49	13605	<[0.70,0.86],[0.09,0.14]>
湖北	369	14795	6	335.20	5.31	17.44	7	233.43	6830	<[0.78,0.91],[0.03,0.09]>

续表

	JT_1	JT_2	JT_3	JT_4	JT_5	JT_6	JT_7	JT_8	JT_9	JT_{10}
湖南	321	11334	8	100.50	5.32	34.24	5	238.00	8928	<[0.74,0.89],[0.03,0.10]>
广东	528	12115	7	885.20	3.30	24.08	9	246.00	6022	<[0.76,0.92],[0.02,0.08]>
广西	254	5280	7	80.90	5.10	51.15	4	273.91	2418	<[0.69,0.84],[0.10,0.16]>
海南	342	10301	4	0.00	6.02	2.48	3	154.09	10354	<[0.56,0.70],[0.23,0.30]>
重庆	393	19135	4	328.50	6.34	15.84	8	197.13	13717	<[0.76,0.88],[0.08,0.12]>
四川	155	6823	17	341.50	5.76	38.87	8	294.12	3556	<[0.64,0.81],[0.05,0.15]>
贵州	398	11188	11	32.80	7.47	110.80	4	240.42	4747	<[0.60,0.78],[0.11,0.21]>
云南	152	6418	15	88.70	9.49	65.53	7	443.69	4273	<[0.59,0.82],[0.10,0.18]>
陕西	272	8615	4	129.50	4.91	31.84	6	283.15	2177	<[0.55,0.83],[0.15,0.17]>
甘肃	105	3364	9	25.50	7.14	34.55	6	443.47	1203	<[0.54,0.80],[0.12,0.20]>
青海	48	1137	6	0.00	5.97	6.54	12	344.74	645	<[0.58,0.75],[0.15,0.24]>
宁夏	269	5332	3	0.00	6.71	6.31	14	144.99	3266	<[0.55,0.75],[0.23,0.25]>
新疆	32	1135	21	26.80	13.80	44.17	14	840.27	664	<[0.55,0.68],[0.29,0.32]>

表 6.13 我国 30 个省旅游投资子系统评价数据

Tab 6.13 Evaluation data of tourism investment subsystems in 30 provinces and cities in my country

	TZ_1	TZ_2	TZ_3	TZ_4
北京	<[0.76,0.96], [0.00,0.04]>	845.87	<[0.79,0.88], [0.05,0.11]>	0.7553
天津	<[0.71,0.95], [0.02,0.05]>	135.32	<[0.73,0.92], [0.03,0.08]>	0.8349
河北	<[0.65,0.74], [0.08,0.10]>	281.37	<[0.68,0.89], [0.03,0.11]>	0.7585
山西	<[0.68,0.85], [0.12,0.15]>	151.90	<[0.49,0.74], [0.15,0.26]>	1.0517
内蒙古	<[0.55,0.65], [0.14,0.19]>	190.18	<[0.56,0.78], [0.08,0.20]>	0.7751
辽宁	<[0.53,0.65], [0.14,0.21]>	303.47	<[0.48,0.64], [0.18,0.36]>	1.2186
吉林	<[0.51,0.60], [0.19,0.26]>	82.73	<[0.46,0.60], [0.17,0.37]>	1.3782
黑龙江	<[0.60,0.76], [0.15,0.20]>	80.92	<[0.44,0.63], [0.21,0.36]>	0.5771
上海	<[0.78,0.95], [0.03,0.05]>	613.59	<[0.71,0.84], [0.10,0.16]>	0.9372
江苏	<[0.78,0.92], [0.04,0.08]>	819.14	<[0.77,0.89], [0.06,0.11]>	0.9201
浙江	<[0.77,0.96], [0.01,0.04]>	662.76	<[0.81,0.92], [0.04,0.08]>	0.6686
安徽	<[0.73,0.88], [0.06,0.10]>	235.59	<[0.58,0.81], [0.08,0.19]>	0.7289
福建	<[0.76,0.92], [0.05,0.08]>	291.67	<[0.67,0.84], [0.07,0.16]>	0.7911

续表

	TZ_1	TZ_2	TZ_3	TZ_4
江西	<[0.59,0.82], [0.13,0.17]>	268.78	<[0.70,0.90], [0.03,0.09]>	0.934
山东	<[0.67,0.77], [0.15,0.22]>	635.87	<[0.64,0.77], [0.12,0.19]>	0.6361
河南	<[0.72,0.74], [0.08,0.10]>	269.06	<[0.66,0.79], [0.15,0.21]>	0.8044
湖北	<[0.73,0.88], [0.05,0.12]>	331.54	<[0.59,0.82], [0.07,0.18]>	0.6776
湖南	<[0.65,0.85], [0.10,0.14]>	295.49	<[0.57,0.77], [0.10,0.21]>	0.5581
广东	<[0.79,0.95], [0.03,0.05]>	819.69	<[0.65,0.91], [0.03,0.09]>	0.8659
广西	<[0.57,0.84], [0.09,0.15]>	124.97	<[0.62,0.82], [0.08,0.18]>	0.8746
海南	<[0.53,0.68], [0.21,0.31]>	187.46	<[0.57,0.78], [0.10,0.22]>	0.3316
重庆	<[0.71,0.88], [0.05,0.12]>	344.94	<[0.61,0.81], [0.12,0.19]>	0.9954
四川	<[0.65,0.88], [0.05,0.12]>	475.66	<[0.65,0.76], [0.13,0.24]>	0.5185
贵州	<[0.61,0.8]5, [0.08,0.15]>	203.41	<[0.52,0.76], [0.17,0.24]>	1.2935
云南	<[0.64,0.85], [0.08,0.15]>	303.71	<[0.51,0.72], [0.15,0.28]>	0.3856
陕西	<[0.67,0.84], [0.07,0.16]>	25.16	<[0.66,0.88], [0.03,0.12]>	0.6311
甘肃	<[0.58,0.81], [0.08,0.19]>	209.33	<[0.60,0.83], [0.09,0.17]>	0.9098

续表

	TZ_1	TZ_2	TZ_3	TZ_4
青海	<[0.62,0.73],[0.17,0.26]>	86.36	<[0.60,0.82],[0.12,0.18]>	0.5123
宁夏	<[0.53,0.75],[0.19,0.25]>	84.89	<[0.50,0.68],[0.24,0.32]>	0.3928
新疆	<[0.53,0.71],[0.22,0.29]>	45.57	<[0.55,0.75],[0.12,0.25]>	0.7892

表 6.14　我国 30 个省旅游教育子系统评价数据

Tab 6.14　Evaluation data of tourism education subsystem in 30 provinces and cities in my country

	JY_1	JY_2	JY_3	JY_4	JY_5	JY_6	JY_7	JY_8
北京	[0.95,0.99]	<[0.78,0.91],[0.06,0.09]>	48	186	26	512048	3513	622
天津	[0.92,0.97]	<[0.71,0.94],[0.02,0.06]>	32	24	12	117746	3323	510
河北	[0.84,0.90]	<[0.62,0.73],[0.17,0.27]>	116	37	7	236800	7304	1765
山西	[0.86,0.92]	<[0.63,0.74],[0.15,0.26]>	58	40	6	26312	5404	1145
内蒙古	[0.82,0.88]	<[0.59,0.72],[0.18,0.27]>	54	31	3	58222	4770	1507
辽宁	[0.78,0.85]	<[0.70,0.76],[0.21,0.24]>	78	20	12	79545	7837	1841
吉林	[0.82,0.88]	<[0.57,0.67],[0.23,0.30]>	53	33	3	111247	3157	524
黑龙江	[0.86,0.91]	<[0.50,0.67],[0.20,0.33]>	62	17	5	23699	4229	591

续表

	JY_1	JY_2	JY_3	JY_4	JY_5	JY_6	JY_7	JY_8
上海	[0.93,0.98]	＜[0.77,0.91],[0.06,0.09]＞	53	87	8	406765	5878	2410
江苏	[0.95,0.99]	＜[0.78,0.88],[0.06,0.11]＞	212	47	39	308446	14450	4367
浙江	[0.94,0.98]	＜[0.80 ,0.90],[0.06,0.09]＞	104	86	16	96249	14737	5882
安徽	[0.87,0.94]	＜[0.62,0.78],[0.13,0.20]＞	102	55	11	138947	15041	6076
福建	[0.90,0.96]	＜[0.73,0.82],[0.15,0.18]＞	88	49	21	409650	6966	1985
江西	[0.66,0.72]	＜[0.60,0.74],[0.18,0.24]＞	81	48	9	63320	5553	632
山东	[0.86,0.91]	＜[0.65,0.72],[0.15,0.28]＞	135	61	17	178436	15855	4749
河南	[0.69,0.76]	＜[0.62,0.73],[0.16,0.26]＞	139	49	12	114541	15368	1903
湖北	[0.90,0.95]	＜[0.70,0.90],[0.06,0.10]＞	124	40	15	280358	8876	3039
湖南	[0.88,0.95]	＜[0.65,0.87],[0.05,0.12]＞	99	101	33	741421	10225	2505
广东	[0.88,0.94]	＜[0.73,0.88],[0.04,0.12]＞	146	60	56	575542	20480	7477
广西	[0.81,0.88]	＜[0.67,0.80],[0.16,0.20]＞	78	61	38	77758	12186	5026
海南	[0.92,0.98]	＜[0.61,0.71],[0.18,0.28]＞	23	55	13	218192	14618	9468
重庆	[0.87,0.94]	＜[0.63,0.79],[0.11,0.21]＞	170	78	12	193125	14998	14134

续表

	JY_1	JY_2	JY_3	JY_4	JY_5	JY_6	JY_7	JY_8
四川	[0.86,0.93]	＜[0.60,0.78],[0.09,0.18]＞	97	81	19	196465	24703	9572
贵州	[0.86,0.91]	＜[0.61,0.85],[0.08,0.15]＞	68	73	20	72247	8021	2132
云南	[0.82,0.89]	＜[0.57,0.84],[0.09,0.15]＞	160	64	29	68095	12453	8228
陕西	[0.86,0.93]	＜[0.67,0.84],[0.07,0.16]＞	72	52	8	129635	3933	887
甘肃	[0.79,0.89]	＜[0.58,0.81],[0.08,0.19]	42	7	14	113691	3944	1180
青海	[0.80,0.90]	＜[0.55,0.66],[0.20,0.33]＞	13	13	10	19266	1092	410
宁夏	[0.77,0.84]	＜[0.53,0.75],[0.19,0.25]＞	8	15	12	27320	1054	398
新疆	[0.84,0.91]	＜[0.58,0.75],[0.20,0.26]＞	70	31	3	27332	3095	28

6.4.2 评价过程与结果

(1)计算子系统权重和各指标权重。

根据熵值法，运用公式(6.4)计算各子系统及各指标权重，结果见表6.15。

表 6.15　旅游经济体系各子系统评价指标权重

Tab 6.15　Evaluation indexweightof each subsystem of the tourism economic SoS

子系统	权重	评价指标	子系统内部指标权重
管理子系统	0.0705	管理理念创新程度	0.1934
		互联网综合发展指数	0.3674
		政策制度体系耦合性	0.1150
		旅游行政管理效能	0.2934
		政府旅游信息透明度	0.0308
资源子系统	0.0752	旅游资源组合度	0.2513
		旅游资源品质度	0.5275
		旅游资源丰裕度	0.2212
服务子系统	0.0259	注册旅行社数量	0.1501
		万名游客旅游从业人员数	0.1940
		游客满意度	0.1940
		旅游产品结构协调度	0.0027
		旅游总收入占 GDP 的比重	0.2279
		旅游接待总人数	0.2279
		旅游服务链协调度	0.0034
基础设施子系统	0.0731	旅游基础设施的智能化程度	0.0118
		单位旅游收入能耗	0.2602
		污水收集处理率	0.0003
		生活垃圾无害化处理率	0.0009
		星级酒店房间数	0.3629
		每万人拥有旅游厕所数	0.1614
		每万人拥有医疗卫生机构床位数	0.2026

续表

子系统	权重	评价指标	子系统内部指标权重
旅游交通子系统	0.1815	单位面积高速公路里程数	0.1263
		单位面积铁路营业里程数	0.1332
		民用机场数量	0.0904
		城市轨道交通里程数	0.3132
		万人拥有公交车数量	0.0789
		旅游交通废气排放量	0.0479
		城市公共交通机动化分担率	0.0235
		单位面积全国公路绿化里程数	0.1502
		区域旅游交通通达性	0.0342
		联程运输服务水平	0.0023
旅游投资子系统	0.2496	旅游投融资渠多元化程度	0.1143
		旅游固定资产投资额	0.4055
		旅游投资结构的合理性	0.2162
		旅游投资效率	0.2640
旅游教育子系统	0.3243	旅游教育理念创新性	0.0017
		旅游教育体系的完善性	0.0025
		设置旅游专业的高等院校数	0.1053
		旅游学术论文发表数	0.1093
		旅游科研项目立项数	0.1448
		旅游从业人员培训人次	0.2310
		高等院校旅游专业人数	0.1283
		中等职业院校旅游专业人数	0.2771

(2)计算全国30个省各子系统的高质量发展水平

根据(6.2)式,计算得到我国30个省各子系统的高质量发展水平,见表6.16:

表 6.16 各子系统高质量发展水平评价结果

Tab 6.16 High-quality development level evaluation results of each subsystem

省份	旅游管理子系统	旅游资源子系统	旅游服务子系统	旅游基础设施子系统	旅游交通子系统	旅游投资子系统	旅游教育子系统
北京	0.9884	0.5072	0.5761	0.6706	0.7139	0.9239	0.4076
天津	0.7161	0.2736	0.3670	0.2912	0.4742	0.2567	0.1310
河北	0.5505	0.4307	0.5291	0.4524	0.2269	0.3855	0.2329
山西	0.5232	0.4578	0.5327	0.2485	0.1923	0.2938	0.1278
内蒙古	0.4580	0.4632	0.4808	0.4804	0.1526	0.2977	0.1290
辽宁	0.4151	0.4978	0.4999	0.3774	0.3197	0.4560	0.1928
吉林	0.4085	0.3657	0.4005	0.4054	0.2360	0.2638	0.1189
黑龙江	0.3498	0.5151	0.4015	0.4884	0.1932	0.1674	0.1055
上海	0.8604	0.3140	0.4587	0.5509	0.7654	0.7232	0.3118
江苏	0.7886	0.6288	0.6105	0.6628	0.5071	0.9175	0.4932
浙江	0.8022	0.7202	0.5926	0.7185	0.3823	0.7395	0.3920
安徽	0.6118	0.5129	0.5257	0.4931	0.3459	0.3373	0.3630
福建	0.6784	0.4902	0.4516	0.5654	0.3124	0.3991	0.3421
江西	0.7325	0.4871	0.5076	0.5063	0.2569	0.3936	0.1595
山东	0.5947	0.9049	0.6133	0.6291	0.4154	0.7057	0.3849
河南	0.5819	0.5040	0.5149	0.5987	0.3819	0.3776	0.2901
湖北	0.6558	0.5083	0.4603	0.5563	0.3985	0.4228	0.3217
湖南	0.6217	0.5614	0.5415	0.5202	0.3175	0.3730	0.5430
广东	0.8459	0.4692	0.6166	0.7979	0.5831	0.9119	0.7214
广西	0.4889	0.5004	0.5468	0.4365	0.2141	0.2486	0.3688
海南	0.4694	0.3977	0.4687	0.4619	0.2946	0.2409	0.4094
重庆	0.6176	0.3573	0.4425	0.4094	0.4683	0.4728	0.5712
四川	0.6832	0.5308	0.5553	0.5913	0.3598	0.5402	0.5400
贵州	0.6108	0.6264	0.6258	0.3603	0.2539	0.3718	0.2395
云南	0.5599	0.5933	0.6264	0.5439	0.2629	0.3592	0.4624
陕西	0.5074	0.5524	0.4775	0.5126	0.2362	0.3013	0.1684
甘肃	0.4532	0.3488	0.4177	0.3713	0.1782	0.2158	0.1408
青海	0.3612	0.4496	0.3590	0.2844	0.1462	0.1657	0.0626

续表

省份	旅游管理子系统	旅游资源子系统	旅游服务子系统	旅游基础设施子系统	旅游交通子系统	旅游投资子系统	旅游教育子系统
宁夏	0.3433	0.2667	0.3471	0.2532	0.2014	0.1114	0.0698
新疆	0.3984	0.5430	0.4061	0.3734	0.2104	0.2218	0.0742
全国均值	0.5892	0.4893	0.4985	0.4871	0.3334	0.4199	0.2958
排序	1	3	2	4	6	5	7

(3)根据(6.1)式计算我国30个省的旅游经济高质量发展水平,结果见表6.17。

表6.17 旅游经济高质量发展水平评价结果

Tab 6.17 High-quality development level evaluation results of the tourism economic SoS

省份	高质量发展水平	省份	高质量发展水平	省份	高质量发展水平
广东	0.6726	云南	0.3246	甘肃	0.1569
北京	0.5970	江西	0.2889	新疆	0.1368
江苏	0.5853	海南	0.2762	青海	0.1223
浙江	0.5117	广西	0.2760	宁夏	0.0955
上海	0.5094	河北	0.2737	华北	0.3117
山东	0.4640	辽宁	0.2713	东北	0.2096
四川	0.4409	贵州	0.2669	华东	0.4329
重庆	0.4288	天津	0.2625	华中	0.3666
湖南	0.4000	陕西	0.2317	华南	0.4083
湖北	0.3695	山西	0.2152	西南	0.3386
福建	0.3458	内蒙古	0.2102	西北	0.1023
河南	0.3302	吉林	0.1872	全国	0.3248
安徽	0.3251	黑龙江	0.1703		

6.4.3 评价结果分析

(1)我国旅游经济高质量发展综合水平分析

从实证结果来看,我国旅游经济高质量发展综合评分为0.3248,整体处于中等发展水平，且区域差异较大。

首先，不同区域旅游经济高质量发展水平差距明显。七大区域中，华东、华中、华南和西南四个区域的旅游经济体系高质量综合发展水平均高于平均水平，华北、东北、西北三个地区高质量发展综合水平低于平均水平，西北地区高质量发展水平评分仅为0.1023。总体而言，华南、华东地区旅游经济高质量发展水平明显高于其他地区，为第一梯队；华中、西南地区旅游经济高质量发展水平次之，为第二梯队；华北、东北、西北地区高质量发展水平最低。

其次，同一区域内部各省高质量发展水平不均衡。华北、华南地区旅游经济高质量发展水平差异较大，华北地区以北京(0.5970)一枝独秀，与评分最低的内蒙古(0.2102)相差近3倍，幅度较大；华南地区以广东省旅游经济高质量发展水平为最优，其与广西、海南的差距在2倍左右；西南地区则是四川、重庆占据前两位，云南、贵州、陕西旅游经济高质量水平基本相当。东北、西北、华中三大区域旅游经济高质量发展整体水平较低，但区域内各省之间差异不大。

(2)我国旅游经济体系各子系统的高质量发展差异分析

从各子系统指标权重视角分析，我国旅游经济体系各子系统的指标权重大小顺序为：教育子系统 ＞ 投资子系统＞ 交通子系统＞ 资源子系统 ＞基础设施子系统＞ 管理子系统＞服务子系统，其诠释着对应子系统发展的不均衡性大小顺序关系，权重越大，各子系统发展越不均衡。从各子系统高质量发展水平来看，各子系统的高质量发展水平差异也十分明显，其大小关系为：管理子系统＞服务子系统＞资源子系统＞基础设施子系统＞投资子系统＞交通子系统＞教育子系统。根据上述两个方面的评价，发现各子系统发展的不均衡性与高质量发展水平呈现出较高的相关性。

第一，旅游教育子系统高质量发展的区域差异最大，相应地，其高质量发展水平最低。这与目前各地区旅游教育发展差异性，人才培养规模的变化趋势非常吻合。根据相关统计数据，2000—2017年，我国设置旅游专业的高校数量、旅游专业招生人数以及职业教育培训人数都呈现了先上升后下降的趋势。如：从旅游专业招生数2011年的59.98万人下降至2017年17.24万人[①],2018年后由于统计口径变化,缺失相关数据统计,但根据历年旅游从业人员数量变化情况,可以间接反映这种下降趋势的延续。这必将导致未来旅游人才供需不平衡局面加剧,进而影响旅游经济高质量发展创新能力,值得引起重视。

第二,旅游投资系统高质量发展水平相对较低,区域发展不均衡。根据2019年中国旅游投资报告显示,我国旅游投资规模已居世界第二,但由于体量过大,且区域分布不均,旅游投资结构主体以景区为主,区域旅游投资高质量发展整体水平并不高,其主要原因在于区域经济发展水平区域差异较大,通过对旅游投资系统高质量发展水平与相应地区GDP水平进行相关分析,发现地区经济发展水平与旅游投资系统高质量发展水平呈现出高度的相关性,相关性系数高达0.81。

第三,旅游交通子系统不均衡性依然明显,大部分省交通高质量发展水平有待提高。"十三五"以来,我国加大了高速公路、高速铁路、民航等交通网络的建设,但由于受社会经济发展水平、投资环境、客观地理地势等诸多因素的影响,交通子系统的发展依然很不均衡,导致偏远地区的很多自然资源没有得到充分的开发利用。加大交通基础设施投入,提升地区交通通达性和旅游地可进入性,是旅游交通高质量发展的重要方向。

第四,旅游管理子系统和旅游服务子系统的高质量发展水平位居前列。管理子系统中有15个省高质量发展位于平均水平之上,20个省份的评价结果超过0.5,这说明我国各地方政府为旅游发展创造了良好的政策环境,给予了旅游发展较大的政策制度支持。但旅游管理的信息化程度水平地区差异较大。其中内蒙古、辽宁、吉林、黑龙江、广西、甘肃、青海、宁夏和新疆等省的互联网发展指数还不到30,严重制约着管理子系统的高质量发展。因此,实现区域互联网均衡发展,是管理子系统高质量发展的首要任务。全国50%以上的省服务子系统超平均水平,大体可以分为两类:一是以旅游为GDP主要支柱产业的地区,如云南、贵州;二是经济发展较发达的沿海地区,如江苏、广东、浙江等。

第五,旅游资源系统和旅游基础设施子系统高质量发展在七个子系统中

① 数据来源:文化和旅游部公布的《中国旅游统计年鉴(2000—2017)》。

也相对较高，整体发展水平相当，全国有50%左右的省基础设施和旅游资源子系统高质量发展超过平均水平；其中，旅游基础设施系统高质量发展水平较高的地区基本集中于东南沿海，如北京、广东、上海、天津、浙江、江苏等省份的旅游基础设施子系统高质量发展水平评价都超过了0.5，这与现实表现相吻合，经济发展水平越高的省份对于基础设施投入也会越高。

(3)全国30个省旅游经济高质量发展的空间分布格局

根据自然断点法，将我国30个省旅游经济体系高质量水平分为五类：高质量省份、较高质量省份、中等质量省份、较低质量省份和低质量省份。采用ArcGis10.2对旅游经济高质量发展的空间数据进行处理，结果见表6.18。

表6.18　旅游经济高质量发展水平空间分布

Tab 6.18　Spatial distribution of high-quality development level of tourism economic SoS

	高质量省份	较高质量省份	中等质量省份	较低质量省份	低质量省份
省份	广东、北京江苏、浙江上海	山东、四川、湖南、湖北、河南、重庆	福建、云南、安徽、江西、河北	山西、海南、天津、辽宁、贵州、陕西、广西	吉林、内蒙古、黑龙江、青海、甘肃、新疆、宁夏
占比	16.7%	20%	16.7%	23.3%	23.3%

从表6.18可以看出，我国区域旅游经济高质量发展水平存在较大差异，整体遵循"东中西"阶梯状递减的发展规律，经济发达的东南沿海地区，其旅游经济高质量发展水平较高，而经济发展相对落后的西北、东北地区，旅游经济高质量发展水平较低。

从省际层面来看，我国旅游经济体系发展高质量的有广东、北京、江苏、浙江和上海等5个省份，占总数的16.7%，主要分布于东南沿海；较高质量为山东、四川、湖南、湖北、河南和重庆共6个省份，占总数的20%，主要分布在中西部地区；中等质量主要有福建、云南、江西、河北和安徽等5个省份，占总数的16.7%，分布相对零散；较低质量有山西、陕西、辽宁、天津、贵州、海南、广西等7个省份，占数的23.3%，主要分布于华北地区，西南、华南有零星分布，如贵州、海南、广西。低质量地区有吉林、内蒙古、黑龙江、青海、甘肃、新疆、宁夏等7个省份，占总数的23.3%，呈片状分布于东北和西北地区。总体来说，我国有63.3%的省份旅游经济高质量发展处于中低质量等级，说明我国旅游经济体系高质量整体发展水平还比较低，且区域差异较大。因此，加快华北、西南，尤其是东北、西北等地区旅游经济高质量发展步伐，是我国旅游经济高质量发展整体水平提升的关键所在。

6.4.4 体系耦合度与高质量发展水平对比分析

旅游经济体系是一个包含多子系统的复杂大系统，其高质量发展水平不仅受各子系统高质量发展水平的影响，更受制于其体系耦合程度。但通过对表5.4耦合度测度结果与表6.17高质量发展水平评价结果进行对比分析发现，我国旅游经济高质量发展水平为0.3248，处于中等水平，而旅游经济体系耦合度达到0.8655，属于良好耦合。显然，我国旅游经济发展仍处在中低水平上相互制约的阶段，与高水平的相互促进仍有一定距离。从省际层面来看，综合对比我国30个省的耦合度与高质量发展水平可以看出，各省旅游经济体系耦合度与高质量发展水平整体上呈正相关关系，但仍存在耦合度高但高质量发展水平低，或耦合低，高质量发展水平较高的现象。究其原因，主要在于体系耦合度与高质量发展水平相互影响，相互制约，任何一方面的非高质量发展，都将影响着旅游经济的整体高质量发展水平。

从表6.18可知，5个旅游经济发展高质量省份中，达到优质耦合的只有北京、上海、广东及浙江等4省份，其优越的地理位置和高度发达的经济是4省旅游经济发展高质量的重要保障。处于良好耦合的全国仅江苏1个省份，其耦合度稍弱于北京、上海、广州、浙江等省。从表5.5各子系统的体系供给度可以看出，其耦合度低的主要原因在于旅游教育子系统对体系耦合的供给贡献不足，且旅游教育子系统从体系获得的满足度低于其供给度，表明江苏省对旅游教育系统的发展重视程度不够，导致教育系统高质量发展水平较低，人才培养难以满足旅游市场发展的需要，制约着整体耦合度的提升。与表6.16显示的结果一致，江苏省旅游教育子系统高质量发展评分仅为0.4932，是高质量发展水平最低的子系统。

较高质量省份主要包括山东、四川、湖南、湖北、河南以及重庆等6个省，其体系耦合良好，高质量发展水平与耦合度基本呈正相关关系，但各省份均存在影响其高质量发展的制约因素。其中，重庆、四川交通系统高质量水平相对偏低，而山东、四川及河南等省则是旅游教育系统发展跟不体系整体发展需要，对旅游经济高质量发展存在一定的制约作用。因此，较高质量良好耦合类型的省份，其重点在于补短板促发展。

中等质量省份主要有福建、云南、安徽、江西及河北等 5 省，其中福建、云南、江西及河北耦合度良好，但高质量发展水平有待提升。5 省共同的特点仍是旅游教育子系统高质量发展水平较低，对旅游经济高质量发展所需创新人才支持不足。此外，云南、河北等省，交通子系统的发展也相对落后于其他子系统的发展，制约着旅游经济的整体高质量发展。

较低质量省份主要包括山西、海南、天津、辽宁、广西、贵州及陕西。山西、海南、天津、辽宁和广西 5 省的耦合度良好，但高质量发展水平较低。其中，山西、河北、辽宁等省主要受制于旅游教育、旅游交通等子系统的高质量发展；天津旅游资源相对匮乏，同时对旅游教育的重视程度不够是导致其高质量发展水平低的主要原因。贵州和陕西均为旅游资源大省，其旅游资源系统发展质量位居全国前列，但由于受到旅游教育、旅游交通等子系统发展水平偏低的影响，其整体耦合度和高质量发展水平均有较大的发展空间。

低质量省份主要包括内蒙古、甘肃、新疆、吉林、黑龙江、青海和宁夏等 7 省。其中，内蒙古体系耦合度达到良好，但高质量发展水平却低于全国平均水平，其主要原因在于内蒙古旅游经济体系各子系统的发展水平相对较低，其最高的旅游服务子系统高质量发展评价值为 0.4808，而教育子系统高质量发展水平仅为 0.1290，位居全国末位。甘肃、新疆、吉林、黑龙江、青海和宁夏等 6 个省地处西北、东北等偏远地区，受地理位置影响，其交通系统高质量水平相对较低，同时旅游教育、旅游投资、旅游基础设施等系统均低于全国平均水平，体系耦合也相对较低，从而导致体系整体发展处于低水平的相互制约阶段，与高质量发展水平存在较大差距。

第七章　研究结论与对策建议

本书基于体系工程理论，构建旅游经济体系理论分析框架，分析体系视角下旅游经济高质量发展的内涵特征及其耦合机理，并在此基础上，对我国旅游经济体系的耦合度及高质量发展水平进行实证研究。本章主要对前文研究结论进行归纳总结，综合旅游经济体系理论及其实证研究结果，提出我国旅游经济高质量发展的对策建议。

7.1 研究结论

7.1.1 旅游经济高质量发展必须是体系的高质量发展

基于分工思想，运用产业链理论分析我国旅游经济发展的现实主体、模式和特征。研究发现，我国旅游经济体系是包括管理、资源、基础设施、交通、服务、教育以及投资等七大子系统在内的复杂系统，每个子系统管理归属不同，甚至一个子系统存在多个管理主体。每个子系统在旅游产业分工网络中秉承共同的高质量发展目标，承担不同任务和使命，在独立运行、独立管理和独立发展中，相互协同支撑又相互影响制约。因此，旅游经济发展是一个多系统动态耦合的体系工程问题。

根据各子系统之间的协同发展与相互约束机理，运用体系工程方法，初步构建旅游经济体系理论框架，并借用概率矩阵概率转移的方法论思想，构建我国旅游经济体系的耦合模型及其耦合测度。理论研究发现，任何一个子系统的非高质量发展，不仅会直接影响自身的发展，而且会阻碍其对其他子系统的供给，形成非良性的传递效用，导致体系耦合度下降。反过来，旅游经济体系的低水平耦合，又会严重制约各子系统的高质量发展，形成非良性循环。由此可见，旅游经济的高质量发展不仅要建立在各子系统高质量发展的基础上，更要建立在高度耦合的旅游经济体系基础上。也就是说，旅游经济高质量发展，本质上就是旅游经济体系的高质量发展，其高质量发展水平由各子系统自身的健康程度和各子系统之间耦合程度共同决定，二者缺一不可。

7.1.2 我国旅游经济体系耦合度有待进一步提高

基于旅游经济体系理论框架，运用模糊评价方法，构建旅游经济体系耦合度测试模型，对我国旅游经济体系耦合度进行实证分析，研究结果表明：

整体来看，我国旅游经济体系耦合度水平为0.8655，处于良好耦合状态，但区域发展差异明显。其中上海、浙江、广州和北京达到了高度耦合程度，而青海、新疆和宁夏只达到基本耦合程度。

从省际层面来看，各地区旅游经济体系耦合发展不均衡，特别是大部分经济欠发达、地理位置较偏远、人口密度小的地区，尽管其拥有丰富的旅游资源，但是旅游经济体系的耦合度仅达到基本耦合程度。这种区域差异严重阻碍着我国旅游经济的高质量发展，如何从战略层面缩小这种差距，是我国旅游经济发展迫切需要解决的问题。

各子系统的体系供给度和满足度均存在差距。全国30个省中，供给度最低的子系统主要集中在教育子系统、基础设施子系统、交通子系统及投资子系统。其中，48.39%的省份旅游教育系统人才输出无法满足体系发展需要，说明我国旅游教育系统对旅游经济体系的供给明显不足，远不能满足旅游市场需要。

7.1.3 我国旅游经济高质量发展整体水平较低且地区差异明显

基于耦合测度结果，在界定旅游经济高质量发展概念内涵的基础上，构建旅游经济体系各子系统高质量发展评价指标体系，以熵权法确定各指标权重，建立高质量发展评价模型，对我国30个省旅游经济高质量发展相对水平进行评价，结果表明：

旅游经济体系整体高质量发展处于中低质量等级，发展空间较大。从研究结果看，我国有63.3%的省份旅游经济高质量发展处于中低质量等级，旅游经济体系高质量发展水平全国均值仅为0.3248，说明我国旅游经济体系高质量整体发展水平较低。同时，旅游经济高质量发展的地区差异明显，东南沿海地区旅游经济体系高质量发展水平明显高于西部，整体呈“由东到西，由南到北”阶梯状递减的发展规律。

旅游经济体系各子系统高质量发展不平衡。从全国均值来看，七大子系统中，发展质量水平最高为旅游管理子系统，其高质量发展评价值为0.5892，其余依次为旅游服务子系统、旅游基础设施子系统、旅游资源子系统、旅游投资子系统、旅游交通子系统和旅游教育子系统。其中，旅游教育子系统高质量水平最低，仅为0.2958，严重制约着旅游经济高质量发展水平的提升。

各子系统高质量发展水平存在较大地区差异。七大子系统中，管理子系统发展地区差异最为明显。发展水平最高的省份为北京，其高质量综合水平达0.9884，而最低的宁夏仅为0.3433，差距明显；同一区域之间不同子系统的高质量发展水平也参差不齐。以江苏为例，其旅游投资子系统发展水平最高，综合评价值为0.9175，其旅游教育子系统则仅为0.4932。说明江苏省在旅游教育子系统投入相对不足，存在旅游人才难以满足旅游市场发展需求的现象。

7.2 对策建议

7.2.1 加强顶层设计，提升体系整体耦合度

根据本书研究结果，我国旅游经济体系耦合度达到了0.8655的良好水平，这是新时期我国旅游经济发展的伟大成果，为我国旅游经济的高质量发展奠定了良好的体系基础。但仍然存在诸多不足。如体系各子系统供需不均，各地区旅游经济体系耦合差异明显等。这些问题严重阻碍着我国旅游经济体系耦合协调发展，如何从战略层面缩小这种差距，是我国旅游经济高质量发展迫切需要解决的重要问题。

(1)树立整体性思维，提升体系内聚效应

旅游经济体系的各子系统都是独立的个体，地理上具有分布性，独立运

行、独立管理。在实际的发展过程中，往往存在各子系统各自为政，单打独斗现象，缺乏整体性思维。因此，只有打破思维藩篱，各子系统之间深度融合，尤其是以旅游教育为代表的非纯粹旅游行业子系统，更应该牢固树立“耦合”思维，积极参与体系发展与协作，才能真正实现 1＋1＞2 的体系聚合效应。

树立整体性思维，重点是“自上至下”，加强顶层设计，创新旅游管理体制机制，协同推进旅游综合治理。通过构建不同子系统之间畅通的“能量”输出渠道，使得各类旅游要素在体系范围内实现自由流动，合理配置资源，发挥各子系统自身资源优势，形成发展合力，实现旅游经济高质量发展。

树立整体性思维，关键是“自底向上”，加强区域协作，坚持差异化旅游发展模式，各子系统在充分发挥自身优势的同时，积极主动参与体系和其他各子系统的协同合作，不断提升体系内聚度，以实现旅游经济体系的整体高质量发展。

(2) 以科技创新为动力，推动体系耦合协调

体系是信息化时代的产物。随着经济发展全面进入新时代，经济发展各部门之间的关系更加密切，边界却更加模糊，各子系统之的集成交互、动态演化越来越频繁和复杂，比过去任何时候都需要科学技术的支撑。在我国建设现代化旅游经济体系的进程中，科技创新尤其是物联网、大数据以及人工智能等将扮演着无可替代的角色。

一是要深刻理解“旅游＋科技”的产业内涵与价值，加强各子系统与科技企业的合作。实现旅游与科技的深度融合，有效破解旅游企业科技创新困境和科技企业成果转化难题，二者相辅相成，相互促进，实现共赢。

二是要有效推进数字化转型，助力旅游经济体系耦合发展。各子系统通过引进大数据技术，构建基于旅游大数据的管理决策、创新和服务的相关机制，同时打破数据壁垒，实现各子系统之间信息的高效传递与沟通，推动旅游经济体系耦合协调发展。

三是要以人才培养为智能，支撑体系耦合发展。人才是旅游经济高质量发展根本，旅游教育子系统在高质量发展中的扮演着重要角色。因此，各子系统通过学习和吸收先进教育理念，集约优势旅游教育资源，拓展旅游知识结构，不断提升旅游从业人员整体素质。重点以旅游院校、旅游科研及相关旅游

培训机构为重要依托，推动各子系统与旅游教育系统的互通互补，培养符合现代旅游发展需求的前沿高端旅游人才。

7.2.2 推进区域协作，缩小体系耦合地区差异

尽管我国旅游经济体系整体耦合度达到较高水平，但是地区发展差异明显。西北、东北地区耦合水平明显低于其他省，是制约我国旅游经济整体耦合水平提升的重要短板，严重阻碍着我国旅游经济的高质量发展。因此，缩小这种差异是提升我国旅游经济体系整体耦合度，推动旅游经济高质量发展的重要任务。

(1)充分发挥区域旅游经济发展涓滴效应，带动低耦合地区发展

要提升我国旅游经济体系整体耦合度，重点在于加强西北、东北等低耦合地区旅游经济体系耦合水平。从评价结果来看，西北、东北地区受旅游经济发展环境条件的影响，旅游交通、投资及教育系统供给度较低，影响和制约着旅游经济的高质量发展。因此，通过借力耦合良好的华北、华南地区优质资源，带动东北、西北等地区的旅游经济体系耦合度提升，是实现我国旅游经济体系整体高质量发展的重要途径。如：通过旅游投资政策的倾斜、旅游投资环境的优化，吸引华北、华南等地区优质资源进入，带动西北、东北地区旅游投资系统的高质量水平。同时，加强人才引进力度，在不断提高自身旅游教育发展水平的同时，以良好的人才引进政策，吸引高素质的旅游人才，助力其旅游经济高质量发展。

(2)打破地区行政壁垒，构建各子系统协作的畅通渠道

从政策制度层面，打破地区行政壁垒，解决旅游经济发展中的地方保护主义，旅游资源的多头归属等问题，加强相应管理部门的权威性，促进各子系统之间协作的畅通程度，是进一步提升我国旅游经济体系耦合度，促进区域旅游协调发展的首要任务。

通过打造全国性(或区域性)的旅游管理信息平台，为各子系统之间的协同合作提供良好环境条件，充分调动各地区以及各子系统参与体系发展积极性，不断增强区域旅游整体发展能力。同时，加强各子系统之间的协同合作，提高各子系统互联互通互操作能力。我国旅游经济体系各子系统发展水平不

均衡，是制约旅游经济体系整体耦合度提升的重要原因。因此，加强各子系统之间的协同合作，通过将不同子系统中具有同种性质或特殊关联的能力集成为“能力模块”，形成深度的协作模式，是进一步提升整体耦合度的重要途径。如旅游教育系统具有人才培养能力，旅游服务子系统有在职人员素质提升需求，二者可以通过线上网课、线下课堂等多种形式进行深度合作，一方面加强旅游教育系统对行业的深入了解，明确旅游人才培养方向；另一方面，可以提高旅游旅游系统从业人员综合素养和服务质量水平，以促进服务系统供给能力提升。

7.2.3 充分发挥子系统自身优势，提升高质量发展水平

根据旅游经济高质量发展必须是体系的高质量发展理念，要实现我国旅游经济的高质量发展，提升各子系统高质量发展水平是关键。目前，我国旅游经济体系各子系统，无论是自身高质量发展水平还是对体系供给贡献度，都难以满足旅游经济高质量发展需求，其根本原因在于各种要素资源，包括资本、人才、交通、基础设施以及资源等子系统发展不平衡不充分，阻碍和制约着体系整体的高质量发展。要解决目前存在的种种问题，必须从各子系统自身发展着手，充分发挥自身资源优势，提升其高质量发展水平。

(1)进一步完善旅游管理体制，促进旅游经济健康发展

旅游管理子系统的重要任务是通过制订高质量的政策制度，引导各子系统积极主动的参与体系建设与发展，为其高质量发展水平提供保障。

首先，充分挖掘体系各子系统政策需求。体系需求的挖掘，就是要承认不同利益主体参与体系的需求主张和表达差异，充分理解各子系统在体系发展中的利益重点，满足其在政策制度上的各种现实需要。因此，各子系统对政策制度的需求是管理子系统决策的指南，旅游政策制度的制订，必须以各子系统需求为中心，兼顾前瞻性和灵活性，有利于促进旅游经济各子系统健康协调发展。

其次，加快构建全国性的旅游管理体系。目前，我旅游管理以国务院下辖文化和旅游部为主，包括各级地方旅游行政管理部门以及旅游发展委员会等相关机构。但由于旅游经济体系的综合性特点，其管理主体各不相同，除了国

家文旅部，诸多非传统旅游部门如交通运输部、国土和自然资源部以及教育部等相关部门均参与其中。这种管理主体的多元化，使得旅游经济发展过程中，在管理决策、战略规定中难以迅速形成统一意见，因而一定程度上制约着旅游经济的高质量发展。因此，构建全国性的旅游管理体系，对旅游经济发展进行统一管理，整体规划，是实现旅游经济高质量发展的重要保障。

再次，完善地方政府旅游管理模式。在我国政府旅游管理中，有些地方实行旅游厅模式，而有些地方已改为旅游发展委员会，两种方式共存。但无论哪种形式，多数者形成了“多头管理”的混乱局面。因此，要根据地方旅游发展需要，整合旅游资源，实现管理部门相互联合，同时调动政府、行业协会等多方积极性，多元共治、合作共赢。

(2)丰富和拓展旅游资源内涵，提升资源系统高质量水平

旅游资源是旅游经济发展的基本要素，决定着旅游开发利用的综合效益。不断丰富和拓展旅游资源内涵，提升旅游资源品质，是实现旅游经济高质量发展的首要前提。

首先，拓宽旅游资源外延，实现传统旅游资源的重构。随着旅游业的不断升级转型，旅游资源属性不断泛化。在“旅游＋”和“＋旅游”新时代背景下，利用非标准资源的旅游价值，推进体育、科技、影视、信息等产业与旅游产业的融合，催生新的旅游业态，创新旅游产品，使得传统旅游资源以新的形态展现，从而实现传统旅游资源的重构。

其次，借力社交媒介，提升旅游资源社会价值。在信息爆发式发展的时代，社交媒介的快速发展，不仅加快了新型旅游资源的市场传播速度，更使得原本旅游服务价值不高的要素，例如一个车站、一个废弃的车间甚至一堵墙、一个路牌等都变成了“网红”和不得不至的“打卡地”，旅游资源的社会性价值凸显。因此，利用社交媒介的快速传播性，实现旅游资源从观赏、文化等传统价值转向社会价值，提升旅游资源社会价值，是实现旅游资源系统高质量发展又一重要途径。

(3)完善旅游服务体系，推进旅游服务系统高质量发展

旅游服务系统作为对客服务的一线部门，是旅游经济体系的核心子系统之一，其整体发展水平较其他子系统高，但与高质量发展仍有一定差距。旅游

服务系统高质量发展，一是要不断推进旅游标准化建设，助推旅游高质量发展。以国际标准为引领，在现有国家标准、行业标准基础上，统筹各省地方标准，共同制定通用基础标准、服务保障标准、服务提供标准和质量管理标准，构建区域旅游公共服务标准体系，加强旅游标准的宣传实施。二是通过推进以云计算、大数据、5G技术等在旅游服务中的应用，升级旅游信息基础设施，构建数字化旅游服务平台，实现旅游政务数据、旅游资源、旅游企业、旅游产品、旅游服务、旅游监管等信息全覆盖，提升旅游业信息化协同和精细化管理水平。三是推进旅游服务信用体系建设。建设覆盖旅游经济体系各子系统的个人、行业信用联合征信服务系统，构建与国际接轨的旅游信用服务，保护游客权益，树立我国信用旅游形象。

(4) 加大旅游基础设施投入，改善旅游经济运行基础环境

旅游基础设施是旅游产业各个运行环节协调发展的重要支撑，是游客需求实现的基本保障。完善的基础设施不仅能够增强旅游服务功效，更可以提升游客在旅游目的地的生活体验。因此，全面加强旅游基础设施建设，尤其是要加大西北、东北等相对落后地区的基础设施投入力度，为其旅游经济活动开展提供基础保障。一方面，建立基础设施建设协调机制，在资源要素的供给上向西北、东北等欠发达地区倾斜，实现旅游基础设施系统的均衡发展；另一方面，发挥政府和地方，国有资本和社会资本等多方面的作用，推动各方合作，分层分类加强旅游基础设施建设；同时，要以科技人才队伍建设为基础，坚持创新驱动，提升基础设施技术水平。

(5)加强交通基础设施建设，提升旅游交通服务质量

加大交通基础设施投入，提升地区旅游交通通达性和旅游地可进入性，是旅游交通高质量发展的重要方向。旅游交通发展不仅受区域地形地势等自然环境的影响，还受政府宏观调控、区域经济发展水平等多种因素的影响。因此，要实现旅游交通系统高质量发展，首要的是从宏观层面进行整体规划，加强交通基础设施建设，根据各地区地形地势的不同，配套适宜的交通方式，充分发挥各种交通运输方式自身的优势，构建集水、陆、空于一体的综合性旅游交通立体网络。其次，提升交通服务质量。在城市间大交通方面，要加强快速交通基础设施如高速公路、高速铁路、民用机场的建设，实现旅游交通服务的

快速、安全、舒适、方便;在城市内部交通方面,则需更侧重于交通公共服务水平的提升,实现各种交通方式的无缝对接,提升联程运输服务水平,促进旅游交通系统的高质量发展。

(6)积极扩大有效投资,促进旅游经济高质量发展

旅游投资系统是制约我国旅游经济高质量发展的重要影响因素,且区域旅游投资极不均衡。因此,坚持精准有效的旅游投资导向,是解决旅游发展不充分不平衡,促进旅游经济高质量发展的重要手段。

扩大有效投资,首先是要创新旅游投融资模式,这是实现旅游投资有效的根本前提。当前,我国以政府主导的旅游投融资模式,已日渐凸显其弊端,只有破除政府主导的融资模式,不断拓宽旅游投融资渠道,有效引导和撬动金融资本、社会资本进入旅游行业,实现政府财政、企业投资、社会资本、外商投资等在旅游发展中的不同优势,才能真正实现旅游投资高质量发展。扩大有效投资,尤其要加强对旅游基础设施投资力度,发挥投资对旅游经济的拉动作用,为旅游经济高质量发展提供支撑。同时,优化旅游投资结构,加大以高科技为核心的未来景区、未来酒店、大数据旅游中心等智慧旅游投资,使其成为旅游经济高质量发展的重要抓手。

(7)切实加强旅游教育,为高质量发展提供智力支持

旅游经济高质量发展,离不开高水平旅游人才,然而旅游教育系统在旅游经济体系中的地位和受关注程度却令人担忧。近年来,我国旅游专业在校学生人数逐年减少,旅游教育系统不仅供给度低,其满足度也低,严重阻碍了旅游经济的高质量发展。因此,加大旅游教育投入力度,为旅游教育发展提供良好的体系环境,是推动旅游经济高质量发展的关键所在。为此,一是要加强旅游教育基础设施建设。包括硬件设施和旅游师资力量建设两个方面,前者旅游教育高质量发展的提前,后者是旅游教育高质量发展的保障。二是加快发展旅游职业技术教育。我国旅游中等职业院校发展明显落后于旅游高等教育,地区发展不均衡性也更为明显,无法满足旅游市场对实操型人才的旺盛需求。因此,现有旅游人才培养结构亟需调整,必须在加强复合型高级管理人才培养的同时,提升职业技术教育水平。

7.2.4 提升西部地区高质量水平，实现区域旅游均衡发展

根据实证研究结果，我国有63.3%的省份旅游经济体系高质量发展处于中低质量等级，主要集中在华北、西南，尤其是东北、西北等经济欠发达地区。因此，提升西部地区旅游经济高质量发展水平，是实现我国旅游经济整体高质量发展的关键。

(1)深入挖掘地方文化特色，做大做强文化品牌

西部地区旅游资源丰富，少数民族聚集，文化底蕴深厚，特色鲜明，但由于受到其他相关子系统的高质量发展水平制约，旅游资源并未得到充分开发利用。文化根植于特有的民族生态，从神秘的藏传佛教到豪放的西北歌舞，从精美的傣族服饰到雪域高原的生命礼赞，无不显示着我国民族文化的耀眼夺目，它们蕴含于生态遗址，或体现于普通的生活礼仪，又或以生动多样的艺术形态展现出来。因此，要提升西部地区旅游高质量发展水平，必须从资源着手，深入挖掘地方文化特色，做大做强文化品牌，加快推动文旅融合，关键就是要在维护民族文化本真性的基础上，利用特色要素资源，将民族文化资源以音乐、舞蹈的形式加以展现，以全新的运作模式推动文化品牌的构建，展现民族文化的旅游价值，为地区旅游经济发展带来活力。

(2)加大政策倾斜度，助力西部地区旅游高质量发展

研究表明，地区经济发展水平的高低与旅游经济投资水平具有高度的相关性，我国中部、东南部等经济发展水平较高的地区，其旅游投资系统高质量水平明显高于西部。旅游投资周期长，回报慢，融资难，加上西部地区相对落后的经济发展水平，在很大程度上限制了旅游投入，导致我国西部地区投资整体投资水平较低，如宁夏、黑龙江等省，其投资系统高质量水平不到0.2。因此，在投资政策上向西部地区倾斜，通过营造良好的投资环境，吸引外来投资，促进旅游经济高质量发展；同时，从投资结构上向旅游基础设施、旅游教育、旅游交通等发展薄弱的环节倾斜，以促进旅游经济体系各子系统的均衡发展。

参考文献

[1]Antal M, Pop C, Cioara T, et al. A System of Systems approach for data centers optimization and integration into smart energy grids[J]. Future Generation Computer Systems, 2017:948—963.

[2]AshrafiA , Seow H V, Lee L S, et al. The efficiency of the hotel industry in Singapore[J]. Tourism Management, 2013, 37(3):31—34.

[3]Atanassov K T. Intuitionistic fuzzy sets[J]. Fuzzy Sets & Systems. 1986, 20(1): 87—96.

[4]Baek Y M, Song J, Shin Y J, et al. A Meta-Model for Representing System-of-Systems Ontologies[C]. 2018.

[5]Berry B. Cities as systems within systems of cities[J]. Papers of the RegionalScienceAssociation, 1964, 13(1):146—163.

[6]Chen Y J. Structured methodology for supplier selection and evaluation in a supply chain[J]. Information Sciences. 2011.

[7]Chen P, Clothier J. Advancing systems engineering forsystemsof-systems challenges[J]. Systems Engineering,2003, 6(3): 170—183.

[8]CookS C. On the Acquisition of Systems of Systems[J]. Incose International Symposium,2001, 11(1): 383—390.

[9]Deasy G F, Griess P R. Impactofatouristfacilityonitshinterland [J]. Annals of the Association of American Geographers, 2015, 56 (2): 290—306.

[10] Delaurentis D. Understanding Transportation as System-of-Systems Design Problem[C]. 2005.

[11] DoD. System of Systems Engineering, In Defense Acquisition Guidebook[R]. Department of Defense,2004.

[12]DoD Architecture Framework Working Group. DOD Architecture Framework Version 2. 0. Department of Defense, US. 2009.

[13]MoD. MoD Architecture Framework Version 1. 0, Ministry of Defence, UK. 2005.

[14]Dolnicar, Sara. Beyond "Commonsense Segmentation": A Systematics of Segmentation Approaches in Tourism[J]. Journal of Travel Research, 2004, 42(3):244—250.

[15]Eisner H, Marciniak J, Mcmillan R. Computer-Aided System of Systems (S2) Engineering[M]. 1991: 531—537.

[16]Group D A F W. DoD architecture framework version 2. 0[R]. US Department of Defense, 2009.

[17]Geddes N D, Smith D M, Lizza C S. Fostering collaboration in systems of systems[C]//IEEE International Conference on Systems, Man, & Cybernetics. IEEE, 1998.

[18]Gorod A, Sauser B, Boardman J. System-of-Systems Engineering Management: A Review of Modern History and a Path Forward[J]. IEEE Systems Journal,2008, 2(4): 484—499.

[19] Holland, JohnH . Hidden Order: How Adaptation Builds Complexity[M]. Reading, M A: Addison-Wesley, 1995.

[20]Hadad S , Hadad Y , Malul M , et al. The economic efficiency of the tourism industry: a global comparison. [J]. Tourism Economics the Business & Finance of Tourism & Recreation, 2012, 18(5): 931—940.

[21]Kotov V. Systems of Systems as Communicating Structures[J]. Object-Oriented Technology and Computing Systems Re-engineering, 1999: 141—154.

[22]Hsieh LF , Lin L H . A performance evaluation model for international tourist hotels in Taiwan——An application of the relational network DEA[J]. International Journal of Hospitality Management, 2010, 29(1):0—24.

[23]Lozano-Oyola M, Blancas F J, Mercedes González, et al. Sustainable tourism indicators as planning tools in cultural destinations[J]. Ecological Indicators, 2012, 18:1—675.

[24]Morey R C, Dittman D A. Evaluating a hotel GM's performance [J]. Cornell Hotel & Restaurant Administration Quarterly, 1995, 36(5):30—35.

[25]Maier M W. Architecting Principles for Systems of Systems[J]. Incose International Symposium,1996, 6(4): 565—573.

[26]Marcelantal, Claudiapop, Tudorcioara, et al. A System of Systems approach for data centers optimization and integration into smart energy grids[J]. Future Generation Computer Systems,2017.

[27]Mill R C, Morrison A M. The Tourism System[M]. The Tourism System, 2012.

[28]Mckercher B. A chaos approach to tourism[J]. 1999, 20(4): 425—434.

[29]Manthorpe W H J. The Emerging Joint System of Systems: A Systems Engineering Challenge and Opportunity for APL[J]. Johns Hopkins Apl Technical Digest,1996, 17(3): 305—313.

[30]Mervyn S, Jackson, et al. Evaluating residents' attitudes and intentions to act towards tourism development in regional Victoria, Australia[J]. International Journal of Tourism Research, 2006.

[31]Jackson J. Developing regional tourism in China: The potential for activating business clusters in a socialist market economy[J]. Tourism Management, 2006, 27(4):695—706.

[32]KeatingC , Rogers R , Unal R , et al. System of Systems Engineering[J]. Engineering Management Journal, 2003,15(3):36—45.

[33]OwensW. The emergingU. S. system of systems in Dominant Battlespace Knowledge[M], S. Johnson and M. Libicki, Eds. Washington, DC: NDU Press, 1995.

[34]Pagliara F , La Pietra A , Gomez J , et al. High Speed Rail and the tourism market: Evidence from the Madrid case study[J]. Transport Policy, 2015, 37:187—194.

[35]Pei R S. Systems of Systems Integration (SoSI)-A Smart Way of Acquiring Army C4I2WS Systems[C]. Proc Summer Comput Simul Conf, 2000:574—579.

[36]Sage AP , Cuppan C D . On the Systems Engineering and Management of Systems of Systems and Federations of Systems[J]. Information-Knowledge-Systems Management, 2001.

[37]Shenhar A J. A New Systems Engineering Taxonomy[J]. INCOSE International Symposium, 1995, 5(1):723 - 732.

[38]ShivaAbdoli, Sami Kara, Michael Hauschild. System interaction, System of Systems, and environmental impact of products[J]. CIRP Annals, 2019, 68(1):17—20.

[39]Wanderley G, Abel, Marie-Hélène, Paraiso E C, et al. MBA:A system of systems architecture model for supporting collaborative work[J]. Computers in Industry, 2018, 100:31—42.

[40]Wang D, Yu N, Jia Q. Evolution and optimization of China's urban tourism spatial structure: A high speed rail perspective[J]. Tourism Management, 2018, 64:218—232.

[41]Sun J, Zhang J, Zhang J, et al. Total Factor Productivity Assessment of Tourism Industry: Evidence from China[J]. Asia Pacific Journal of Tourism Research, 2015, 20(3):280—294.

[42]Wenbin L. Evaluating Tourist Destination Performance: Expanding the Sustainability Concept[J]. Sustainability, 2018, 10(2):516.

[43]Wang H, Fei H, Yu Q, et al. A Motifs-Based Maximum Entropy

Markov Model for Realtime Reliability Prediction in System of Systems[J]. Journal of Systems and Software，2019，151(MAY)：180－193.

[44]Wang Z，Li K W，Wang W. An approach to multi-attribute decision making with interval-valued intuitio-nistic fuzzyassessments and incomplete weights[J]. Information Sciences，2009，179(17)：3026－3040.

[45]贝塔朗菲. 一般系统论：基础. 发展和应用[M]. 北京：清华大学出版社，1987.

[46]曹芳东，黄震方，余凤龙，吴丽敏. 国家级风景名胜区旅游效率空间格局动态演化及其驱动机制[J]. 地理研究，2014，33(06)：1151－1166.

[47]陈绍友. 旅游经济系统发展与发展系统[J]. 重庆师范大学学报(哲学社会科学版)，2004(05)：72－78.

[48]长安. 关于旅游系统的思考[J]. 商场现代化，2006(12)：173－174.

[49]陈秀琼，黄福才. 中国旅游业发展质量的定量评价研究[J]. 旅游学刊，2006(09)：59－63.

[50]陈英武，姜江. 关于体系及体系工程[J]. 国防科技，2008(05)：30－35.

[51]陈骥. 基于区间数的综合评价问题研究[D]. 浙江工商大学，2010.

[52]陈太政，李锋，乔家君. 旅游产业高级化与旅游经济增长关系研究[J]. 经济地理，2013，33(05)：182－187.

[53]陈金龙. 五大发展理念的多维审视[J]. 思想理论教育，2016(01)：4－8.

[54]陈万明，戴克清，王磊. 旅游产业创新绩效影响因素研究——基于共享经济视角[J]. 软科学，2018，32(05)：24－27＋36.

[55]陈兆明，李敏. 产业结构高级化对经济增长影响的门槛特征分析[J]. 统计与决策，2019，35(22)：139－142.

[56]程慧，徐琼，郭尧琦. 我国旅游资源开发与生态环境耦合协调发展的时空演变[J]. 经济地理，2019，39(07)：233－240.

[57]邓念国. 大数据时代政府管理服务创新研究——以杭州为例[J]. 天津行政学院学报，2016，18(05)：18－25.

[58]戴斌. 旅游，秋意正浓，旅行社等市场主体将会在国家旅游发展体系得到更高重视[J]. 中国会展(中国会议)，2019(18)：62－65.

[59]戴斌，夏少颜. 论我国大众旅游发展阶段的运行特征与政策取向[J]. 旅游学刊，2009，24(12)：13－17.

[60]笪玲，张述林. 西南宗教旅游资源特征及开发研究[J]. 贵州师范学院学报，2011，27(05)：32－35.

[61]邓建平. 基于体系工程理论的创新教育体系构建[J]. 高等工程教育研究，2013(06)：77－80.

[62]董俊杰. 山东省乡村旅游高质量发展水平测度[D]. 吉林大学.

[63]董培海，李庆雷，李伟. 大众旅游现象研究综述与诠释[J]. 旅游学刊，2019，34(06)：135－144.

[64]董新建. 中国沿海地区旅游企业技术效率研究[D]. 中国海洋大学，2009.

[65]杜立新. 山西省自然灾害综合风险与社会经济发展的耦合评价研究[D]. 山西财经大学，2021.

[66]段跃庆. 旅游融合发展. 旅游产业与城镇建设[M]. 中国环境出版社，2016.

[67]方叶林，黄震方，王芳，等. 中国大陆省际旅游效率时空演化及其俱乐部趋同研究[J]. 地理科学进展，2018，37(10)：13.

[68]高峰记. 可能度及区间数综合排序[J]. 系统工程理论与实践，2013，33(8)：2033－2040.

[69]葛冰峰，任长晟，赵青松，等. 可执行体系结构建模与分析[J]. 系统工程理论与实践，2011，31(11)：2191－2201.

[70]顾基发. 系统工程新发展——体系[J]. 科技导报，2018，36(20)：10－19.

[71]顾江，胡静. 中国分省区旅游生产效率模型创建与评价[J]. 同济大学学报(社会科学版)，2008(04)：93－98.

[72]龚日朝，刘俞希，潘芬萍. 带权重约束的 DEA 超效率评价模型及其应用研究[J]. 中国管理科学，2020，28(04)：164－173.

[73]龚日朝，马霖源. 基于区间直觉模糊数的得分函数与精确函数及其应用[J]. 系统工程理论与实践，2019，39(02)：463－475.

[74]龚日朝，潘芬萍. 非均匀分布下区间数排序可能度计算模型及其应用[J]. 中国管理科学，2020，28(12)：220－230.

[75]龚日朝，谭可星. 基于区间数度量的精准扶贫工作绩效评价方法[J]. 湖南文理学院学报(自然科学版)，2020，32(02)：12－17.

[76]郭利利. 复杂系统理论在旅游业中的应用研究述评[J]. 商业经济，2015(06)：83－85.

[77]郭长江，崔晓奇，宋绿叶，等. 国内外旅游系统模型研究综述[J]. 中国人口·资源与环境，2007，17(4)：101－106.

[78]何建民. 新时代我国旅游业高质量发展系统与战略研究[J]. 旅游学刊，2018，33(10)：9－11.

[79]何芙蓉，胡北明. “一带一路”倡议对我国沿线省份旅游高质量发展影响效应评估——基于DID模型的实证分析[J]. 经济体制改革，2020(03)：46－52.

[80]胡启洲，张卫华. 区间数理论的研究及其应用[M]. 科学出版社，2010.

[81]黄常锋，孙慧，何伦志. 中国旅游产业链的识别研究[J]. 旅游学刊，2011，26(01)：18－24.

[82]黄泰岩. 中国经济的第三次动力转型[J]. 经济学动态，2014，000(002)：4－14.

[83]胡静，贾垚焱，谢鸿璟. 旅游业高质量发展的核心要义与推进方向[J]. 华中师范大学学报(自然科学版)，2022，56(01)：9－15.

[84]简玉峰，刘长生. 随机前沿函数、酒店管理效率及其影响因素研究——基于张家界市旅游酒店的实证分析[J]. 旅游论坛，2009，2(04)：540－544.

[85]陆大道. 中国区域发展的理论与实践[M]. 中国区域发展的理论与实践，2003.

[86]刘贵富. 产业链形成机理的理论模型[J]. 河南社会科学，2009(01)：

49－52.

[87]刘彩霞. 加快旅游资源整合开发,优化河南旅游产业链[J]. 河南商业高等专科学校学报,2010, 23(03): 62－66.

[88]刘大均,谢双玉,逯付荣. 中国旅游业发展质量空间差异综合分析[J]. 资源开发与市场,2012, 28(08): 761－763.

[89]刘英基,韩元军. 要素结构变动、制度环境与旅游经济高质量发展[J]. 旅游学刊,2020, 35(03): 28－38.

[90]卢新新. 基于因子分析的河南省旅游产业发展质量研究[D]. 郑州大学, 2014.

[91]刘春济,冯学钢,高静. 中国旅游产业结构变迁对旅游经济增长的影响[J]. 旅游学刊,2014, 29(08): 37－49.

[92]林绍洋. 基于多视角的装备体系任务可靠性建模方法[D]. 国防科学技术大学, 2014.

[93]李光勤,胡志高,曹建华. 制度变迁与旅游经济增长——基于双重差分方法的"局改委"政策评估[J]. 旅游学刊,2018, 33(01): 13－24.

[94]鲁延京. 基于能力的武器装备体系需求视图产品研究[D]. 国防科学技术大学, 2006.

[95]李永文,孙本超. 论旅游系统的功能及其结构优化[J]. 焦作大学学报,2005(02): 23－26.

[96]李永友. 经济发展质量的实证研究:江苏的经验——基于经济发展质量指标体系的分析[J]. 财贸经济, 2008(08):115－120.

[97]李小建.经济地理学[M].北京:高等教育出版社,1999:222－275.

[98]刘梦华,易顺. 从旅游管理到旅游治理——中国旅游管理体制改革与政府角色扮演逻辑[J]. 技术经济与管理研究,2017(5): 7.

[99]李强,朱宝清. 投资水平与经济高质量发展:挤出效应真的存在吗[J]. 财经科学,2019(11): 39－53

[100]刘安乐,杨承玥,鲁芬,等. 滇中城市群交通网络与旅游业耦合发展研究[J]. 世界地理研究,2017, 26(01): 65－76.

[101]林绍洋. 基于多视角的装备体系任务可靠性建模方法[D].国防科

学技术大学，2014.

[102]李涛，刘家明，朱鹤，等. 中国旅游产业投资及旅游发展空间结构响应——基于2000－2015年旅游业三大核心部门数据的分析[J]. 地理科学，2019，39(02)：204－213.

[103]马克思. 资本论. 第一卷[M]. 北京：人民出版社，2004：207.

[104]马克思，恩格斯. 马克思恩格斯全集：第47卷[M]. 北京：人民出版社，1979：293－294.

[105]马克思，恩格斯. 马克思恩格斯全集：第47卷[M]. 北京：人民出版社，1979：301.

[106]马慧强，廉倩文，论宇超，席建超. 基于BP神经网络的旅游经济系统脆弱性省际空间分异[J]. 资源科学，2019，41(12)：2248－2261.

[107]明庆忠，韦俊峰."区块链＋"赋能智慧旅游高质量发展探析[J]. 学术探索，2021 (09)：48－54.

[108]仇永民. 我国创新型国家建设的人文社会维度研究[D]. 华东师范大学，2010.

[109]潘芬萍，龚日朝. 基于区间直觉模糊数的旅游项目群决策方法研究[J]. 旅游论坛，2019，12(03)：33－41.

[110]任毅，刘婉琪，赵珂，赵健江. 中国旅游上市公司经营效率的测度与评价——基于混合DEA模型的实证分析[J]. 旅游学刊，2017，32(07)：27－36.

[111]孙敏. 文旅融合视角下的A温泉酒店公司发展路径研究[D]. 长安大学，2020.

[112]史灵歌，彭永娟. 旅游产业发展质量评价模型及实证研究——以河南省旅游业为例[J]. 北京第二外国语学院学报，2014，36(05)：35－42.

[113]苏建军，孙根年. 要素禀赋结构升级对旅游经济发展的影响与地区差异[J]. 宁夏社会科学，2017(03)：71－80.

[114]宋子千. 科技引领"十四五"旅游业高质量发展[J]. 旅游学刊，2020，35(06)：10－12.

[115]生延超. 旅游产业结构优化对区域旅游经济增长贡献的演变[J].

旅游学刊,2012，27(10)：11－19.

[116]孙晓,刘力钢,陈金. 中国旅游经济高质量发展的测度[J]. 统计与决策,2021(17)：126－1.

[117]沈仲亮,旅游业成为国民经济战略性支柱产业[N]. 中国旅游报,2017－1－13(3).

[118]唐任伍,徐道明. 新时代高质量旅游业发展的动力和路径[J]. 旅游学刊,2018，33(10)：11－13.

[119]谭跃进，黄魏，杨克巍. 体系与体系工程——系统工程发展的新领域[C]//中国自动化大会暨两化融合高峰会议,2009.

[120]唐业喜,左鑫,伍招妃,等. 旅游经济高质量发展评价指标体系构建与实证——以湖南省为例[J]. 资源开发与市场,2021，37(06)：641－647.

[121]谭伟,张建升. 中国主要旅游公司运营动态效率探析[J]. 经济与管理,2010,24 (06)：30－33.

[122]覃建雄. 新冠疫情对全球旅游格局的影响及其对策研究[J]. 中国软科学,2020(S1)：72－82.

[123]田纪鹏. 国际大都市旅游产业结构多目标优化模型构建与实证研究——基于优化上海旅游产业结构的视角[J]. 上海经济研究,2012，24(11)：100－111.

[124]吴梦蝶. 新时代中国民营银行协同治理研究[D]. 浙江理工大学，2021.

[125]吴丽云. 有效投资助推旅游业高质量发展[N]. 中国旅游报,2020－1－6 (2).

[126]吴侃侃,金豪. 全域旅游背景下浙江旅游度假区高质量发展的思考[J]. 浙江社会科学,2018(08)：147－150.

[127]翁莉. 旅游交通系统的优化配置研究[D]. 华东师范大学，2006.

[128]魏然. 产业链的理论渊源与研究现状综述[J]. 技术经济与管理研究,2010(06)：140－143.

[129]文化和旅游部. 中华人民共和国文化和旅游部 2019 年文化和旅游发展统计公报[J]. 国家图书馆学刊,2020，29(04)：14.

[130]文静，王厚廷. 旅游经济与生态环境协调发展. 光明日报，2017－12－12(15).

[131]王松茂，褚玉静，郭安禧，等. “一带一路”沿线重点省份旅游经济高质量发展研究——基于旅游资源转换效率的测度[J]. 地理科学，2020，40(09)：1505－1512.

[132]王云才. 旅游经济系统运行动力学过程与机制探讨[J]. 旅游学刊，2002(02)：10－14.

[133]王金伟. 旅游教育几个基本问题的探讨[J]. 高等财经教育研究，2012，15(01)：30－36.

[134]王三北，高亚芳. 旅游经济学关注的几个前沿问题[N]. 光明日报，2007－9－11(2).

[135]王慧娴，张辉. 中国旅游政策评估模型构建与政策变量分析[J]. 旅游科学，2015，29(05)：1－13.

[136]王成，唐宁. 重庆市乡村三生空间功能耦合协调的时空特征与格局演化[J]. 地理研究，2018，37(06)：1100－1114.

[137]王新越，芦雪静，朱文亮. 我国主要旅游城市旅游业发展影响因素分析与评价[J]. 经济地理，2020，40(5)：12.

[138]王育宝，陆扬，王玮华. 经济高质量发展与生态环境保护协调耦合研究新进展[J]. 北京工业大学学报(社会科学版)，2019，19(05)：84－94.

[139]王德刚. 以新发展理念构建现代旅游经济体系[N]. 中国旅游报，2020－11－5.

[140]王兆峰，谢佳亮，吴卫. 环长株潭城市群旅游业高质量发展水平变化及其影响因素[J]. 经济地理，2022，42(03)：172－181＋221.

[141]王衍用. 全域旅游需要全新思维[J]. 旅游学刊，2016，31(12)：9－11.

[142]王学峰，张辉. 新时代旅游经济高质量发展的理论问题[J]. 旅游学刊，2022，37 (02)：3－5.

[143]王丽梅. 中国旅游教育发展中的问题及其改进策略[J]. 黑龙江高教研究，2015(11)：84－86.

[144]王胜鹏,乔花芳,冯娟,谢双玉. 黄河流域旅游生态效率时空演化及其与旅游经济互动响应[J]. 经济地理,2020,40(05):81－89.

[145]魏婕,李梦,任保平. 中国旅游业发展质量的时序变化与地区差异研究[J]. 商业经济与管理,2016(10): 78－87.

[146]吴必虎. 旅游系统:对旅游活动与旅游科学的一种解释[J]. 旅游学刊,1998(01): 20－24.

[147]吴金明,邵昶. 产业链形成机制研究——"4＋4＋4"模型[J]. 中国工业经济,2006(04): 36－43.

[148]吴良平,张健. 危机事件下中国入境旅游的受损格局与影响机制研究[J]. 旅游科学, 2016,30(05):37－51.

[149]习近平. 干在实处 走在前列:推进浙江新发展的思考与实践[M]. 中共中央党校出版社, 2006.

[150]肖黎明,王彦君,郭瑞雅. 乡愁视域下乡村旅游高质量发展的空间差异及演变——基于黄河流域的检验[J]. 旅游学刊,2021,36(11):13－25.

[151]向艺,郑林,王成璋. 旅游经济增长因素的空间计量研究[J]. 经济地理,2012,32 (06):162－166.

[152]向延平. 科技与旅游关系:一个分析框架[J]. 怀化学院学报,2015,34(01):43－45.

[153]王晓芳,胡静,谢双玉.. 2019 年中国旅游业发展报告[M]. 北京:中国旅游出版社,2019.

[154]徐泽水. 区间直觉模糊信息的集成方法及其在决策中的应用[J]. 控制与决策,2007(02): 215－219.

[155]薛明月,王成新,赵金丽,等. 黄河流域旅游经济空间分异格局及影响因素[J]. 经济地理, 2020, v.40;No.266(04):21－29.

[156]熊鑫. 欠发达地区全域旅游发展路径研究[J]. 江西财经大学,2019.

[157]叶建赓,Po-Ju Chen,陶柯方. 云南省旅游产业发展质量评价指标体系构建[J]. 统计与决策,2019, 35(09): 56－59.

[158]易开刚. 旅游产业转型升级理论与实践研究[M]. 浙江:浙江工商

大学出版社，2017：303.

[159]阳东升. 体系工程原理与技术[M]. 北京：国防工业出版社，2013.

[160]游光荣，张英朝. 关于体系与体系工程的若干认识和思考[J]. 军事运筹与系统工程，2010，24(02)：13—20.

[161]于法稳，黄鑫，岳会. 乡村旅游高质量发展：内涵特征、关键问题及对策建议[J]. 中国农村经济，2020(08)：27—39.

[162]燕继荣. 制度，政策与效能：国家治理探源——兼论中国制度优势及效能转化[J]. 高等学校文科学术文摘，2020，37(4)：2.

[163]杨振之，张冠群. 区域旅游产业结构高度化与全域度假发展研究——以成都市大邑县为例[C]// 第十五届全国区域旅游学术开发研讨会暨度假旅游论坛论文册，2010.

[164]杨天英，李许卡，郭达. 不同旅游资源对区域旅游经济增长的影响研究——基于中国省际面板数据分析[J]. 生态经济，2017，33(06)：105—109.

[165]杨萍，李陇堂，夏四友，高秀云. 我国旅游效率与经济发展水平协调关系研究[J]. 统计与决策，2019，35(07)：127—131.

[166]杨友宝. 东北地区旅游地域系统演化的空间效应研究[D]. 东北师范大学，2016.

[167]杨友宝，王荣成，李秋雨，等. 东北地区旅游资源赋存演化特征与旅游业空间重构[J]. 经济地理，2015，35(10)：194—201.

[168]阎友兵，胡欢欢. 中国旅游业高质量发展水平的测度及时空演化分析[J]. 湖南财政经济学院学报，2021，37(01)：5—18.

[169]阎友兵，陈一铭. 高铁对沿线区域旅游效率影响的实证分析——以湖南省为例[J]. 湖南社会科学，2020(03)：122—129.

[170]张碧星. 促进乡村旅游高质量发展[J]. 人民论坛，2018(32)：82—83.

[171]张广海，赵金金. 我国交通基础设施对区域旅游经济发展影响的空间计量研究[J]. 经济管理，2015，037(007)：116—126.

[172]张洪昌. 新时代旅游业高质量发展的治理逻辑与制度创新[J]. 当

代经济管理,2019, 41(09): 60－66.

[173]张维明,修保新. 体系工程问题研究[J]. 中国电子科学研究院学报,2011, 06(5): 451－456.

[174]张树民,钟林生,王灵恩. 基于旅游系统理论的中国乡村旅游发展模式探讨[J]. 地理研究,2012, 31(11): 2094－2103.

[175]张爱平,钟林生,徐勇,等. 中国省际旅游发展质量特征及空间差异[J]. 地理科学,2015, 35(03): 283－292.

[176]张海洲,陆林,贺亚楠. 产业链旅游:概念内涵与案例分析[J]. 世界地理研究,2020, 29(05): 1006－1016.

[177]张惠,周春林,管卫华,等. 基于旅游系统的旅游地生命周期问题探讨[J]. 中国软科学, 2004(11): 142－146.

[178]张大鹏,涂精华,黄鑫,周凌旭. 中国旅游上市公司经营效率测度研究——兼论公司治理结构的影响效应[J]. 旅游科学,2019,33(05):62－79.

[179]张宏军,何中文,程骏超. 运用体系工程思想推进"智慧海洋"建设[J]. 科技导报,2017, 35(20): 13－18.

[180]张洪,候利莉. 基于AHP的旅游经济发展质量评价研究[J]. 资源开发与市场,2015, 31(10): 1277－1280.

[181]张鹏杨,郑婷,黄艳梅. 中国旅游经济效率区域差异及动态演进[J]. 统计与决策,2021,37(03):98－102.

[182]张新成,梁学成,宋晓,刘军胜. 黄河流域旅游产业高质量发展的失配度时空格局及成因分析[J]. 干旱区资源与环境,2020,34(12):201－208.

[183]赵广民. 发挥自然资源优势发展生态旅游产业——黑龙江省农垦总局牡丹江分局旅游产业发展的调研报告[J]. 农场经济管理,2010(04): 15－18.

[184]赵磊,吴文智. 基于自组织理论的区域旅游系统发展机理研究:一个理论分析框架[J]. 北京第二外国语学院学报,2010, 32(09): 8－20.

[185]赵磊,唐承财. 产业结构变迁、旅游业与经济增长——来自中国的经验证据[J]. 资源科学,2017,39(10):1918－1929.

[186]钟韵,彭华. 旅游研究中的系统思维方法:概念与应用[J]. 旅游学

刊,2001(03):48－53.

[187]钟士恩,张捷,尹力杰,等. 从旅游业发展质量看中国旅游现象与问题:兼探讨"游赏理念"的学科意义[J]. 人文地理,2014, 29(06):125－132.

[188]冯娟,胡静,谢双玉等. 中国旅游业发展报告. 北京:中国旅游出版社,2020.

[189]周志宏,周雨婷. 我国省级旅游产业绩效的对比分析[J]. 统计与决策, 2012(12):139－ 141.

[190]周成. 区域旅游创新研究:要素解构、能力评价与效率测度[D]. 华东师范大学, 2018.

[191]周易,方世敏,赵可. 基于高质量目标的湘西州红色旅游产业融合发展探析[J]. 上海第二工业大学学报,2019, 36(03):202－209.

[192]周强,薛海燕,马效. 旅游产业发展影响因素的区域差异研究——基于中国省际面板数据的分析[J]. 城市发展研究, 2018(1):6.

[193]周晓琴,明庆忠,李美婷. 山区中小城市交通驱动旅游发展及其关联性[J]. 经济地理, 2017, 37(07):216－224.

[194]朱忆文. 我国旅游景区投资模式研究[D]. 财政部财政科学研究所, 2014.

[195]左冰,杨艺. 旅游产业关联结构及其经济贡献研究——以广东省为例[J]. 旅游学刊,2021, 36(04):14－30.

[196]左鑫, 唐业喜, 袁媛,等. 张家界旅游经济高质量发展评价及阻碍因素研究[J]. 统计与管理, 2021, 36(6):6.

[197]朱鹤,唐承财,王磊,等. 新时代的旅游资源研究:保护利用与创新发展——旅游地理青年学者笔谈[J]. 自然资源学报,2020, 35(04):992－1016.

[198]朱新彧,张松燕,李嘉怡. 区域教育水平对经济高质量发展的影响[J]. 合作经济与科技,2021(08):19－21.

[199]中国旅游研究院. 2019 年中国旅游业发展报告[Z]. 2019:2021－9－24.

附录

附录 1:全国 31 个省各子系统供给度调查原始数据

北京

([0.93,0.98], [0.00,0.02])	([0.60,0.80], [0.16,0.20])	([0.80,0.90], [0.06,0.10])	([0.71,0.87], [0.09,0.13])	([0.68,0.81], [0.12,0.15])	([0.72,0.87], [0.09,0.13])	([0.66,0.82], [0.13,0.15])
[0.93,0.97]	[0.98,1.00]	[0.88,0.93]	[0.90,0.94]	[0.88,0.92]	[0.90,0.95]	[0.87,0.92]
([0.77,0.90], [0.06,0.10])	([0.70,0.84], [0.10,0.13])	([0.92,0.96], [0.00,0.04])	([0.74,0.90], [0.09,0.10])	([0.81,0.90], [0.07,0.09])	([0.66,0.80], [0.13,0.17])	([0.79,0.90], [0.08,0.10])
([0.72,0.83], [0.12,0.17])	([0.74,0.87], [0.08,0.11])	([0.80,0.91], [0.05,0.09])	([0.90,0.97], [0.02,0.03])	([0.70,0.84], [0.10,0.16])	([0.83,0.92], [0.05,0.08])	([0.73,0.84], [0.05,0.14])
[0.89,0.93]	[0.86,0.94]	[0.92,0.96]	[0.92,0.96]	[0.98,1.00]	[0.84,0.89]	[0.86,0.91]
[0.90,0.95]	[0.94,0.96]	[0.86,0.94]	[0.91,0.96]	[0.87,0.90]	[0.96,1.00]	[0.87,0.93]
[0.91,0.95]	[0.85,0.91]	[0.92,0.97]	[0.84,0.89]	[0.87,0.93]	[0.85,0.90]	[0.97,1.00]

天津

([0.90,0.94], [0.00,0.06])	([0.78,0.89], [0.09,0.11])	([0.73,0.88], [0.07,0.13])	([0.72,0.84], [0.10,0.16])	([0.75,0.81], [0.15,0.18])	([0.67,0.84], [0.10,0.16])	([0.63,0.82], [0.16,0.18])
[0.82,0.83]	[0.90,0.93]	[0.88,0.93]	[0.85,0.88]	[0.84,0.90]	[0.81,0.85]	[0.85,0.91]
([0.64,0.78], [0.16,0.22])	([0.75,0.81], [0.13,0.16])	([0.83,0.92], [0.02,0.08])	([0.77,0.84], [0.14,0.16])	([0.73,0.84], [0.13,0.15])	([0.68,0.85], [0.10,0.15])	([0.77,0.89], [0.09,0.11])
([0.74,0.86], [0.08,0.14])	([0.69,0.84], [0.09,0.14])	([0.69,0.83], [0.13,0.17])	([0.84,0.92], [0.07,0.08])	([0.64,0.80], [0.13,0.20])	([0.59,0.85], [0.11,0.15])	([0.56,0.81], [0.13,0.19])
[0.79,0.86]	[0.80,0.85]	[0.87,0.93]	[0.90,0.94]	[0.93,0.99]	[0.84,0.89]	[0.84,0.91]
[0.85,0.92]	[0.82,0.88]	[0.89,0.95]	[0.84,0.91]	[0.89,0.95]	[0.92,0.98]	[0.87,0.93]
[0.86,0.93]	[0.81,0.88]	[0.81,0.87]	[0.86,0.93]	[0.81,0.87]	[0.80,0.87]	[0.89,0.96]

河北

$$\begin{pmatrix}
\begin{pmatrix}[0.89,0.93],\\ [0.00,0.07]\end{pmatrix} & \begin{pmatrix}[0.75,0.85],\\ [0.13,0.15]\end{pmatrix} & \begin{pmatrix}[0.78,0.84],\\ [0.07,0.13]\end{pmatrix} & \begin{pmatrix}[0.72,0.86],\\ [0.08,0.14]\end{pmatrix} & \begin{pmatrix}[0.73,0.77],\\ [0.14,0.18]\end{pmatrix} & \begin{pmatrix}[0.72,0.86],\\ [0.06,0.14]\end{pmatrix} & \begin{pmatrix}[0.75,0.86],\\ [0.10,0.14]\end{pmatrix} \\
[0.90,0.95] & [0.92,0.98] & [[0.91,0.97] & [0.86,0.94] & [0.87,0.95] & [0.90,0.97] & [0.83,0.89] \\
\begin{pmatrix}[0.82,0.91],\\ [0.03,0.09]\end{pmatrix} & \begin{pmatrix}[0.64,0.73],\\ [0.13,0.24]\end{pmatrix} & \begin{pmatrix}[0.85,0.95],\\ [0.02,0.05]\end{pmatrix} & \begin{pmatrix}[0.67,0.75],\\ [0.20,0.25]\end{pmatrix} & \begin{pmatrix}[0.70,0.77],\\ [0.19,0.22]\end{pmatrix} & \begin{pmatrix}[0.64,0.74],\\ [0.22,0.26]\end{pmatrix} & \begin{pmatrix}[0.74,0.91],\\ [0.06,0.09]\end{pmatrix} \\
\begin{pmatrix}[0.72,0.88],\\ [0.07,0.13]\end{pmatrix} & \begin{pmatrix}[0.76,0.86],\\ [0.07,0.11]\end{pmatrix} & \begin{pmatrix}[0.78,0.90],\\ [0.06,0.10]\end{pmatrix} & \begin{pmatrix}[0.88,0.93],\\ [0.00,0.07]\end{pmatrix} & \begin{pmatrix}[0.70,0.85],\\ [0.08,0.13]\end{pmatrix} & \begin{pmatrix}[0.77,0.94],\\ [0.03,0.06]\end{pmatrix} & \begin{pmatrix}[0.73,0.85],\\ [0.11,0.15]\end{pmatrix} \\
[0.80,0.86] & [0.85,0.94] & [0.88,0.96] & [0.78,0.84] & [0.92,0.98] & [0.78,0.88] & [0.73,0.81] \\
[0.68,0.76] & [0.75,0.80] & [0.72,0.77] & [0.73,0.80] & [0.76,0.83] & [0.91,0.97] & [0.87,0.93] \\
[0.83,0.93] & [0.81,0.87] & [0.89,0.94] & [0.82,0.89] & [0.75,0.81] & [0.76,0.86] & [0.91,0.97]
\end{pmatrix}$$

山东

$$\begin{pmatrix}
\begin{pmatrix}[0.86,0.94],\\ [0.01,0.06]\end{pmatrix} & \begin{pmatrix}[0.79,0.90],\\ [0.07,0.10]\end{pmatrix} & \begin{pmatrix}[0.75,0.84],\\ [0.10,0.16]\end{pmatrix} & \begin{pmatrix}[0.74,0.84],\\ [0.13,0.16]\end{pmatrix} & \begin{pmatrix}[0.78,0.84],\\ [0.10,0.15]\end{pmatrix} & \begin{pmatrix}[0.81,0.86],\\ [0.07,0.14]\end{pmatrix} & \begin{pmatrix}[0.77,0.82],\\ [0.13,0.15]\end{pmatrix} \\
[0.90,0.95] & [0.92,0.98] & [0.91,0.97] & [0.86,0.94] & [0.87,0.95] & [0.90,0.97] & [0.83,0.89] \\
\begin{pmatrix}[0.83,0.92],\\ [0.06,0.08]\end{pmatrix} & \begin{pmatrix}[0.86,0.94],\\ [0.03,0.06]\end{pmatrix} & \begin{pmatrix}[0.90,0.94],\\ [0.00,0.06]\end{pmatrix} & \begin{pmatrix}[0.80,0.85],\\ [0.13,0.15]\end{pmatrix} & \begin{pmatrix}[0.86,0.92],\\ [0.05,0.07]\end{pmatrix} & \begin{pmatrix}[0.73,0.83],\\ [0.14,0.17]\end{pmatrix} & \begin{pmatrix}[0.89,0.94],\\ [0.04,0.06]\end{pmatrix} \\
\begin{pmatrix}[0.55,0.74],\\ [0.18,0.24]\end{pmatrix} & \begin{pmatrix}[0.52,0.70],\\ [0.24,0.28]\end{pmatrix} & \begin{pmatrix}[0.59,0.71],\\ [0.17,0.29]\end{pmatrix} & \begin{pmatrix}[0.88,0.95],\\ [0.03,0.05]\end{pmatrix} & \begin{pmatrix}[0.60,0.72],\\ [0.20,0.25]\end{pmatrix} & \begin{pmatrix}[0.73,0.85],\\ [0.10,0.15]\end{pmatrix} & \begin{pmatrix}[0.61,0.74],\\ [0.17,0.23]\end{pmatrix} \\
[0.77,0.84] & [0.80,0.90] & [0.91,0.95] & [0.80,0.84] & [0.95,0.99] & [0.79,0.87] & [0.75,0.85] \\
[0.87,0.94] & [0.88,0.95] & [0.85,0.92] & [0.85,0.95] & [0.86,0.92] & [0.92,0.98] & [0.80,0.85] \\
[0.85,0.94] & [0.80,0.88] & [0.91,0.97] & [0.77,0.84] & [0.77,0.82] & [0.80,0.91] & [0.94,0.97]
\end{pmatrix}$$

福建

$$\begin{pmatrix}
\begin{pmatrix}[0.85,0.95],\\ [0.00,0.05]\end{pmatrix} & \begin{pmatrix}[0.72,0.87],\\ [0.10,0.18]\end{pmatrix} & \begin{pmatrix}[0.85,0.95],\\ [0.08,0.10]\end{pmatrix} & \begin{pmatrix}[0.78,0.92],\\ [0.10,0.14]\end{pmatrix} & \begin{pmatrix}[0.68,0.87],\\ [0.13,0.17]\end{pmatrix} & \begin{pmatrix}[0.76,0.90],\\ [0.10,0.16]\end{pmatrix} & \begin{pmatrix}[0.71,0.84],\\ [0.18,0.21]\end{pmatrix} \\
[0.84,0.89] & [0.94,0.99] & [0.87,0.92] & [0.85,0.91] & [0.85,0.90] & [0.89,0.94] & [0.75,0.82] \\
\begin{pmatrix}[0.82,0.97],\\ [0.06,0.09]\end{pmatrix} & \begin{pmatrix}[0.87,0.98],\\ [0.06,0.08]\end{pmatrix} & \begin{pmatrix}[0.87,1.00],\\ [0.00,0.06]\end{pmatrix} & \begin{pmatrix}[0.71,0.91],\\ [0.11,0.15]\end{pmatrix} & \begin{pmatrix}[0.78,0.91],\\ [0.11,0.14]\end{pmatrix} & \begin{pmatrix}[0.70,0.87],\\ [0.14,0.18]\end{pmatrix} & \begin{pmatrix}[0.89,0.94],\\ [0.07,0.11]\end{pmatrix} \\
\begin{pmatrix}[0.77,0.90],\\ [0.10,0.16]\end{pmatrix} & \begin{pmatrix}[0.64,0.79],\\ [0.20,0.24]\end{pmatrix} & \begin{pmatrix}[0.68,0.86],\\ [0.14,0.20]\end{pmatrix} & \begin{pmatrix}[0.87,0.99],\\ [0.00,0.07]\end{pmatrix} & \begin{pmatrix}[0.64,0.83],\\ [0.13,0.20]\end{pmatrix} & \begin{pmatrix}[0.89,1.00],\\ [0.02,0.06]\end{pmatrix} & \begin{pmatrix}[0.55,0.76],\\ [0.20,0.26]\end{pmatrix} \\
[0.77,0.82] & [0.86,0.94] & [0.91,0.95] & [0.80,0.87] & [0.96,0.99] & [0.84,0.89] & [0.80,0.86] \\
[0.86,0.91] & [0.89,0.94] & [0.84,0.90] & [0.90,0.94] & [0.87,0.90] & [0.96,1.00] & [0.80,0.85] \\
[0.82,0.88] & [0.79,0.84] & [0.87,0.93] & [0.78,0.84] & [0.77,0.83] & [0.81,0.88] & [0.96,0.99]
\end{pmatrix} 3$$

浙江

([0.97,0.99],[0.00,0.01])	([0.80,0.92],[0.07,0.08])	([0.90,0.97],[0.02,0.03])	([0.87,0.94],[0.03,0.06])	([0.76,0.87],[0.09,0.13])	([0.74,0.91],[0.06,0.08])	([0.72,0.84],[0.14,0.16])
[0.93,0.97]	[0.98,1.00]	[0.94,0.98]	[0.92,0.97]	[0.90,0.95]	[0.89,0.95]	[0.86,0.92]
([0.80,0.91],[0.04,0.09])	([0.79,0.91],[0.06,0.09])	([0.89,0.94],[0.01,0.02])	([0.74,0.88],[0.10,0.12])	([0.84,0.97],[0.02,0.03])	([0.69,0.88],[0.10,0.12])	([0.81,0.91],[0.05,0.09])
([0.77,0.89],[0.06,0.11])	([0.80,0.93],[0.01,0.03])	([0.80,0.91],[0.06,0.09])	([0.92,0.96],[0.02,0.04])	([0.66,0.76],[0.16,0.24])	([0.79,0.87],[0.10,0.13])	([0.67,0.83],[0.09,0.16])
[0.91,0.93]	[0.87,0.94]	[0.93,0.96]	[0.92,0.96]	[0.98,1.00]	[0.84,0.89]	[0.86,0.91]
[0.90,0.95]	[0.94,0.96]	[0.86,0.94]	[0.91,0.96]	[0.87,0.90]	[0.96,1.00]	[0.87,0.93]
[0.86,0.91]	[0.85,0.91]	[0.92,0.97]	[0.86,0.92]	[0.87,0.93]	[0.85,0.93]	[0.97,0.99]

上海

([0.87,0.96],[0.00,0.04])	([0.85,0.93],[0.05,0.07])	([0.79,0.89],[0.05,0.09])	([0.73,0.90],[0.04,0.10])	([0.70,0.89],[0.05,0.10])	([0.71,0.90],[0.05,0.10])	([0.68,0.86],[0.06,0.10])
[0.93,0.97]	[0.98,1.00]	[0.89,0.93]	[0.90,0.94]	[0.88,0.93]	[0.90,0.94]	[0.86,0.92]
([0.81,0.91],[0.05,0.09])	([0.81,0.90],[0.04,0.07])	([0.92,0.98],[0.00,0.02])	([0.76,0.90],[0.08,0.10])	([0.83,0.92],[0.04,0.07])	([0.79,0.90],[0.09,0.10])	([0.83,0.92],[0.04,0.06])
([0.74,0.83],[0.12,0.17])	([0.76,0.87],[0.08,0.11])	([0.82,0.95],[0.02,0.05])	([0.90,0.96],[0.00,0.03])	([0.70,0.85],[0.06,0.15])	([0.84,0.92],[0.06,0.08])	([0.79,0.88],[0.09,0.11])
[0.90,0.93]	[0.86,0.94]	[0.92,0.96]	[0.92,0.95]	[0.98,1.00]	[0.84,0.89]	[0.85,0.91]
[0.90,0.95]	[0.94,0.96]	[0.86,0.94]	[0.91,0.96]	[0.87,0.90]	[0.96,1.00]	[0.87,0.93]
[0.92,0.95]	[0.86,0.91]	[0.93,0.97]	[0.84,0.89]	[0.88,0.92]	[0.85,0.90]	[0.98,1.00]

江苏

([0.89,0.97],[0.00,0.03])	([0.84,0.90],[0.05,0.10])	([0.76,0.90],[0.05,0.10])	([0.71,0.80],[0.12,0.20])	([0.77,0.84],[0.10,0.15])	([0.84,0.95],[0.04,0.05])	([0.71,0.84],[0.12,0.16])
[0.91,0.95]	[0.93,0.98]	[0.90,0.96]	[0.86,0.93]	[0.90,0.96]	[0.85,0.90]	[0.93,0.95]
([0.72,0.87],[0.08,0.13])	([0.84,0.92],[0.04,0.07])	([0.93,0.98],[0.00,0.02])	([0.74,0.87],[0.10,0.13])	([0.77,0.89],[0.05,0.09])	([0.68,0.85],[0.10,0.15])	([0.77,0.89],[0.07,0.11])
([0.75,0.79],[0.17,0.18])	([0.75,0.86],[0.09,0.14])	([0.72,0.78],[0.13,0.18])	([0.68,0.87],[0.11,0.13])	([0.80,0.91],[0.07,0.09])	([0.68,0.80],[0.15,0.20])	([0.70,0.80],[0.15,0.20])
[0.89,0.94]	[0.83,0.91]	[0.92,0.95]	[0.91,0.96]	[0.97,0.99]	[0.83,0.88]	[0.84,0.91]
[0.89,0.95]	[0.85,0.92]	[0.92,0.96]	[0.92,0.96]	[0.87,0.90]	[0.93,0.98]	[0.85,0.91]
[0.90,0.96]	[0.93,0.96]	[0.85,0.94]	[0.90,0.97]	[0.91,0.95]	[0.88,0.93]	[0.96,0.99]

广东

([0.92,0.96], [0.02,0.03])	([0.76,0.92], [0.07,0.08])	([0.83,0.93], [0.04,0.06])	([0.77,0.89], [0.07,0.11])	([0.76,0.84], [0.08,0.13])	([0.79,0.89], [0.07,0.11])	([0.75,0.85], [0.11,0.14])
[0.91,0.97]	[0.94,0.99]	[0.87,0.93]	[0.87,0.94]	[0.87,0.93]	[0.90,0.96]	[0.89,0.94]
([0.81,0.89], [0.06,0.11])	([0.77,0.89], [0.07,0.11])	([0.85,0.97], [0.02,0.03])	([0.76,0.86], [0.06,0.12])	([0.75,0.88], [0.08,0.12])	([0.76,0.86], [0.09,0.14])	([0.83,0.91], [0.05,0.07])
([0.82,0.89], [0.08,0.11])	([0.83,0.93], [0.03,0.05])	([0.81,0.92], [0.05,0.08])	([0.87,0.97], [0.01,0.02])	([0.78,0.89], [0.07,0.11])	([0.84,0.93], [0.06,0.07])	([0.77,0.87], [0.08,0.11])
[0.88,0.93]	[0.89,0.95]	[0.90,0.95]	[0.91,0.96]	[0.98,1.00]	[0.86,0.92]	[0.84,0.90]
[0.89,0.95]	[0.91,0.96]	[0.87,0.93]	[0.92,0.96]	[0.87,0.90]	[0.98,1.00]	[0.85,0.91]
[0.90,0.96]	[0.85,0.91]	[0.90,0.96]	[0.88,0.91]	[0.89,0.93]	[0.88,0.93]	[0.96,1.00]

海南

([0.76,0.91], [0.00,0.09])	([0.65,0.74], [0.04,0.09])	([0.71,0.75], [0.04,0.09])	([0.72,0.74], [0.08,0.10])	([0.55,0.65], [0.14,0.19])	([0.54,0.66], [0.13,0.19])	([0.51,0.57], [0.23,0.29])
[0.88,0.94]	[0.96,0.99]	[0.92,0.97]	[0.86,0.94]	[0.82,0.90]	[0.94,0.98]	[0.80,0.87]
([0.78,0.95], [0.03,0.05])	([0.78,0.92], [0.04,0.08])	([0.77,0.96], [0.01,0.04])	([0.73,0.88], [0.06,0.10])	([0.76,0.92], [0.05,0.08])	([0.59,0.82], [0.13,0.17])	([0.73,0.88], [0.05,0.12])
([0.68,0.85], [0.12,0.15])	([0.65,0.85], [0.10,0.14])	([0.53,0.71], [0.22,0.29])	([0.79,0.95], [0.03,0.05])	([0.53,0.68], [0.21,0.31])	([0.71,0.88], [0.05,0.12])	([0.67,0.77], [0.15,0.22])
[0.81,0.88]	[0.85,0.92]	[0.86,0.94]	[0.78,0.86]	[0.92,0.98]	[0.83,0.89]	[0.71,0.79]
[0.72,0.80]	[0.93,0.98]	[0.84,0.91]	[0.90,0.96]	[0.79,0.83]	[0.91,0.98]	[0.72,0.79]
[0.79,0.87]	[0.75,0.81]	[0.76,0.83]	[0.72,0.79]	[0.77,0.81]	[0.77,0.83]	[0.90,0.95]

黑龙江

([0.82,0.95], [0.04,0.05])	([0.75,0.86], [0.08,0.14])	([0.78,0.88], [0.06,0.12])	([0.73,0.84], [0.08,0.16])	([0.70,0.78], [0.17,0.21])	([0.69,0.79], [0.17,0.21])	([0.58,0.70], [0.17,0.27])
[0.83,0.89]	[0.92,0.98]	[0.83,0.90]	[0.83,0.88]	[0.80,0.85]	[0.80,0.86]	[0.70,0.72]
([0.75,0.86], [0.08,0.14])	([0.68,0.90], [0.06,0.10])	([0.79,0.91], [0.01,0.09])	([0.70,0.84], [0.12,0.13])	([0.78,0.88], [0.06,0.12])	([0.68,0.84], [0.13,0.14])	([0.73,0.86], [0.10,0.14])
([0.66,0.78], [0.12,0.22])	([0.68,0.86], [0.12,0.13])	([0.73,0.86], [0.10,0.14])	([0.77,0.92], [0.01,0.10])	([0.73,0.82], [0.16,0.18])	([0.74,0.87], [0.10,0.13])	([0.58,0.68], [0.22,0.30])
[0.79,0.86]	[0.84,0.91]	[0.86,0.91]	[0.78,0.85]	[0.87,0.94]	[0.76,0.83]	[0.67,0.72]
[0.70,0.75]	[0.69,0.74]	[0.70,0.75]	[0.78,0.85]	[0.69,0.74]	[0.89,0.94]	[0.65,0.73]
[0.80,0.86]	[0.71,0.76]	[0.80,0.87]	[0.66,0.74]	[0.65,0.76]	[0.70,0.78]	[0.90,0.95]

吉林

([0.70,0.84], [0.09,0.16])	([0.77,0.84], [0.09,0.16])	([0.77,0.87], [0.05,0.13])	([0.74,0.84], [0.11,0.16])	([0.71,0.76], [0.16,0.22])	([0.71,0.80] [0.16,0.20])	([0.63,0.74], [0.20,0.26])
[0.83,0.89]	[0.91,0.96]	[0.85,0.91]	[0.81,0.88]	[0.78,0.84]	[0.81,0.87]	[0.66,0.71]
([0.71,0.87], [0.07,0.13])	([0.70,0.84], [0.11,0.16])	([0.74,0.91], [0.01,0.09])	([0.71,0.78], [0.15,0.20])	([0.72,0.83], [0.09,0.17])	([0.70,0.77], [0.15,0.22])	([0.72,0.76], [0.18,0.24])
([0.71,0.82], [0.12,0.18])	([0.67,0.84], [0.15,0.16])	([0.74,0.87], [0.10,0.13])	([0.74,0.90], [0.04,0.10])	([0.74,0.79], [0.18,0.21])	([0.76,0.89], [0.09,0.11])	([0.61,0.70], 0.21,0.28)
[0.76,0.82]	[0.84,0.91]	[0.86,0.91]	[0.79,0.85]	[0.88,0.94]	[0.69,0.75]	[0.66,0.72]
[0.82,0.88]	[0.85,0.91]	[0.78,0.85]	[0.82,0.88]	[0.71,0.75]	[0.91,0.96]	[0.63,0.68]
[0.69,0.75]	[0.72,0.76]	[0.77,0.83]	[0.66,0.72]	[0.67,0.74]	[0.68,0.75]	[0.90,0.95]

辽宁

([0.80,0.94], [0.00,0.09])	([0.83,0.86], [0.07,0.15])	([0.80,0.86], [0.05,0.14])	([0.74,0.84], [0.11,0.16])	([0.72,0.78], [0.15,0.21])	([0.72,0.79] [0.17,0.21])	([0.69,0.78], [0.19,0.22])
[0.84,0.90]	[0.90,0.95]	[0.82,0.89]	[0.77,0.83]	[0.75,0.81]	[0.72,0.77]	[0.66,0.72]
([0.72,0.84], [0.10,0.16])	([0.70,0.85], [0.06,0.11])	([0.75,0.93], [0.02,0.07])	([0.73,0.84], [0.15,0.16])	([0.74,0.85], [0.05,0.14])	([0.70,0.81], [0.10,0.19])	([0.75,0.79], [0.17,0.21])
([0.72,0.77], [0.10,0.23])	([0.68,0.79], [0.17,0.19])	([0.75,0.84], [0.12,0.16])	([0.75,0.90], [0.04,0.10])	([0.75,0.83], [0.15,0.17])	([0.77,0.89], [0.09,0.11])	([0.62,0.74], [0.19,0.26])
[0.77,0.83]	[0.85,0.92]	[0.86,0.91]	[0.81,0.87]	[0.87,0.94]	[0.77,0.83]	[0.68,0.73]
[0.80,0.86]	[0.86,0.92]	[0.81,0.86]	[0.84,0.91]	[0.77,0.82]	[0.90,0.96]	[0.63,0.68]
[0.81,0.88]	[0.77,0.83]	[0.83,0.90]	[0.78,0.84]	[0.71,0.79]	[0.69,0.76]	[0.86,0.93]

内蒙古

([0.87,0.93], [0.03,0.07])	([0.80,0.85], [0.08,0.15])	([0.77,0.87], [0.04,0.13])	([0.80,0.87], [0.08,0.13])	([0.77,0.83], [0.08,0.16])	([0.77,0.84] [0.12,0.16])	([0.68,0.75], [0.17,0.23])
[0.86,0.94]	[0.94,0.99]	[0.89,0.96]	[0.84,0.90]	[0.80,0.86]	[0.85,0.92]	[0.71,0.79]
([0.77,0.89], [0.04,0.11])	([0.76,0.92], [0.03,0.08])	([0.79,0.95], [0.03,0.05])	([0.75,0.84], [0.12,0.13])	([0.75,0.91], [0.05,0.09])	([0.68,0.83], [0.09,0.16])	([0.77,0.87], [0.04,0.16])
([0.77,0.84], [0.12,0.16])	([0.72,0.84], [0.09,0.15])	([0.77,0.84], [0.12,0.16])	([0.81,0.93], [0.04,0.07])	([0.72,0.80], [0.15,0.19])	([0.75,0.87], [0.11,0.13])	([0.56,0.63], [0.21,0.35])
[0.77,0.83]	[0.79,0.86]	[0.85,0.92]	[0.77,0.83]	[0.90,0.96]	[0.72,0.80]	[0.63,0.68]
[0.82,0.88]	[0.86,0.92]	[0.77,0.83]	[0.85,0.92]	[0.74,0.81]	[0.89,0.95]	[0.71,0.79]
[0.80,0.86]	[0.80,0.87]	[0.86,0.92]	[0.70,0.80]	[0.67,0.74]	[0.69,0.76]	[0.90,0.97]

安徽

([0.83,0.96], [0.02,0.04])	([0.74,0.89], [0.06,0.11])	([0.78,0.91], [0.03,0.09])	([0.76,0.90], [0.06,0.10])	([0.67,0.87], [0.07,0.10])	([0.71,0.89], [0.06,0.11])	([0.66,0.82], [0.11,0.13])
[0.86,0.94]	[0.93,0.98]	[0.92,0.97]	[0.86,0.94]	[0.88,0.94]	[0.90,0.96]	[0.76,0.84]
([0.73,0.92], [0.04,0.08])	([0.72,0.89], [0.08,0.11])	([0.84,0.94], [0.00,0.06])	([0.61,0.80], [0.16,0.18])	([0.75,0.92], [0.04,0.08])	([0.63,0.84], [0.10,0.15])	([0.72,0.90], [0.07,0.10])
([0.69,0.88], [0.07,0.12])	([0.71,0.89], [0.06,0.10])	([0.73,0.87], [0.09,0.13])	([0.87,0.96], [0.01,0.04])	([0.67,0.79], [0.15,0.20])	([0.73,0.90], [0.07,0.10])	([0.65,0.76], [0.13,0.20])
[0.86,0.93]	[0.88,0.95]	[0.73,0.75]	[0.81,0.90]	[0.97,1.00]	[0.84,0.90]	[0.78,0.84]
[0.85,0.92]	[0.89,0.96]	[0.81,0.88]	[0.90,0.96]	[0.80,0.88]	[0.94,0.99]	[0.79,0.87]
[0.82,0.89]	[0.79,0.87]	[0.87,0.94]	[0.82,0.89]	[0.79,0.84]	[0.82,0.90]	[0.96,0.99]

河南

([0.76,0.94], [0.02,0.06])	([0.80,0.92], [0.04,0.08])	([0.78,0.91], [0.05,0.09])	([0.74,0.91], [0.07,0.09])	([0.72,0.89], [0.07,0.09])	([0.69,0.89], [0.07,0.11])	([0.56,0.86], [0.08,0.12])
[0.88,0.93]	[0.94,0.98]	[0.88,0.95]	[0.85,0.93]	[0.80,0.87]	[0.85,0.90]	[0.71,0.79]
([0.74,0.92], [0.06,0.08])	([0.69,0.92], [0.04,0.08])	([0.76,0.94], [0.02,0.06])	([0.68,0.88], [0.06,0.09])	([0.72,0.93], [0.05,0.07])	([0.56,0.85], [0.08,0.12])	([0.56,0.81], [0.12,0.19])
([0.56,0.91], [0.06,0.09])	([0.60,0.87], [0.08,0.12])	([0.55,0.87], [0.07,0.13])	([0.76,0.93], [0.02,0.07])	([0.56,0.84], [0.11,0.15])	([0.60,0.88], [0.06,0.12])	([0.58,0.62], [0.22,0.36])
[0.82,0.88]	[0.85,0.90]	[0.86,0.93]	[0.77,0.84]	[0.90,0.97]	[0.72,0.80]	[0.62,0.68]
[0.85,0.90]	[0.90,0.96]	[0.82,0.88]	[0.86,0.93]	[0.84,0.89]	[0.90,.0.95]	[0.74,0.81]
[0.77,0.84]	[0.81,0.87]	[0.86,0.97]	[0.78,0.86]	[0.77,0.84]	[0.78,0.86]	[0.90,0.97]

湖北

([0.73,0.94], [0.01,0.02])	([0.76,0.90], [0.03,0.10])	([0.74,0.93], [0.03,0.08])	([0.71,0.93], [0.04,0.08])	([0.69,0.91], [0.07,0.09])	([0.66,0.92], [0.06,0.09])	([0.60,0.92], [0.04,0.09])
[0.90,0.97]	[0.97,0.99]	[0.88,0.96]	[0.86,0.94]	[0.89,0.94]	[0.90,0.97]	[0.86,0.93]
([0.71,0.93], [0.04,0.08])	([0.66,0.90], [0.03,0.11])	([0.82,0.99], [0.00,0.02])	([0.65,0.89], [0.09,0.12])	([0.69,0.96], [0.03,0.06])	([0.54,0.85], [0.10,0.15])	([0.61,0.96], [0.02,0.06])
([0.54,0.96], [0.02,0.06])	([0.57,0.94], [0.01,0.07])	([0.60,0.93], [0.03,0.08])	([0.82,0.98], [0.00,0.03])	([0.65,0.89], [0.04,0.11])	([0.69,0.93], [0.02,0.08])	([0.71,0.74], [0.11,0.26])
[0.86,0.91]	[0.89,0.94]	[0.90,0.97]	[0.82,0.88]	[0.98,1.00]	[0.84,0.90]	[0.78,0.85]
[0.85,0.90]	[0.89,0.96]	[0.82,0.88]	[0.90,0.97]	[0.81,0.87]	[0.95,0.99]	[0.79,0.87]
[0.82,0.88]	[0.80,0.86]	[0.89,0.94]	[0.82,0.88]	[0.78,0.85]	[0.84,0.89]	[0.97,0.99]

湖南

([0.87,0.98],[0.01,0.02])	([0.76,0.88],[0.06,0.12])	([0.73,0.92],[0.03,0.08])	([0.70,0.91],[0.06,0.09])	([0.67,0.90],[0.04,0.10])	([0.69,0.89],[0.08,0.11])	([0.59,0.83],[0.11,0.17])
[0.88,0.98]	[0.96,0.99]	[0.87,0.96]	[0.86,0.94]	[0.84,0.89]	[0.89,0.96]	[0.77,0.84]
([0.70,0.90],[0.06,0.10])	([0.66,0.93],[0.03,0.07])	([0.81,0.98],[0.00,0.02])	([0.64,0.89],[0.06,0.09])	([0.68,0.94],[0.03,0.06])	([0.53,0.82],[0.12,0.17])	([0.60,0.86],[0.08,0.14])
([0.64,0.88],[0.06,0.12])	([0.66,0.90],[0.06,0.09])	([0.64,0.86],[0.06,0.14])	([0.81,0.94],[0.01,0.06])	([0.64,0.82],[0.08,0.17])	([0.68,0.88],[0.03,0.12])	([0.59,0.73],[0.17,0.26])
[0.82,0.88]	[0.86,0.92]	[0.90,0.97]	[0.79,0.87]	[0.95,0.99]	[0.84,0.88]	[0.77,0.84]
[0.84,0.90]	[0.89,0.96]	[0.83,0.90]	[0.90,0.97]	[0.81,0.90]	[0.95,0.99]	[0.78,0.85]
[0.81,0.88]	[0.80,0.86]	[0.87,0.91]	[0.80,0.86]	[0.77,0.84]	[0.83,0.88]	[0.94,0.99]

江西

([0.89,0.95],[0.02,0.05])	([0.66,0.90],[0.04,0.10])	([0.78,0.88],[0.02,0.12])	([0.74,0.84],[0.04,0.16])	([0.66,0.78],[0.02,0.10])	([0.78,0.89],[0.07,0.11])	([0.71,0.80],[0.10,0.17])
[0.90,0.97]	[0.96,0.99]	[0.90,0.97]	[0.86,0.94]	[0.85,0.91]	[0.89,0.96]	[0.78,0.86]
([0.80,0.88],[0.04,0.12])	([0.80,0.90],[0.04,0.09])	([0.89,0.96],[0.01,0.04])	([0.71,0.87],[0.05,0.11])	([0.84,0.93],[0.04,0.07])	([0.71,0.87],[0.06,0.12])	([0.74,0.82],[0.04,0.18])
([0.66,0.90],[0.06,0.10])	([0.66,0.88],[0.04,0.11])	([0.73,0.84],[0.07,0.16])	([0.83,0.95],[0.01,0.05])	([0.71,0.80],[0.09,0.18])	([0.73,0.78],[0.12,0.22])	([0.52,0.65],[0.18,0.32])
[0.82,0.88]	[0.89,0.96]	[0.86,0.93]	[0.84,0.90]	[0.95,0.99]	[0.77,0.84]	[0.70,0.79]
[0.88,0.93]	[0.90,0.97]	[0.89,0.94]	[0.90,0.97]	[0.82,0.89]	[0.93,0.97]	[0.77,0.84]
[0.82,0.89]	[0.77,0.84]	[0.85,0.91]	[0.74,0.81]	[0.77,0.85]	[0.78,0.85]	[0.93,0.98]

山西

([0.87,0.96],[0.03,0.04])	([0.76,0.90],[0.03,0.10])	([0.73,0.92],[0.03,0.08])	([0.70,0.90],[0.06,0.10])	([0.68,0.84],[0.10,0.12])	([0.58,0.93],[0.03,0.07])	([0.59,0.79],[0.13,0.19])
[0.89,0.96]	[0.98,1.00]	[0.91,0.98]	[0.88,0.96]	[0.86,0.92]	[0.89,0.96]	[0.75,0.82]
([0.70,0.90],[0.06,0.10])	([0.66,0.96],[0.01,0.04])	([0.81,0.97],[0.01,0.03])	([0.64,0.89],[0.06,0.09])	([0.68,0.97],[0.01,0.03])	([0.53,0.89],[0.04,0.06])	([0.60,0.90],[0.02,0.10])
([0.53,0.94],[0.02,0.03])	([0.57,0.90],[0.02,0.09])	([0.59,0.91],[0.01,0.09])	([0.81,0.94],[0.01,0.06])	([0.64,0.84],[0.07,0.14])	([0.68,0.88],[0.03,0.12])	([0.59,0.76],[0.11,0.21])
[0.77,0.84]	[0.83,0.89]	[0.84,0.90]	[0.82,0.89]	[0.93,0.99]	[0.74,0.81]	[0.70,0.79]
[0.87,0.92]	[0.89,0.96]	[0.86,0.93]	[0.88,0.95]	[0.77,0.85]	[0.96,0.99]	[0.71,0.79]
[0.74,0.81]	[0.71,0.79]	[0.81,0.88]	[0.70,0.77]	[0.70,0.77]	[0.78,0.85]	[0.93,0.99]

甘肃

([0.86,0.92], [0.04,0.08])	([0.79,0.84], [0.09,0.16])	([0.76,0.86], [0.05,0.14])	([0.71,0.79], [0.12,0.21])	([0.67,0.74], [0.12,0.24])	([0.76,0.84], [0.12,0.16])	([0.64,0.70], [0.21,0.29])
[0.84,0.90]	[0.94,0.99]	[0.86,0.93]	[0.71,0.79]	[0.72,0.80]	[0.64,0.69]	[0.63,0.68]
([0.76,0.87], [0.12,0.13])	([0.76,0.84], [0.12,0.16])	([0.80,0.93], [0.05,0.07])	([0.74,0.82], [0.14,0.16])	([0.67,0.75], [0.14,0.25])	([0.55,0.62], [0.22,0.37])	([0.76,0.86], [0.05,0.14])
([0.51,.058], [0.34,0.42])	([0.53,0.58], [0.26,.0.39])	([0.54,0.64], [0.21,0.36])	([0.82,0.93], [0.07,0.07])	([0.54,0.64], [0.21,0.36])	([0.64,0.71], [0.21,0.29])	([0.51,0.57], [0.34,0.42])
[0.74,0.81]	[0.77,0.83]	[0.88,0.95]	[0.69,0.76]	[0.88,0.95]	[0.70,0.79]	[0.65,0.71]
[0.82,0.88]	[0.64,0.69]	[0.65,0.73]	[0.58,0.66]	[0.70,0.77]	[.090,0.97]	[0.65,0.73]
[0.69,0.76]	[0.69,0.76]	[0.68,0.75]	[0.65,0.73]	[0.69,0.76]	[0.69,0.76]	[0.90,0.96]

重庆

([0.86,0.96], [0.00,0.09])	([0.81,0.93], [0.04,0.07])	([0.88,0.92], [0.02,0.08])	([0.72,0.85], [0.04,0.15])	([0.64,0.87], [0.04,0.11])	([0.75,0.89], [0.07,0.11])	([0.68,0.84], [0.09,0.16])
[0.88,0.93]	[0.96,1.00]	[0.90,0.97]	[0.84,0.90]	[0.89,0.94]	[0.85,0.91]	[0.75,0.82]
([0.78,0.89], [0.03,0.05])	([0.80,0.92], [0.04,0.08])	([0.84,0.94], [0.01,0.06])	([0.68,0.84], [0.09,0.16])	([0.81,0.93], [0.04,0.07])	([0.68,0.84], [0.08,0.15])	([0.67,0.87], [0.06,0.13])
([0.72,0.84], [0.11,0.16])	([0.72,0.86], [0.09,0.14])	([0.69,0.87], [0.07,0.09])	([0.74,0.96], [0.00,0.04])	([0.68,0.80], [0.09,0.16])	([0.71,0.92], [0.02,0.08])	([0.62,0.79], [0.12,0.18])
[0.78,0.86]	[0.86,0.93]	[0.88,0.95]	[0.80,0.87]	[0.94,0.98]	[0.74,0.81]	[0.71,0.79]
[0.82,0.87]	[0.89,0.94]	[0.84,0.90]	[0.88,0.95]	[0.87,0.90]	[0.90,1.00]	[0.77,0.84]
[0.81,0.87]	[0.80,0.87]	[0.86,0.92]	[0.80,0.87]	[0.77,0.84]	[0.82,0.88]	[0.94,0.98]

云南

([0.85,0.92], [0.02,0.08])	([0.85,0.91], [0.02,0.09])	([0.69,0.88], [0.07,0.12])	([0.70,0.85], [0.07,0.15])	([0.67,0.81], [0.09,0.17])	([0.72,0.85], [0.08,0.15])	([0.60,0.75], [0.17,0.24])
[0.90,0.95]	[0.96,0.99]	[0.92,0.98]	[0.91,0.97]	[0.88,0.95]	[0.93,0.98]	[0.86,0.91]
([0.71,0.90], [0.04,0.10])	([0.65,0.93], [0.03,0.07])	([0.85,0.94], [0.02,0.06])	([0.69,0.85], [0.03,0.12])	([0.85,0.91], [0.02,0.09])	([0.67,0.84], [0.03,0.15])	([0.63,0.87], [0.04,0.13])
([0.65,0.85], [0.07,0.15])	([0.60,0.82], [0.07,0.16])	([0.66,0.85], [0.03,0.15])	([0.81,0.94], [0.01,0.06])	([0.65,0.78], [0.10,0.22])	([0.69,0.88], [0.02,0.12])	([0.44,0.53], [0.27,0.45])
[0.82,0.88]	[0.71,0.79]	[0.86,0.93]	[0.72,0.80]	[0.93,0.98]	[0.77,0.84]	[0.65,0.71]
[0.77,0.84]	[0.89,0.94]	[0.86,0.91]	[0.90,0.96]	[0.82,0.88]	[0.93,0.88]	[0.58,0.64]
[0.69,0.76]	[0.70,0.79]	[0.77,0.83]	[0.66,0.73]	[0.62,0.68]	[0.67,0.73]	[0.93,0.98]

新疆

([0.87,0.93],[0.03,0.07])	([0.77,0.84],[0.12,0.16])	([0.68,0.76],[0.12,0.24])	([0.68,0.75],[0.15,0.25])	([0.63,0.73],[0.21,0.25])	([0.65,0.73],[0.19,0.27])	([0.52,0.75],[0.21,0.24])
[0.60,0.66]	[0.94,0.99]	[0.60,0.68]	[0.60,0.66]	[0.62,0.70]	[0.62,0.70]	[0.60,0.69]
([0.56,0.68],[0.23,0.32])	([0.55,0.59],[0.24,0.41])	([0.87,0.93],[0.03,0.07])	([0.57,0.65],[0.29,0.32])	([0.55,0.68],0.29,0.32)	([0.52,0.57],[0.21,0.43])	([0.61,0.64],[0.28,0.36])
([0.56,0.64],[0.28,0.36])	([0.55,0.60],[0.27,0.40])	([0.55,0.59],[0.39,0.41])	([0.81,0.93],[0.05,0.07])	([0.52,0.57],[0.35,0.43])	([0.65,0.67],[0.24,0.33])	([0.55,0.61],[0.27,0.36])
[0.66,0.70]	[0.69,0.75]	[0.65,0.71]	[0.65,0.71]	[0.90,0.97]	[0.65,0.72]	[0.63,0.70]
[0.67,0.73]	[0.61,0.69]	[0.68,0.74]	[0.54,0.62]	[0.71,0.78]	[0.90,0.96]	[0.66,0.73]
[0.69,0.77]	[0.69,0.77]	[0.68,0.75]	[0.66,0.74]	[0.69,0.75]	[0.65,0.75]	[0.93,0.90]

西藏

([0.90,0.93],[0.03,0.07])	([0.71,0.76],[0.22,0.24])	([0.62,0.73],[0.24,0.27])	([0.54,0.67],[0.30,0.33])	([0.51,0.62],[0.34,0.36])	([0.52,0.62],[0.34,0.38])	([0.46,0.65],[0.33,0.34])
[0.61,0.68]	[0.95,0.99]	[0.62,0.68]	[0.61,0.76]	[0.60,0.68]	[0.63,0.69]	[0.60,0.69]
([0.62,0.68],[0.29,0.32])	([0.63,0.70],[0.27,0.30])	([0.87,0.95],[0.02,0.05])	([0.53,0.71],[0.25,0.26])	([0.51,0.62],[0.37,0.38])	([0.56,0.64],[0.28,0.32])	([0.58,0.67],[0.31,0.33])
([0.53,0.65],[0.30,0.35])	([0.54,0.68],[0.26,0.30])	([0.56,0.69],[0.27,0.31])	([0.86,0.92],[0.03,0.08])	([0.53,0.68],[0.24,0.32])	([0.54,0.78],[0.19,0.22])	([0.53,0.71],[0.19,0.24])
[0.66,0.73]	[0.66,0.70]	[0.64,0.67]	[0.67,0.71]	[0.91,0.96]	[0.65,0.72]	[0.63,0.69]
[0.67,0.76]	[0.66,0.71]	[0.66,0.73]	[0.61,0.67]	[0.72,0.75]	[0.91,0.96]	[0.67,0.70]
[0.68,0.76]	[0.66,0.74]	[0.67,0.75]	[0.66,0.73]	[0.65,0.74]	[0.68,0.72]	[0.88,0.93]

四川

([0.83,0.95],[0.01,0.05])	([0.77,0.90],[0.04,0.10])	([0.85,0.88],[0.03,0.12])	([0.69,0.87],[0.04,0.13])	([0.69,0.85],[0.04,0.13])	([0.77,0.90],[0.04,0.10])	([0.74,0.83],[0.06,0.15])
[0.88,0.93]	[0.95,0.99]	[0.90,0.97]	[0.90,0.95]	[0.86,0.92]	[0.87,0.95]	[0.71,0.79]
([0.85,0.88],[0.03,0.12])	([0.85,0.90],[0.01,0.10])	([0.78,0.96],[0.03,0.04])	([0.69,0.86],[0.04,0.13])	([0.78,0.95],[0.03,0.05])	([0.69,0.86],[0.04,0.13])	([0.74,0.88],[0.03,0.12])
([0.69,0.86],[0.04,0.14])	([0.71,0.85],[0.03,0.14])	([0.77,0.90],[0.04,0.10])	([0.79,0.94],[0.00,0.06])	([0.74,0.82],[0.09,0.18])	([0.77,0.90],[0.04,0.10])	([0.63,0.68],[0.22,0.29])
[0.82,0.88]	[0.80,0.87]	[0.84,0.89]	[0.76,0.83]	[0.93,0.98]	[0.76,0.83]	[0.70,0.79]
[0.85,0.91]	[0.89,0.94]	[0.84,0.90]	[0.86,0.93]	[0.77,0.84]	[0.93,0.98]	[0.77,0.83]
[0.81,0.87]	[0.74,0.81]	[0.86,0.91]	[0.80,0.87]	[0.76,0.83]	[0.77,0.84]	[0.93,0.98]

陕西

([0.82,0.95], [0.01,0.05])	([0.80,0.87], [0.06,0.13])	([0.77,0.88], [0.04,0.12])	([0.73,0.88], [0.07,0.12])	([0.75,0.83], [0.08,0.14])	([0.85,0.92], [0.05,0.08])	([0.64,0.75], [0.15,0.24])
[0.88,0.93]	[0.95,0.99]	[0.90,0.97]	[0.90,0.95]	[0.86,0.92]	[0.87,0.95]	[0.71,0.79]
([0.80,0.82], [0.11,0.18])	([0.77,0.90], [0.07,0.10])	([0.89,0.94], [0.02,0.06])	([0.81,0.85], [0.08,0.13])	([0.80,0.89], [0.05,0.11])	([0.75,0.80], [0.10,0.18])	([0.81,0.88], [0.07,0.12])
([0.60,0.73], [0.24,0.27])	([0.56,0.65], [0.25,0.32])	([0.61,0.76], [0.17,0.24])	([0.80,0.95], [0.01,0.05])	([0.61,0.76], [0.17,0.24])	([0.73,0.81], [0.13,0.19])	([0.56,0.63], [0.24,0.36])
[0.76,0.85]	[0.75,0.82]	[0.83,0.89]	[0.71,0.79]	[0.93,0.97]	[0.72,0.75]	[0.71,0.74]
[0.70,0.73]	[0.81,0.89]	[0.76,0.85]	[0.74,0.81]	[0.66,0.75]	[0.94,0.98]	[0.66,0.71]
[0.81,0.78]	[0.67,0.78]	[0.74,0.82]	[0.72,0.74]	[0.66,0.73]	[0.74,0.76]	[0.93,0.97]

青海

([0.86,0.93], [0.03,0.07])	([0.79,0.87], [0.05,0.13])	([0.76,0.86], [0.05,0.14])	([0.71,0.83], [0.05,0.17])	([0.76,0.82], [0.12,0.16])	([0.79,0.87], [0.05,0.13])	([0.64,0.68], [0.26,0.30])
[0.86,0.91]	[0.93,0.98]	[0.84,0.90]	[0.81,0.87]	[0.86,0.92]	[0.81,0.87]	[0.57,0.63]
([0.83,0.91], [0.05,0.09])	([0.76,0.88], [0.04,0.12])	([0.89,0.96], [0.03,0.04])	([0.75,0.86], [0.08,0.12])	([0.79,0.87], [0.05,0.13])	([0.66,0.74], [0.11,0.25])	([0.64,0.72], [0.20,0.28])
([0.54,0.64], [0.21,0.36])	([0.64,0.68], [0.21,0.29])	([0.54,0.66], [0.20,0.34])	([0.77,0.88], [0.08,0.12])	([0.54,0.62], [0.24,0.38])	([0.64,0.82], [0.11,0.18])	([0.51,0.63], [0.26,0.34])
[0.71,0.79]	[0.68,0.73]	[0.74,0.81]	[0.65,0.71]	[0.91,0.97]	[0.62,0.69]	[0.57,0.63]
[0.74,0.81]	[0.77,0.84]	[0.65,0.73]	[0.71,0.79]	[0.68,0.73]	[0.92,0.98]	[0.61,0.67]
[0.68,0.73]	[0.65,0.70]	[0.64,0.69]	[0.59,0.65]	[0.57,0.63]	[0.61,0.67]	[0.90,0.95]

宁夏

([0.86,0.92], [0.04,0.08])	([0.76,0.82], [0.11,0.18])	([0.70,0.79], [0.14,0.21])	([0.71,0.76], [0.14,0.24])	([0.58,0.64], [0.21,0.32])	([0.64,0.72], [0.24,0.28])	([0.53,0.59], [0.32,0.39])
[0.83,0.91]	[0.89,0.96]	[0.74,0.82]	[0.72,0.79]	[0.67,0.75]	[0.77,0.84]	[0.58,0.60]
([0.76,0.86], [0.13,0.14])	([0.76,0.84], [0.08,0.16])	([0.80,0.95], [0.04,0.05])	([0.74,0.82], [0.14,0.16])	([0.76,0.86], [0.04,0.14])	([0.61,0.71], [0.12,0.26])	([0.76,0.87], [0.04,0.13])
([0.61,0.74], [0.12,0.26])	([0.53,0.57], [0.28,0.41])	([0.54,0.62], [0.24,0.38])	([0.80,0.88], [0.03,0.12])	([0.54,0.61], [0.25,0.39])	([0.64,0.71], [0.21,0.29])	([0.51,0.63], [0.26,0.34])
[0.66,0.73]	[0.69,0.80]	[0.82,0.89]	[0.75,0.84]	[0.91,0.96]	[0.69,0.77]	[0.61,0.70]
[0.76,0.85]	[0.81,0.89]	[0.66,0.68]	[0.76,0.85]	[0.65,0.73]	[0.88,0.95]	[0.62,0.69]
[0.61,0.69]	[0.60,0.68]	[0.66,0.73]	[0.60,0.68]	[0.57,0.64]	[0.58,0.66]	[0.88,0.93]

广西

([0.83,0.95], [0.01,0.05])	([0.77,0.87], [0.06,0.13])	([0.75,0.86], [0.06,0.14])	([0.78,0.90], [0.06,0.10])	([0.78,0.84], [0.08,0.14])	([0.75,0.83], [0.09,0.17])	([0.64,0.78], [0.11,0.20])
[0.86,0.91]	[0.95,0.99]	[0.88,0.95]	[0.87,0.94]	[0.90,0.96]	[0.86,0.93]	[0.77,0.83]
([0.77,0.87], [0.06,0.13])	([0.72,0.93], [0.02,0.07])	([0.86,0.95], [0.01,0.05])	([0.77,0.85], [0.06,0.13])	([0.77,0.90], [0.02,0.10])	([0.72,0.82], [0.09,0.17])	([0.78,0.90], [0.06,0.10])
([0.72,0.85], [0.11,0.15])	([0.77,0.85], [0.06,0.13])	([0.75,0.84], [0.13,0.16])	([0.77,0.93], [0.01,0.07])	([0.59,0.74], [0.18,0.25])	([0.77,0.87], [0.08,0.13])	([0.57,0.64], [0.21,0.32])
[0.74,0.81]	[0.88,0.95]	[0.86,0.93]	[0.77,0.83]	[0.94,0.99]	[0.71,0.79]	[0.69,0.76]
[0.77,0.83]	[0.85,0.92]	[0.83,0.90]	[0.86,0.93]	[0.68,0.75]	[0.94,0.99]	[0.66,0.72]
[0.79,0.87]	[0.77,0.83]	[0.82,0.88]	[0.74,0.81]	[0.69,0.76]	[0.70,0.79]	[0.93,0.98]

全国

([0.88,0.94], [0.00,0.06])	([0.72,0.90], [0.08,0.10])	([0.76,0.91], [0.06,0.09])	([0.66,0.88], [0.09,0.12])	([0.63,0.87], [0.10,0.12])	([0.72,0.90], [0.07,0.10])	([0.57,0.77], [0.17,0.20])
[0.90,0.95]	[0.96,0.99]	[0.91,0.96]	[0.87,0.93]	[0.87,0.92]	[0.90,0.95]	[0.82,0.88]
([0.74,0.91], [0.05,0.09])	([0.73,0.92], [0.05,0.07])	([0.85,0.96], [0.00,0.04])	([0.68,0.84], [0.11,0.15])	([0.76,0.91], [0.07,0.09])	([0.57,0.72], [0.23,0.26])	([0.73,0.88], [0.08,0.12])
([0.67,0.80], [0.15,0.19])	([0.69,0.84], [0.11,0.15])	([0.77,0.90], [0.09,0.10])	([0.77,0.96], [0.02,0.04])	([0.58,0.74], [0.20,0.26])	([0.80,0.90], [0.07,0.10])	([0.59,0.76], [0.17,0.23])
[0.88,0.93]	[0.86,0.94]	[0.89,0.94]	[0.87,0.92]	[0.96,0.99]	[0.81,0.87]	[0.79,0.85]
[0.84,0.91]	[0.94,0.96]	[0.86,0.93]	[0.91,0.96]	[0.79,0.86]	[0.95,0.99]	[0.82,0.88]
[0.88,0.93]	[0.81,0.89]	[0.92,0.96]	[0.78,0.86]	[0.86,0.93]	[0.83,0.89]	[0.91,0.98]

附录 2:全国 31 个省旅游经济体系直接耦合度矩阵

北京

$$\begin{pmatrix} 0.99 & 0.78 & 0.92 & 0.87 & 0.87 & 0.90 & 0.88 \\ 0.95 & 0.99 & 0.95 & 0.92 & 0.91 & 0.92 & 0.89 \\ 0.91 & 0.86 & 0.98 & 0.89 & 0.92 & 0.82 & 0.90 \\ 0.84 & 0.89 & 0.92 & 0.97 & 0.85 & 0.95 & 0.87 \\ 0.91 & 0.90 & 0.94 & 0.94 & 0.99 & 0.87 & 0.88 \\ 0.92 & 0.95 & 0.90 & 0.94 & 0.90 & 0.98 & 0.90 \\ 0.93 & 0.90 & 0.95 & 0.89 & 0.90 & 0.88 & 0.99 \end{pmatrix}$$

天津

$$\begin{pmatrix} 0.97 & 0.90 & 0.93 & 0.89 & 0.83 & 0.85 & 0.94 \\ 0.92 & 0.96 & 0.90 & 0.87 & 0.91 & 0.94 & 0.88 \\ 0.79 & 0.85 & 0.96 & 0.84 & 0.85 & 0.85 & 0.89 \\ 0.88 & 0.90 & 0.87 & 0.98 & 0.85 & 0.92 & 0.81 \\ 0.94 & 0.92 & 0.94 & 0.89 & 0.98 & 0.87 & 0.85 \\ 0.89 & 0.85 & 0.87 & 0.92 & 0.95 & 0.96 & 0.90 \\ 0.90 & 0.87 & 0.93 & 0.90 & 0.84 & 0.83 & 0.95 \end{pmatrix}$$

河北

$$\begin{pmatrix} 0.96 & 0.85 & 0.89 & 0.87 & 0.83 & 0.89 & 0.87 \\ 0.93 & 0.95 & 0.94 & 0.90 & 0.91 & 0.94 & 0.86 \\ 0.93 & 0.79 & 0.96 & 0.75 & 0.78 & 0.74 & 0.91 \\ 0.89 & 0.90 & 0.91 & 0.96 & 0.88 & 0.94 & 0.85 \\ 0.83 & 0.89 & 0.92 & 0.81 & 0.95 & 0.83 & 0.78 \\ 0.72 & 0.78 & 0.75 & 0.76 & 0.80 & 0.94 & 0.77 \\ 0.88 & 0.84 & 0.91 & 0.85 & 0.78 & 0.81 & 0.94 \end{pmatrix}$$

山东

$$\begin{pmatrix} 0.96 & 0.90 & 0.86 & 0.85 & 0.87 & 0.89 & 0.85 \\ 0.87 & 0.97 & 0.74 & 0.82 & 0.84 & 0.93 & 0.76 \\ 0.92 & 0.95 & 0.97 & 0.86 & 0.93 & 0.84 & 0.95 \\ 0.75 & 0.69 & 0.74 & 0.96 & 0.74 & 0.86 & 0.77 \\ 0.80 & 0.85 & 0.93 & 0.82 & 0.97 & 0.83 & 0.80 \\ 0.90 & 0.92 & 0.88 & 0.90 & 0.89 & 0.95 & 0.82 \\ 0.89 & 0.84 & 0.94 & 0.80 & 0.79 & 0.85 & 0.95 \end{pmatrix}$$

福建

$$\begin{pmatrix} 0.97 & 0.84 & 0.90 & 0.87 & 0.83 & 0.86 & 0.79 \\ 0.87 & 0.97 & 0.89 & 0.88 & 0.87 & 0.91 & 0.78 \\ 0.92 & 0.93 & 0.97 & 0.85 & 0.87 & 0.82 & 0.90 \\ 0.86 & 0.76 & 0.81 & 0.96 & 0.81 & 0.96 & 0.73 \\ 0.80 & 0.90 & 0.93 & 0.84 & 0.98 & 0.87 & 0.83 \\ 0.89 & 0.92 & 0.87 & 0.92 & 0.89 & 0.98 & 0.82 \\ 0.85 & 0.81 & 0.90 & 0.81 & 0.80 & 0.84 & 0.97 \end{pmatrix}$$

浙江

$$\begin{pmatrix} 0.99 & 0.91 & 0.97 & 0.95 & 0.88 & 0.91 & 0.83 \\ 0.95 & 0.99 & 0.96 & 0.95 & 0.92 & 0.92 & 0.89 \\ 0.93 & 0.91 & 0.98 & 0.87 & 0.97 & 0.87 & 0.92 \\ 0.90 & 0.97 & 0.91 & 0.97 & 0.91 & 0.97 & 0.78 \\ 0.91 & 0.90 & 0.94 & 0.94 & 0.90 & 0.87 & 0.88 \\ 0.92 & 0.95 & 0.90 & 0.93 & 0.89 & 0.98 & 0.90 \\ 0.93 & 0.88 & 0.95 & 0.86 & 0.90 & 0.88 & 0.99 \end{pmatrix}$$

上海

$$\begin{pmatrix} 0.98 & 0.94 & 0.92 & 0.91 & 0.90 & 0.91 & 0.90 \\ 0.95 & 0.99 & 0.91 & 0.92 & 0.91 & 0.93 & 0.89 \\ 0.93 & 0.94 & 0.99 & 0.90 & 0.94 & 0.90 & 0.95 \\ 0.84 & 0.89 & 0.96 & 0.98 & 0.96 & 0.98 & 0.88 \\ 0.91 & 0.90 & 0.94 & 0.94 & 0.99 & 0.87 & 0.88 \\ 0.92 & 0.95 & 0.90 & 0.93 & 0.89 & 0.98 & 0.90 \\ 0.93 & 0.88 & 0.95 & 0.86 & 0.90 & 0.88 & 0.99 \end{pmatrix}$$

广东

$$\begin{pmatrix} 0.97 & 0.91 & 0.94 & 0.90 & 0.88 & 0.90 & 0.87 \\ 0.94 & 0.97 & 0.90 & 0.91 & 0.90 & 0.93 & 0.92 \\ 0.91 & 0.90 & 0.97 & 0.90 & 0.89 & 0.87 & 0.93 \\ 0.90 & 0.95 & 0.92 & 0.98 & 0.90 & 0.93 & 0.89 \\ 0.91 & 0.92 & 0.93 & 0.94 & 0.99 & 0.89 & 0.87 \\ 0.92 & 0.94 & 0.90 & 0.94 & 0.89 & 0.99 & 0.88 \\ 0.93 & 0.88 & 0.93 & 0.90 & 0.91 & 0.90 & 0.98 \end{pmatrix}$$

江苏

$$\begin{pmatrix} 0.98 & 0.92 & 0.91 & 0.83 & 0.87 & 0.94 & 0.84 \\ 0.93 & 0.96 & 0.93 & 0.89 & 0.93 & 0.87 & 0.94 \\ 0.88 & 0.94 & 0.99 & 0.87 & 0.92 & 0.85 & 0.90 \\ 0.81 & 0.87 & 0.83 & 0.86 & 0.83 & 0.86 & 0.92 \\ 0.92 & 0.87 & 0.94 & 0.94 & 0.98 & 0.86 & 0.88 \\ 0.92 & 0.88 & 0.94 & 0.94 & 0.89 & 0.96 & 0.88 \\ 0.93 & 0.94 & 0.89 & 0.93 & 0.93 & 0.90 & 0.97 \end{pmatrix}$$

江西

$$\begin{pmatrix} 0.96 & 0.90 & 0.92 & 0.89 & 0.91 & 0.90 & 0.85 \\ 0.90 & 0.97 & 0.93 & 0.90 & 0.88 & 0.93 & 0.82 \\ 0.91 & 0.93 & 0.97 & 0.90 & 0.94 & 0.89 & 0.88 \\ 0.89 & 0.90 & 0.87 & 0.96 & 0.85 & 0.82 & 0.70 \\ 0.85 & 0.92 & 0.90 & 0.87 & 0.97 & 0.80 & 0.74 \\ 0.90 & 0.93 & 0.91 & 0.93 & 0.85 & 0.95 & 0.80 \\ 0.85 & 0.80 & 0.88 & 0.77 & 0.81 & 0.81 & 0.95 \end{pmatrix}$$

海南

$$\begin{pmatrix} 0.94 & 0.88 & 0.92 & 0.89 & 0.78 & 0.79 & 0.67 \\ 0.91 & 0.98 & 0.95 & 0.90 & 0.86 & 0.96 & 0.84 \\ 0.95 & 0.93 & 0.96 & 0.90 & 0.92 & 0.81 & 0.90 \\ 0.84 & 0.85 & 0.70 & 0.95 & 0.70 & 0.90 & 0.79 \\ 0.85 & 0.88 & 0.90 & 0.82 & 0.95 & 0.86 & 0.75 \\ 0.76 & 0.95 & 0.87 & 0.93 & 0.81 & 0.94 & 0.76 \\ 0.83 & 0.78 & 0.80 & 0.76 & 0.79 & 0.80 & 0.92 \end{pmatrix}$$

安徽

$$\begin{pmatrix} 0.96 & 0.90 & 0.93 & 0.91 & 0.89 & 0.90 & 0.85 \\ 0.90 & 0.96 & 0.94 & 0.90 & 0.91 & 0.93 & 0.80 \\ 0.92 & 0.89 & 0.97 & 0.80 & 0.92 & 0.84 & 0.90 \\ 0.88 & 0.90 & 0.87 & 0.97 & 0.80 & 0.90 & 0.81 \\ 0.85 & 0.90 & 0.92 & 0.89 & 0.98 & 0.75 & 0.72 \\ 0.90 & 0.92 & 0.88 & 0.90 & 0.80 & 0.98 & 0.76 \\ 0.73 & 0.75 & 0.78 & 0.74 & 0.67 & 0.70 & 0.94 \end{pmatrix}$$

湖北

$$\begin{pmatrix} 0.97 & 0.92 & 0.93 & 0.92 & 0.90 & 0.90 & 0.89 \\ 0.93 & 0.98 & 0.92 & 0.90 & 0.91 & 0.94 & 0.90 \\ 0.92 & 0.90 & 0.98 & 0.86 & 0.93 & 0.82 & 0.92 \\ 0.90 & 0.91 & 0.90 & 0.98 & 0.89 & 0.92 & 0.80 \\ 0.89 & 0.92 & 0.93 & 0.85 & 0.99 & 0.87 & 0.81 \\ 0.88 & 0.92 & 0.85 & 0.93 & 0.84 & 0.97 & 0.83 \\ 0.85 & 0.83 & 0.91 & 0.85 & 0.81 & 0.86 & 0.98 \end{pmatrix}$$

湖南

$$\begin{pmatrix} 0.98 & 0.90 & 0.93 & 0.91 & 0.90 & 0.88 & 0.82 \\ 0.91 & 0.97 & 0.91 & 0.90 & 0.86 & 0.93 & 0.80 \\ 0.90 & 0.92 & 0.98 & 0.90 & 0.93 & 0.80 & 0.85 \\ 0.88 & 0.90 & 0.87 & 0.96 & 0.85 & 0.90 & 0.75 \\ 0.85 & 0.89 & 0.93 & 0.83 & 0.97 & 0.86 & 0.80 \\ 0.87 & 0.92 & 0.87 & 0.93 & 0.86 & 0.97 & 0.82 \\ 0.84 & 0.83 & 0.89 & 0.83 & 0.80 & 0.85 & 0.96 \end{pmatrix}$$

山西

$$\begin{pmatrix} 0.96 & 0.92 & 0.93 & 0.90 & 0.86 & 0.90 & 0.80 \\ 0.92 & 0.99 & 0.94 & 0.92 & 0.89 & 0.93 & 0.78 \\ 0.90 & 0.94 & 0.97 & 0.90 & 0.95 & 0.89 & 0.90 \\ 0.91 & 0.90 & 0.91 & 0.96 & 0.87 & 0.90 & 0.80 \\ 0.80 & 0.86 & 0.87 & 0.85 & 0.96 & 0.77 & 0.74 \\ 0.89 & 0.92 & 0.89 & 0.91 & 0.81 & 0.97 & 0.75 \\ 0.78 & 0.75 & 0.84 & 0.73 & 0.73 & 0.81 & 0.96 \end{pmatrix}$$

河南

$$\begin{pmatrix} 0.95 & 0.93 & 0.92 & 0.90 & 0.90 & 0.89 & 0.85 \\ 0.90 & 0.96 & 0.91 & 0.89 & 0.83 & 0.88 & 0.75 \\ 0.91 & 0.92 & 0.95 & 0.90 & 0.92 & 0.85 & 0.80 \\ 0.87 & 0.86 & 0.85 & 0.94 & 0.82 & 0.87 & 0.68 \\ 0.85 & 0.88 & 0.90 & 0.80 & 0.93 & 0.76 & 0.65 \\ 0.88 & 0.93 & 0.85 & 0.90 & 0.86 & 0.92 & 0.78 \\ 0.80 & 0.84 & 0.89 & 0.82 & 0.80 & 0.82 & 0.94 \end{pmatrix}$$

内蒙古

$$\begin{pmatrix} 0.95 & 0.88 & 0.90 & 0.89 & 0.87 & 0.85 & 0.78 \\ 0.90 & 0.96 & 0.92 & 0.87 & 0.83 & 0.88 & 0.75 \\ 0.92 & 0.93 & 0.95 & 0.86 & 0.91 & 0.85 & 0.90 \\ 0.85 & 0.86 & 0.85 & 0.94 & 0.82 & 0.87 & 0.68 \\ 0.80 & 0.82 & 0.88 & 0.80 & 0.93 & 0.76 & 0.65 \\ 0.85 & 0.89 & 0.80 & 0.88 & 0.78 & 0.92 & 0.75 \\ 0.83 & 0.83 & 0.89 & 0.76 & 0.70 & 0.72 & 0.94 \end{pmatrix}$$

辽宁

$$\begin{pmatrix} 0.95 & 0.89 & 0.90 & 0.85 & 0.81 & 0.80 & 0.78 \\ 0.87 & 0.92 & 0.85 & 0.80 & 0.78 & 0.75 & 0.69 \\ 0.85 & 0.89 & 0.94 & 0.83 & 0.89 & 0.84 & 0.80 \\ 0.82 & 0.80 & 0.85 & 0.92 & 0.83 & 0.89 & 0.75 \\ 0.80 & 0.88 & 0.89 & 0.84 & 0.90 & 0.80 & 0.70 \\ 0.83 & 0.89 & 0.84 & 0.88 & 0.80 & 0.93 & 0.65 \\ 0.84 & 0.80 & 0.86 & 0.81 & 0.75 & 0.73 & 0.90 \end{pmatrix}$$

吉林

$$\begin{pmatrix} 0.94 & 0.87 & 0.90 & 0.85 & 0.80 & 0.81 & 0.75 \\ 0.86 & 0.93 & 0.88 & 0.84 & 0.81 & 0.84 & 0.68 \\ 0.88 & 0.85 & 0.94 & 0.81 & 0.86 & 0.80 & 0.78 \\ 0.83 & 0.82 & 0.87 & 0.92 & 0.80 & 0.89 & 0.73 \\ 0.79 & 0.87 & 0.89 & 0.82 & 0.91 & 0.72 & 0.69 \\ 0.85 & 0.88 & 0.82 & 0.85 & 0.73 & 0.93 & 0.65 \\ 0.72 & 0.74 & 0.80 & 0.69 & 0.70 & 0.71 & 0.92 \end{pmatrix}$$

黑龙江

$$\begin{pmatrix} 0.95 & 0.88 & 0.90 & 0.87 & 0.80 & 0.79 & 0.74 \\ 0.86 & 0.95 & 0.87 & 0.85 & 0.82 & 0.83 & 0.71 \\ 0.88 & 0.89 & 0.94 & 0.86 & 0.90 & 0.84 & 0.86 \\ 0.81 & 0.85 & 0.86 & 0.93 & 0.82 & 0.87 & 0.71 \\ 0.82 & 0.88 & 0.89 & 0.81 & 0.90 & 0.79 & 0.69 \\ 0.72 & 0.71 & 0.73 & 0.81 & 0.71 & 0.92 & 0.69 \\ 0.83 & 0.73 & 0.84 & 0.70 & 0.71 & 0.74 & 0.94 \end{pmatrix}$$

甘肃

$$\begin{pmatrix} 0.94 & 0.87 & 0.89 & 0.82 & 0.80 & 0.80 & 0.73 \\ 0.87 & 0.96 & 0.90 & 0.75 & 0.76 & 0.66 & 0.65 \\ 0.86 & 0.85 & 0.93 & 0.84 & 0.78 & 0.67 & 0.89 \\ 0.59 & 0.63 & 0.68 & 0.93 & 0.68 & 0.73 & 0.59 \\ 0.78 & 0.80 & 0.91 & 0.72 & 0.92 & 0.74 & 0.68 \\ 0.69 & 0.66 & 0.69 & 0.62 & 0.73 & 0.94 & 0.69 \\ 0.72 & 0.72 & 0.71 & 0.69 & 0.72 & 0.72 & 0.93 \end{pmatrix}$$

重庆

$$\begin{pmatrix} 0.97 & 0.94 & 0.95 & 0.89 & 0.90 & 0.90 & 0.85 \\ 0.90 & 0.98 & 0.93 & 0.87 & 0.91 & 0.88 & 0.78 \\ 0.92 & 0.93 & 0.96 & 0.85 & 0.94 & 0.86 & 0.88 \\ 0.85 & 0.87 & 0.89 & 0.97 & 0.85 & 0.93 & 0.82 \\ 0.82 & 0.90 & 0.92 & 0.83 & 0.96 & 0.78 & 0.75 \\ 0.85 & 0.92 & 0.87 & 0.92 & 0.89 & 0.98 & 0.82 \\ 0.84 & 0.83 & 0.89 & 0.83 & 0.80 & 0.85 & 0.96 \end{pmatrix}$$

新疆

$$\begin{pmatrix} 0.95 & 0.85 & 0.80 & 0.78 & 0.74 & 0.75 & 0.72 \\ 0.63 & 0.96 & 0.64 & 0.63 & 0.66 & 0.66 & 0.64 \\ 0.69 & 0.64 & 0.95 & 0.67 & 0.66 & 0.64 & 0.66 \\ 0.65 & 0.64 & 0.68 & 0.93 & 0.59 & 0.70 & 0.65 \\ 0.68 & 0.72 & 0.71 & 0.68 & 0.94 & 0.69 & 0.67 \\ 0.70 & 0.65 & 0.72 & 0.58 & 0.74 & 0.93 & 0.70 \\ 0.73 & 0.73 & 0.89 & 0.70 & 0.72 & 0.71 & 0.90 \end{pmatrix}$$

云南

$$\begin{pmatrix} 0.95 & 0.94 & 0.90 & 0.87 & 0.85 & 0.86 & 0.76 \\ 0.92 & 0.98 & 0.95 & 0.94 & 0.92 & 0.96 & 0.89 \\ 0.91 & 0.92 & 0.96 & 0.90 & 0.94 & 0.89 & 0.88 \\ 0.87 & 0.85 & 0.89 & 0.96 & 0.81 & 0.90 & 0.58 \\ 0.85 & 0.75 & 0.90 & 0.76 & 0.95 & 0.80 & 0.68 \\ 0.80 & 0.91 & 0.89 & 0.93 & 0.85 & 0.96 & 0.61 \\ 0.72 & 0.74 & 0.80 & 0.70 & 0.65 & 0.70 & 0.95 \end{pmatrix}$$

西藏

$$\begin{pmatrix} 0.95 & 0.76 & 0.72 & 0.65 & 0.61 & 0.61 & 0.62 \\ 0.64 & 0.97 & 0.65 & 0.64 & 0.64 & 0.66 & 0.64 \\ 0.68 & 0.70 & 0.96 & 0.70 & 0.59 & 0.67 & 0.66 \\ 0.64 & 0.68 & 0.68 & 0.94 & 0.68 & 0.75 & 0.73 \\ 0.69 & 0.68 & 0.66 & 0.69 & 0.94 & 0.68 & 0.66 \\ 0.71 & 0.68 & 0.70 & 0.64 & 0.73 & 0.93 & 0.69 \\ 0.72 & 0.70 & 0.71 & 0.69 & 0.69 & 0.70 & 0.90 \end{pmatrix}$$

青海

$$\begin{pmatrix} 0.95 & 0.90 & 0.89 & 0.87 & 0.85 & 0.90 & 0.70 \\ 0.89 & 0.95 & 0.87 & 0.84 & 0.89 & 0.84 & 0.60 \\ 0.92 & 0.91 & 0.96 & 0.89 & 0.90 & 0.80 & 0.74 \\ 0.68 & 0.73 & 0.69 & 0.89 & 0.66 & 0.83 & 0.65 \\ 0.75 & 0.70 & 0.78 & 0.68 & 0.94 & 0.65 & 0.60 \\ 0.78 & 0.81 & 0.69 & 0.75 & 0.70 & 0.95 & 0.64 \\ 0.70 & 0.67 & 0.66 & 0.62 & 0.60 & 0.64 & 0.92 \end{pmatrix}$$

陕西

$$\begin{pmatrix} 0.96 & 0.90 & 0.91 & 0.89 & 0.87 & 0.93 & 0.78 \\ 0.90 & 0.98 & 0.89 & 0.83 & 0.85 & 0.90 & 0.74 \\ 0.85 & 0.91 & 0.96 & 0.89 & 0.91 & 0.85 & 0.90 \\ 0.72 & 0.68 & 0.77 & 0.96 & 0.77 & 0.83 & 0.67 \\ 0.80 & 0.78 & 0.86 & 0.75 & 0.95 & 0.74 & 0.73 \\ 0.72 & 0.85 & 0.80 & 0.78 & 0.70 & 0.96 & 0.68 \\ 0.75 & 0.72 & 0.78 & 0.73 & 0.69 & 0.75 & 0.95 \end{pmatrix}$$

宁夏

$$\begin{pmatrix} 0.94 & 0.85 & 0.81 & 0.80 & 0.70 & 0.73 & 0.61 \\ 0.87 & 0.92 & 0.78 & 0.75 & 0.71 & 0.80 & 0.59 \\ 0.85 & 0.87 & 0.94 & 0.84 & 0.90 & 0.78 & 0.90 \\ 0.78 & 0.62 & 0.66 & 0.92 & 0.64 & 0.73 & 0.65 \\ 0.70 & 0.74 & 0.85 & 0.80 & 0.93 & 0.73 & 0.68 \\ 0.80 & 0.85 & 0.75 & 0.80 & 0.69 & 0.91 & 0.65 \\ 0.65 & 0.64 & 0.70 & 0.64 & 0.60 & 0.62 & 0.90 \end{pmatrix}$$

贵州

$$\begin{pmatrix} 0.97 & 0.90 & 0.94 & 0.90 & 0.85 & 0.90 & 0.80 \\ 0.89 & 0.98 & 0.93 & 0.87 & 0.89 & 0.91 & 0.85 \\ 0.86 & 0.92 & 0.97 & 0.80 & 0.94 & 0.82 & 0.90 \\ 0.80 & 0.85 & 0.76 & 0.95 & 0.70 & 0.89 & 0.72 \\ 0.76 & 0.72 & 0.73 & 0.70 & 0.94 & 0.74 & 0.69 \\ 0.72 & 0.93 & 0.85 & 0.82 & 0.79 & 0.95 & 0.77 \\ 0.75 & 0.68 & 0.76 & 0.71 & 0.69 & 0.65 & 0.94 \end{pmatrix}$$

四川

$$\begin{pmatrix} 0.96 & 0.92 & 0.93 & 0.90 & 0.90 & 0.92 & 0.88 \\ 0.90 & 0.97 & 0.94 & 0.92 & 0.89 & 0.91 & 0.75 \\ 0.93 & 0.94 & 0.96 & 0.90 & 0.95 & 0.90 & 0.92 \\ 0.89 & 0.90 & 0.92 & 0.96 & 0.85 & 0.92 & 0.72 \\ 0.85 & 0.83 & 0.86 & 0.80 & 0.95 & 0.79 & 0.74 \\ 0.88 & 0.91 & 0.87 & 0.90 & 0.81 & 0.96 & 0.80 \\ 0.84 & 0.78 & 0.89 & 0.83 & 0.79 & 0.81 & 0.95 \end{pmatrix}$$

广西

$$\begin{pmatrix} 0.96 & 0.90 & 0.89 & 0.91 & 0.88 & 0.86 & 0.82 \\ 0.89 & 0.97 & 0.92 & 0.90 & 0.93 & 0.90 & 0.80 \\ 0.90 & 0.94 & 0.97 & 0.90 & 0.93 & 0.85 & 0.91 \\ 0.85 & 0.90 & 0.84 & 0.95 & 0.75 & 0.89 & 0.70 \\ 0.78 & 0.91 & 0.90 & 0.80 & 0.96 & 0.75 & 0.73 \\ 0.80 & 0.88 & 0.86 & 0.90 & 0.71 & 0.96 & 0.69 \\ 0.83 & 0.80 & 0.85 & 0.78 & 0.73 & 0.74 & 0.95 \end{pmatrix}$$

全国

$$\begin{pmatrix} 0.97 & 0.89 & 0.91 & 0.86 & 0.85 & 0.90 & 0.77 \\ 0.93 & 0.98 & 0.94 & 0.90 & 0.89 & 0.92 & 0.85 \\ 0.91 & 0.92 & 0.97 & 0.85 & 0.91 & 0.72 & 0.89 \\ 0.81 & 0.85 & 0.89 & 0.96 & 0.74 & 0.91 & 0.76 \\ 0.91 & 0.90 & 0.92 & 0.90 & 0.97 & 0.84 & 0.82 \\ 0.88 & 0.95 & 0.90 & 0.93 & 0.82 & 0.97 & 0.85 \\ 0.90 & 0.85 & 0.94 & 0.82 & 0.89 & 0.86 & 0.96 \end{pmatrix}$$

附录 3:全国 31 个省旅游经济体系各子系统直接影响矩阵

北京

$$\begin{pmatrix} 0.01 & 0.22 & 0.08 & 0.13 & 0.13 & 0.10 & 0.12 \\ 0.05 & 0.01 & 0.05 & 0.08 & 0.09 & 0.08 & 0.11 \\ 0.09 & 0.14 & 0.02 & 0.11 & 0.08 & 0.18 & 0.10 \\ 0.16 & 0.11 & 0.08 & 0.03 & 0.15 & 0.05 & 0.13 \\ 0.09 & 0.10 & 0.06 & 0.06 & 0.01 & 0.13 & 0.12 \\ 0.08 & 0.05 & 0.10 & 0.06 & 0.10 & 0.02 & 0.10 \\ 0.07 & 0.10 & 0.05 & 0.11 & 0.10 & 0.12 & 0.01 \end{pmatrix}$$

天津

$$\begin{pmatrix} 0.03 & 0.10 & 0.07 & 0.11 & 0.17 & 0.15 & 0.06 \\ 0.08 & 0.04 & 0.10 & 0.13 & 0.09 & 0.06 & 0.12 \\ 0.21 & 0.15 & 0.04 & 0.16 & 0.15 & 0.15 & 0.11 \\ 0.12 & 0.10 & 0.13 & 0.02 & 0.15 & 0.08 & 0.19 \\ 0.06 & 0.08 & 0.06 & 0.11 & 0.02 & 0.13 & 0.15 \\ 0.11 & 0.15 & 0.13 & 0.08 & 0.05 & 0.04 & 0.10 \\ 0.10 & 0.13 & 0.07 & 0.10 & 0.16 & 0.17 & 0.05 \end{pmatrix}$$

河北

$$\begin{pmatrix} 0.04 & 0.15 & 0.11 & 0.13 & 0.17 & 0.11 & 0.13 \\ 0.07 & 0.05 & 0.06 & 0.10 & 0.09 & 0.06 & 0.14 \\ 0.07 & 0.21 & 0.04 & 0.25 & 0.22 & 0.26 & 0.09 \\ 0.11 & 0.10 & 0.09 & 0.04 & 0.12 & 0.06 & 0.15 \\ 0.17 & 0.11 & 0.08 & 0.19 & 0.05 & 0.17 & 0.22 \\ 0.28 & 0.22 & 0.25 & 0.24 & 0.20 & 0.06 & 0.23 \\ 0.12 & 0.16 & 0.09 & 0.15 & 0.12 & 0.19 & 0.06 \end{pmatrix}$$

山东

$$\begin{pmatrix} 0.04 & 0.10 & 0.14 & 0.15 & 0.13 & 0.11 & 0.15 \\ 0.13 & 0.03 & 0.26 & 0.18 & 0.16 & 0.07 & 0.24 \\ 0.08 & 0.05 & 0.03 & 0.14 & 0.07 & 0.26 & 0.05 \\ 0.25 & 0.31 & 0.26 & 0.04 & 0.26 & 0.14 & 0.23 \\ 0.20 & 0.15 & 0.07 & 0.18 & 0.03 & 0.17 & 0.20 \\ 0.10 & 0.08 & 0.12 & 0.10 & 0.11 & 0.05 & 0.18 \\ 0.11 & 0.16 & 0.06 & 0.20 & 0.21 & 0.15 & 0.05 \end{pmatrix}$$

福建

$$\begin{pmatrix} 0.03 & 0.16 & 0.10 & 0.13 & 0.17 & 0.14 & 0.21 \\ 0.13 & 0.03 & 0.11 & 0.12 & 0.13 & 0.09 & 0.22 \\ 0.08 & 0.07 & 0.03 & 0.15 & 0.13 & 0.18 & 0.10 \\ 0.14 & 0.24 & 0.09 & 0.04 & 0.19 & 0.04 & 0.17 \\ 0.20 & 0.10 & 0.07 & 0.16 & 0.02 & 0.13 & 0.17 \\ 0.11 & 0.08 & 0.13 & 0.08 & 0.11 & 0.02 & 0.08 \\ 0.15 & 0.19 & 0.10 & 0.19 & 0.20 & 0.16 & 0.03 \end{pmatrix}$$

浙江

$$\begin{pmatrix} 0.01 & 0.09 & 0.03 & 0.05 & 0.12 & 0.09 & 0.17 \\ 0.05 & 0.01 & 0.04 & 0.05 & 0.08 & 0.08 & 0.11 \\ 0.07 & 0.09 & 0.02 & 0.13 & 0.03 & 0.13 & 0.08 \\ 0.10 & 0.03 & 0.09 & 0.03 & 0.09 & 0.03 & 0.22 \\ 0.09 & 0.10 & 0.06 & 0.06 & 0.10 & 0.13 & 0.12 \\ 0.08 & 0.05 & 0.10 & 0.07 & 0.11 & 0.02 & 0.10 \\ 0.07 & 0.12 & 0.05 & 0.14 & 0.10 & 0.12 & 0.01 \end{pmatrix}$$

上海

$$\begin{pmatrix} 0.02 & 0.06 & 0.08 & 0.09 & 0.10 & 0.09 & 0.10 \\ 0.05 & 0.01 & 0.09 & 0.08 & 0.09 & 0.07 & 0.11 \\ 0.07 & 0.06 & 0.01 & 0.10 & 0.06 & 0.10 & 0.05 \\ 0.16 & 0.11 & 0.04 & 0.02 & 0.04 & 0.02 & 0.12 \\ 0.09 & 0.10 & 0.06 & 0.06 & 0.01 & 0.13 & 0.12 \\ 0.08 & 0.05 & 0.10 & 0.07 & 0.11 & 0.02 & 0.10 \\ 0.07 & 0.12 & 0.05 & 0.14 & 0.10 & 0.12 & 0.01 \end{pmatrix}$$

广东

$$\begin{pmatrix} 0.03 & 0.09 & 0.06 & 0.10 & 0.12 & 0.10 & 0.13 \\ 0.06 & 0.03 & 0.10 & 0.09 & 0.10 & 0.07 & 0.08 \\ 0.09 & 0.10 & 0.03 & 0.10 & 0.11 & 0.13 & 0.07 \\ 0.10 & 0.05 & 0.08 & 0.02 & 0.10 & 0.07 & 0.11 \\ 0.09 & 0.08 & 0.07 & 0.06 & 0.01 & 0.11 & 0.13 \\ 0.08 & 0.06 & 0.10 & 0.06 & 0.11 & 0.01 & 0.12 \\ 0.07 & 0.12 & 0.07 & 0.10 & 0.09 & 0.10 & 0.02 \end{pmatrix}$$

江苏

$$\begin{pmatrix} 0.02 & 0.08 & 0.09 & 0.17 & 0.13 & 0.06 & 0.16 \\ 0.07 & 0.04 & 0.07 & 0.11 & 0.07 & 0.13 & 0.06 \\ 0.12 & 0.06 & 0.01 & 0.13 & 0.08 & 0.15 & 0.10 \\ 0.19 & 0.13 & 0.17 & 0.14 & 0.17 & 0.14 & 0.08 \\ 0.08 & 0.13 & 0.06 & 0.06 & 0.02 & 0.14 & 0.12 \\ 0.08 & 0.12 & 0.06 & 0.06 & 0.11 & 0.04 & 0.12 \\ 0.07 & 0.06 & 0.11 & 0.07 & 0.07 & 0.10 & 0.03 \end{pmatrix}$$

江西

$$\begin{pmatrix} 0.04 & 0.10 & 0.08 & 0.11 & 0.09 & 0.10 & 0.15 \\ 0.10 & 0.03 & 0.07 & 0.10 & 0.12 & 0.07 & 0.18 \\ 0.09 & 0.07 & 0.03 & 0.10 & 0.06 & 0.11 & 0.12 \\ 0.11 & 0.10 & 0.13 & 0.04 & 0.15 & 0.18 & 0.30 \\ 0.15 & 0.08 & 0.10 & 0.13 & 0.03 & 0.20 & 0.26 \\ 0.10 & 0.07 & 0.09 & 0.07 & 0.15 & 0.05 & 0.20 \\ 0.15 & 0.20 & 0.12 & 0.23 & 0.19 & 0.19 & 0.05 \end{pmatrix}$$

海南

$$\begin{pmatrix} 0.06 & 0.12 & 0.08 & 0.11 & 0.22 & 0.21 & 0.33 \\ 0.09 & 0.02 & 0.05 & 0.10 & 0.14 & 0.04 & 0.16 \\ 0.05 & 0.07 & 0.04 & 0.10 & 0.08 & 0.19 & 0.10 \\ 0.16 & 0.15 & 0.30 & 0.05 & 0.30 & 0.10 & 0.21 \\ 0.15 & 0.12 & 0.10 & 0.18 & 0.05 & 0.14 & 0.25 \\ 0.24 & 0.05 & 0.13 & 0.07 & 0.19 & 0.06 & 0.24 \\ 0.17 & 0.22 & 0.20 & 0.24 & 0.21 & 0.20 & 0.08 \end{pmatrix}$$

安徽

$$\begin{pmatrix} 0.04 & 0.10 & 0.07 & 0.09 & 0.11 & 0.10 & 0.15 \\ 0.10 & 0.04 & 0.06 & 0.10 & 0.09 & 0.07 & 0.20 \\ 0.08 & 0.11 & 0.03 & 0.20 & 0.08 & 0.16 & 0.10 \\ 0.12 & 0.10 & 0.13 & 0.03 & 0.20 & 0.10 & 0.19 \\ 0.15 & 0.10 & 0.08 & 0.11 & 0.02 & 0.25 & 0.28 \\ 0.10 & 0.08 & 0.12 & 0.10 & 0.20 & 0.02 & 0.24 \\ 0.27 & 0.25 & 0.22 & 0.26 & 0.33 & 0.30 & 0.06 \end{pmatrix}$$

湖北

$$\begin{pmatrix} 0.03 & 0.08 & 0.07 & 0.08 & 0.10 & 0.10 & 0.11 \\ 0.07 & 0.02 & 0.08 & 0.10 & 0.91 & 0.06 & 0.10 \\ 0.08 & 0.10 & 0.02 & 0.14 & 0.07 & 0.18 & 0.08 \\ 0.10 & 0.09 & 0.10 & 0.02 & 0.11 & 0.08 & 0.20 \\ 0.11 & 0.08 & 0.93 & 0.15 & 0.01 & 0.13 & 0.19 \\ 0.12 & 0.08 & 0.15 & 0.07 & 0.16 & 0.03 & 0.83 \\ 0.15 & 0.17 & 0.91 & 0.15 & 0.19 & 0.14 & 0.02 \end{pmatrix}$$

湖南

$$\begin{pmatrix} 0.02 & 0.10 & 0.07 & 0.09 & 0.10 & 0.12 & 0.18 \\ 0.09 & 0.03 & 0.09 & 0.10 & 0.14 & 0.07 & 0.20 \\ 0.10 & 0.08 & 0.02 & 0.10 & 0.07 & 0.20 & 0.15 \\ 0.12 & 0.10 & 0.13 & 0.04 & 0.15 & 0.10 & 0.25 \\ 0.15 & 0.11 & 0.07 & 0.17 & 0.03 & 0.14 & 0.20 \\ 0.13 & 0.08 & 0.13 & 0.07 & 0.14 & 0.03 & 0.18 \\ 0.16 & 0.17 & 0.11 & 0.17 & 0.20 & 0.15 & 0.04 \end{pmatrix}$$

山西

$$\begin{pmatrix} 0.04 & 0.08 & 0.07 & 0.10 & 0.14 & 0.10 & 0.20 \\ 0.11 & 0.01 & 0.06 & 0.11 & 0.11 & 0.07 & 0.22 \\ 0.10 & 0.06 & 0.03 & 0.10 & 0.95 & 0.11 & 0.10 \\ 0.09 & 0.10 & 0.09 & 0.04 & 0.13 & 0.10 & 0.20 \\ 0.20 & 0.14 & 0.13 & 0.15 & 0.04 & 0.23 & 0.26 \\ 0.11 & 0.08 & 0.11 & 0.91 & 0.19 & 0.03 & 0.25 \\ 0.22 & 0.25 & 0.16 & 0.27 & 0.27 & 0.19 & 0.04 \end{pmatrix}$$

河南

$$\begin{pmatrix} 0.05 & 0.07 & 0.08 & 0.10 & 0.10 & 0.11 & 0.15 \\ 0.10 & 0.04 & 0.09 & 0.11 & 0.17 & 0.12 & 0.25 \\ 0.09 & 0.08 & 0.05 & 0.10 & 0.08 & 0.15 & 0.20 \\ 0.13 & 0.14 & 0.15 & 0.06 & 0.18 & 0.13 & 0.32 \\ 0.15 & 0.12 & 0.10 & 0.20 & 0.07 & 0.24 & 0.35 \\ 0.12 & 0.17 & 0.15 & 0.10 & 0.14 & 0.08 & 0.22 \\ 0.20 & 0.16 & 0.11 & 0.18 & 0.20 & 0.18 & 0.06 \end{pmatrix}$$

内蒙古

$$\begin{pmatrix} 0.05 & 0.12 & 0.10 & 0.11 & 0.13 & 0.15 & 0.22 \\ 0.10 & 0.04 & 0.08 & 0.13 & 0.17 & 0.12 & 0.25 \\ 0.08 & 0.07 & 0.05 & 0.14 & 0.09 & 0.15 & 0.10 \\ 0.15 & 0.14 & 0.15 & 0.06 & 0.28 & 0.13 & 0.32 \\ 0.20 & 0.18 & 0.12 & 0.20 & 0.07 & 0.24 & 0.35 \\ 0.15 & 0.11 & 0.20 & 0.12 & 0.22 & 0.08 & 0.25 \\ 0.17 & 0.17 & 0.11 & 0.24 & 0.30 & 0.28 & 0.06 \end{pmatrix}$$

辽宁

$$\begin{pmatrix} 0.05 & 0.11 & 0.10 & 0.15 & 0.19 & 0.20 & 0.22 \\ 0.13 & 0.08 & 0.15 & 0.20 & 0.22 & 0.25 & 0.31 \\ 0.15 & 0.11 & 0.06 & 0.17 & 0.11 & 0.16 & 0.20 \\ 0.28 & 0.20 & 0.15 & 0.08 & 0.17 & 0.11 & 0.75 \\ 0.20 & 0.12 & 0.11 & 0.16 & 0.10 & 0.20 & 0.70 \\ 0.17 & 0.11 & 0.16 & 0.12 & 0.20 & 0.07 & 0.35 \\ 0.16 & 0.20 & 0.14 & 0.19 & 0.25 & 0.27 & 0.10 \end{pmatrix}$$

吉林

0.06	0.13	0.10	0.15	0.20	0.19	0.25
0.14	0.07	0.12	0.16	0.19	0.16	0.32
0.12	0.15	0.06	0.19	0.14	0.20	0.22
0.17	0.18	0.13	0.08	0.20	0.11	0.27
0.21	0.13	0.11	0.18	0.09	0.28	0.31
0.15	0.12	0.18	0.15	0.27	0.07	0.35
0.28	0.26	0.20	0.31	0.30	0.29	0.08

黑龙江

0.05	0.12	0.90	0.13	0.20	0.21	0.26
0.24	0.05	0.13	0.15	0.18	0.17	0.29
0.12	0.11	0.06	0.24	0.10	0.16	0.24
0.19	0.15	0.24	0.07	0.18	0.13	0.29
0.18	0.12	0.11	0.19	0.10	0.21	0.31
0.28	0.29	0.27	0.19	0.71	0.08	0.31
0.27	0.27	0.26	0.30	0.29	0.26	0.06

甘肃

0.06	0.13	0.11	0.18	0.20	0.20	0.27
0.13	0.04	0.10	0.25	0.24	0.34	0.35
0.14	0.15	0.07	0.16	0.22	0.33	0.11
0.41	0.37	0.32	0.07	0.32	0.27	0.41
0.12	0.20	0.09	0.28	0.08	0.26	0.32
0.31	0.34	0.31	0.38	0.27	0.06	0.31
0.28	0.28	0.29	0.31	0.28	0.28	0.07

重庆

$$\begin{pmatrix} 0.03 & 0.06 & 0.05 & 0.11 & 0.10 & 0.10 & 0.15 \\ 0.10 & 0.02 & 0.93 & 0.13 & 0.09 & 0.12 & 022 \\ 0.08 & 0.07 & 0.04 & 0.15 & 0.06 & 0.14 & 0.12 \\ 0.15 & 0.13 & 0.11 & 0.03 & 0.15 & 0.07 & 0.18 \\ 0.18 & 0.10 & 0.08 & 0.17 & 0.04 & 0.22 & 0.25 \\ 0.15 & 0.08 & 0.13 & 0.08 & 0.11 & 0.02 & 0.18 \\ 0.16 & 0.17 & 0.11 & 0.17 & 0.20 & 0.15 & 0.04 \end{pmatrix}$$

新疆

$$\begin{pmatrix} 0.05 & 0.15 & 0.20 & 0.22 & 0.26 & 0.25 & 0.28 \\ 0.37 & 0.04 & 0.36 & 0.63 & 0.34 & 0.34 & 0.36 \\ 0.31 & 0.36 & 0.05 & 0.33 & 0.34 & 0.36 & 0.34 \\ 0.35 & 0.36 & 0.32 & 0.07 & 0.41 & 0.30 & 0.65 \\ 0.32 & 0.28 & 0.29 & 0.32 & 0.06 & 0.31 & 0.33 \\ 0.30 & 0.35 & 0.28 & 0.58 & 0.74 & 0.07 & 0.30 \\ 0.27 & 0.27 & 0.11 & 0.30 & 0.28 & 0.29 & 0.10 \end{pmatrix}$$

云南

$$\begin{pmatrix} 0.05 & 0.06 & 0.10 & 0.13 & 0.15 & 0.14 & 0.24 \\ 0.08 & 0.02 & 0.05 & 0.06 & 0.08 & 0.04 & 0.11 \\ 0.09 & 0.08 & 0.04 & 0.10 & 0.06 & 0.11 & 0.12 \\ 0.13 & 0.15 & 0.11 & 0.04 & 0.19 & 0.10 & 0.42 \\ 0.15 & 0.25 & 0.10 & 0.24 & 0.05 & 0.20 & 0.32 \\ 0.20 & 0.09 & 0.11 & 0.07 & 0.15 & 0.04 & 0.61 \\ 0.28 & 0.26 & 0.20 & 0.30 & 0.35 & 0.70 & 0.05 \end{pmatrix}$$

西藏

$$\begin{pmatrix} 0.05 & 0.24 & 0.38 & 0.35 & 0.39 & 0.61 & 0.38 \\ 0.36 & 0.03 & 0.35 & 0.36 & 0.36 & 0.34 & 0.36 \\ 0.32 & 0.30 & 0.04 & 0.30 & 0.41 & 0.33 & 0.34 \\ 0.36 & 0.32 & 0.32 & 0.06 & 0.32 & 0.25 & 0.27 \\ 0.31 & 0.32 & 0.34 & 0.31 & 0.06 & 0.32 & 0.34 \\ 0.29 & 0.32 & 0.30 & 0.36 & 0.27 & 0.07 & 0.31 \\ 0.28 & 0.30 & 0.29 & 0.31 & 0.31 & 0.30 & 0.10 \end{pmatrix}$$

青海

$$\begin{pmatrix} 0.05 & 0.10 & 0.11 & 0.13 & 0.35 & 0.10 & 0.30 \\ 0.11 & 0.05 & 0.13 & 0.16 & 0.11 & 0.16 & 0.40 \\ 0.08 & 0.09 & 0.04 & 0.11 & 0.10 & 0.20 & 0.26 \\ 0.32 & 0.27 & 0.31 & 0.11 & 0.34 & 0.17 & 0.35 \\ 0.25 & 0.30 & 0.22 & 0.32 & 0.06 & 0.35 & 0.40 \\ 0.22 & 0.19 & 0.31 & 0.25 & 0.30 & 0.05 & 0.36 \\ 0.30 & 0.33 & 0.34 & 0.38 & 0.40 & 0.36 & 0.08 \end{pmatrix}$$

陕西

$$\begin{pmatrix} 0.04 & 0.10 & 0.09 & 0.11 & 0.13 & 0.07 & 0.22 \\ 0.10 & 0.02 & 0.11 & 0.17 & 0.15 & 0.10 & 0.74 \\ 0.15 & 0.09 & 0.04 & 0.11 & 0.09 & 0.15 & 0.10 \\ 0.28 & 0.34 & 0.23 & 0.04 & 0.23 & 0.17 & 0.33 \\ 0.20 & 0.22 & 0.14 & 0.25 & 0.05 & 0.26 & 0.27 \\ 0.28 & 0.15 & 0.20 & 0.22 & 0.30 & 0.04 & 0.32 \\ 0.25 & 0.28 & 0.22 & 0.27 & 0.31 & 0.25 & 0.05 \end{pmatrix}$$

宁夏

$$\begin{bmatrix} 0.06 & 0.15 & 0.19 & 0.20 & 0.30 & 0.27 & 0.39 \\ 0.13 & 0.08 & 0.22 & 0.25 & 0.29 & 0.20 & 0.41 \\ 0.15 & 0.13 & 0.06 & 0.16 & 0.10 & 0.22 & 0.10 \\ 0.22 & 0.38 & 0.24 & 0.08 & 0.64 & 0.27 & 0.35 \\ 0.30 & 0.26 & 0.15 & 0.20 & 0.07 & 0.27 & 0.34 \\ 0.20 & 0.15 & 0.25 & 0.20 & 0.31 & 0.09 & 0.35 \\ 0.35 & 0.36 & 0.30 & 0.36 & 0.40 & 0.38 & 0.10 \end{bmatrix}$$

贵州

$$\begin{bmatrix} 0.03 & 0.10 & 0.06 & 0.10 & 0.15 & 0.10 & 0.20 \\ 0.11 & 0.02 & 0.07 & 0.13 & 0.11 & 0.09 & 0.15 \\ 0.14 & 0.08 & 0.03 & 0.20 & 0.06 & 0.18 & 0.10 \\ 0.20 & 0.15 & 0.24 & 0.05 & 0.30 & 0.11 & 0.28 \\ 0.24 & 0.28 & 0.27 & 0.30 & 0.06 & 0.26 & 0.31 \\ 0.28 & 0.07 & 0.15 & 0.28 & 0.21 & 0.05 & 0.23 \\ 0.25 & 0.32 & 0.24 & 0.29 & 0.31 & 0.35 & 0.06 \end{bmatrix}$$

四川

$$\begin{bmatrix} 0.04 & 0.08 & 0.07 & 0.10 & 0.10 & 0.08 & 0.12 \\ 0.10 & 0.03 & 0.06 & 0.08 & 0.11 & 0.09 & 0.25 \\ 0.07 & 0.06 & 0.04 & 0.10 & 0.05 & 0.10 & 0.08 \\ 0.11 & 0.10 & 0.08 & 0.04 & 0.15 & 0.08 & 0.72 \\ 0.15 & 0.17 & 0.14 & 0.20 & 0.05 & 0.21 & 0.26 \\ 0.12 & 0.09 & 0.13 & 0.10 & 0.19 & 0.04 & 0.20 \\ 0.16 & 0.22 & 0.11 & 0.17 & 0.21 & 0.19 & 0.05 \end{bmatrix}$$

广西

$$\begin{pmatrix} 0.04 & 0.90 & 0.11 & 0.91 & 0.12 & 0.14 & 0.18 \\ 0.11 & 0.03 & 0.08 & 0.10 & 0.07 & 0.10 & 0.20 \\ 0.10 & 0.06 & 0.03 & 0.10 & 0.07 & 0.15 & 0.09 \\ 0.15 & 0.10 & 0.16 & 0.05 & 0.25 & 0.11 & 0.30 \\ 0.22 & 0.09 & 0.10 & 0.20 & 0.04 & 0.25 & 0.27 \\ 0.20 & 0.12 & 0.14 & 0.10 & 0.71 & 0.04 & 0.31 \\ 0.17 & 0.20 & 0.15 & 0.22 & 0.27 & 0.26 & 0.05 \end{pmatrix}$$

全国

$$\begin{pmatrix} 0.03 & 0.11 & 0.09 & 0.14 & 0.15 & 0.10 & 0.23 \\ 0.07 & 0.02 & 0.06 & 0.10 & 0.11 & 0.08 & 0.15 \\ 0.09 & 0.08 & 0.03 & 0.15 & 0.09 & 0.28 & 0.11 \\ 0.19 & 0.15 & 0.11 & 0.04 & 0.26 & 0.09 & 0.24 \\ 0.09 & 0.10 & 0.08 & 0.10 & 0.03 & 0.16 & 0.18 \\ 0.12 & 0.05 & 0.10 & 0.07 & 0.18 & 0.03 & 0.15 \\ 0.10 & 0.15 & 0.06 & 0.18 & 0.11 & 0.14 & 0.04 \end{pmatrix}$$

附录4:全国31个省旅游经济体系各子系统综合耦合矩阵

北京

$$\begin{pmatrix} 0.9796 & 0.7704 & 0.9125 & 0.8608 & 0.8590 & 0.8886 & 0.8680 \\ 0.9437 & 0.9821 & 0.9452 & 0.9141 & 0.9032 & 0.9129 & 0.8833 \\ 0.9103 & 0.8500 & 0.9721 & 0.8814 & 0.9090 & 0.8112 & 0.8889 \\ 0.8327 & 0.8775 & 0.9132 & 0.9598 & 0.8403 & 0.9381 & 0.8594 \\ 0.9036 & 0.8913 & 0.9341 & 0.9323 & 0.9808 & 0.8623 & 0.8720 \\ 0.9318 & 0.9408 & 0.8954 & 0.9329 & 0.8929 & 0.9710 & 0.8924 \\ 0.9227 & 0.8917 & 0.9440 & 0.8836 & 0.8918 & 0.8727 & 0.9803 \end{pmatrix}$$

天津

$$\begin{pmatrix} 0.9590 & 0.8885 & 0.9200 & 0.8794 & 0.8199 & 0.8390 & 0.9265 \\ 0.9095 & 0.9490 & 0.8916 & 0.8605 & 0.8980 & 0.9282 & 0.8687 \\ 0.7767 & 0.8344 & 0.9461 & 0.8253 & 0.8303 & 0.8335 & 0.8728 \\ 0.8676 & 0.8863 & 0.8604 & 0.9660 & 0.8358 & 0.9043 & 0.7975 \\ 0.9298 & 0.9089 & 0.9309 & 0.8809 & 0.9683 & 0.8596 & 0.8397 \\ 0.8790 & 0.8614 & 0.8614 & 0.9085 & 0.9370 & 0.9478 & 0.8887 \\ 0.8883 & 0.8572 & 0.9188 & 0.8877 & 0.8280 & 0.8176 & 0.9355 \end{pmatrix}$$

河北

$$\begin{pmatrix} 0.9420 & 0.8312 & 0.8763 & 0.8485 & 0.8102 & 0.8720 & 0.8492 \\ 0.9183 & 0.9367 & 0.9305 & 0.8858 & 0.8954 & 0.9273 & 0.8469 \\ 0.9029 & 0.7650 & 0.9382 & 0.7222 & 0.7544 & 0.7201 & 0.8788 \\ 0.8770 & 0.8844 & 0.8994 & 0.9423 & 0.8630 & 0.9244 & 0.8347 \\ 0.8096 & 0.8662 & 0.9018 & 0.7860 & 0.9233 & 0.8103 & 0.7572 \\ 0.6947 & 0.7469 & 0.7285 & 0.7242 & 0.7635 & 0.9069 & 0.7371 \\ 0.8578 & 0.8175 & 0.8920 & 0.8243 & 0.7574 & 0.7960 & 0.9133 \end{pmatrix}$$

山东

$$\begin{pmatrix} 0.9409 & 0.8815 & 0.8423 & 0.8310 & 0.8506 & 0.8727 & 0.8292 \\ 0.8468 & 0.9454 & 0.7204 & 0.7949 & 0.8153 & 0.9058 & 0.7365 \\ 0.9064 & 0.9361 & 0.9556 & 0.8481 & 0.9157 & 0.8291 & 0.9332 \\ 0.7211 & 0.6648 & 0.7097 & 0.9216 & 0.7094 & 0.8301 & 0.7333 \\ 0.7794 & 0.8279 & 0.9055 & 0.7972 & 0.9435 & 0.8110 & 0.7739 \\ 0.8841 & 0.9037 & 0.8650 & 0.8818 & 0.8724 & 0.8312 & 0.9215 \\ 0.8667 & 0.8182 & 0.9161 & 0.7789 & 0.7683 & 0.8312 & 0.8186 \end{pmatrix}$$

福建

$$\begin{pmatrix} 0.9492 & 0.8209 & 0.8837 & 0.8501 & 0.8095 & 0.8435 & 0.8532 \\ 0.8532 & 0.8759 & 0.8759 & 0.8618 & 0.8505 & 0.8939 & 0.7595 \\ 0.9044 & 0.9138 & 0.9559 & 0.8360 & 0.8539 & 0.8090 & 0.8785 \\ 0.8373 & 0.7390 & 0.7933 & 0.9340 & 0.7855 & 0.9368 & 0.7033 \\ 0.7847 & 0.8801 & 0.9140 & 0.8232 & 0.9582 & 0.8553 & 0.8062 \\ 0.8758 & 0.9045 & 0.8588 & 0.9038 & 0.8734 & 0.9651 & 0.8027 \\ 0.8294 & 0.7900 & 0.8817 & 0.7908 & 0.7789 & 0.8236 & 0.9384 \end{pmatrix}$$

浙江

$$\begin{pmatrix} 0.9836 & 0.9034 & 0.9648 & 0.9427 & 0.8735 & 0.9021 & 0.8221 \\ 0.9453 & 0.9846 & 0.9561 & 0.9445 & 0.9148 & 0.9142 & 0.8833 \\ 0.9241 & 0.9049 & 0.9744 & 0.8642 & 0.9623 & 0.8642 & 0.9094 \\ 0.8941 & 0.9616 & 0.9055 & 0.9613 & 0.9028 & 0.9605 & 0.7720 \\ 0.9044 & 0.8940 & 0.9349 & 0.9330 & 0.9820 & 0.8631 & 0.8707 \\ 0.9144 & 0.9434 & 0.8959 & 0.9233 & 0.8843 & 0.9719 & 0.8909 \\ 0.9233 & 0.8747 & 0.9440 & 0.8542 & 0.8927 & 0.8732 & 0.9773 \end{pmatrix}$$

上海

$$\begin{pmatrix} 0.9729 & 0.9334 & 0.9151 & 0.9034 & 0.8943 & 0.9034 & 0.8930 \\ 0.9435 & 0.9834 & 0.9058 & 0.9136 & 0.9047 & 0.9235 & 0.8839 \\ 0.9242 & 0.9348 & 0.9852 & 0.8950 & 0.9348 & 0.8954 & 0.9433 \\ 0.8355 & 0.8846 & 0.9547 & 0.9726 & 0.9533 & 0.9729 & 0.8737 \\ 0.9037 & 0.8940 & 0.9340 & 0.9324 & 0.9823 & 0.8637 & 0.8729 \\ 0.9137 & 0.9434 & 0.8956 & 0.9231 & 0.8846 & 0.9726 & 0.8933 \\ 0.9220 & 0.8736 & 0.9437 & 0.8538 & 0.8935 & 0.8738 & 0.9803 \end{pmatrix}$$

广东

$$\begin{pmatrix} 0.9623 & 0.9026 & 0.9326 & 0.8929 & 0.8717 & 0.8920 & 0.8612 \\ 0.9335 & 0.9634 & 0.8943 & 0.9040 & 0.8928 & 0.9227 & 0.9122 \\ 0.9028 & 0.8931 & 0.9623 & 0.8931 & 0.8813 & 0.8626 & 0.9201 \\ 0.8941 & 0.9431 & 0.9143 & 0.9732 & 0.8928 & 0.9226 & 0.8824 \\ 0.9040 & 0.9133 & 0.9236 & 0.9331 & 0.9813 & 0.8833 & 0.8627 \\ 0.9138 & 0.9329 & 0.8944 & 0.9332 & 0.8829 & 0.9818 & 0.8727 \\ 0.9233 & 0.8741 & 0.9232 & 0.8937 & 0.9020 & 0.8930 & 0.9710 \end{pmatrix}$$

江苏

$$\begin{pmatrix} 0.9682 & 0.9096 & 0.8996 & 0.8818 & 0.8579 & 0.9266 & 0.8306 \\ 0.9216 & 0.9515 & 0.9226 & 0.8810 & 0.9212 & 0.8610 & 0.9313 \\ 0.8708 & 0.9300 & 0.9803 & 0.8593 & 0.9094 & 0.8401 & 0.8898 \\ 0.7957 & 0.8554 & 0.8174 & 0.8423 & 0.8149 & 0.8425 & 0.9034 \\ 0.9120 & 0.8621 & 0.9321 & 0.9302 & 0.9708 & 0.8506 & 0.8714 \\ 0.9122 & 0.8722 & 0.9324 & 0.9305 & 0.8822 & 0.9496 & 0.8717 \\ 0.9225 & 0.9326 & 0.8841 & 0.9214 & 0.9223 & 0.8913 & 0.9617 \end{pmatrix}$$

江西

0.9475	0.8890	0.9098	0.8770	0.8965	0.8852	0.8309
0.8876	0.9577	0.9194	0.8860	0.8669	0.9140	0.8014
0.8998	0.9203	0.9609	0.8890	0.9280	0.8777	0.8632
0.8712	0.8821	0.8550	0.9380	0.8299	0.7980	0.6746
0.8335	0.9030	0.8854	0.8510	0.9494	0.7803	0.7154
0.8863	0.9170	0.8989	0.9142	0.8363	0.8309	0.8309
0.8309	0.7847	0.8635	0.7520	0.7870	0.7870	0.9134

海南

0.9112	0.8566	0.8931	0.8627	0.7481	0.7642	0.6356
0.8959	0.9663	0.9349	0.8854	0.8424	0.9445	0.8204
0.9334	0.9187	0.9449	0.9010	0.9010	0.7973	0.8790
0.8145	0.8270	0.6772	0.9211	0.6703	0.8687	0.7512
0.8270	0.8597	0.8755	0.7987	0.9183	0.8367	0.7191
0.7394	0.9289	0.8491	0.9063	0.7826	0.9135	0.7273
0.8014	0.7582	0.7721	0.7354	0.7533	0.7723	0.8759

安徽

0.9444	0.8865	0.9174	0.8949	0.8720	0.8825	0.8309
0.8837	0.9449	0.9263	0.8840	0.8902	0.9109	0.7824
0.9041	0.8763	0.9558	0.7861	0.8992	0.8239	0.8768
0.8602	0.8821	0.8546	0.9489	0.7788	0.8753	0.7852
0.8270	0.8785	0.8994	0.8665	0.9483	0.7264	0.6937
0.8786	0.9007	0.8635	0.8786	0.7774	0.9530	0.7365
0.6996	0.7230	0.7547	0.7092	0.6347	0.6643	0.8872

湖北

$$\begin{pmatrix} 0.9606 & 0.9116 & 0.9221 & 0.9104 & 0.8902 & 0.8907 & 0.8787 \\ 0.9217 & 0.9718 & 0.9132 & 0.8915 & 0.9012 & 0.9308 & 0.8896 \\ 0.9095 & 0.8909 & 0.9695 & 0.9176 & 0.9176 & 0.8110 & 0.9053 \\ 0.8887 & 0.8989 & 0.8910 & 0.9669 & 0.8775 & 0.9075 & 0.7884 \\ 0.8782 & 0.9083 & 0.9193 & 0.8389 & 0.9749 & 0.8584 & 0.7966 \\ 0.8681 & 0.9079 & 0.8409 & 0.9157 & 0.8278 & 0.9552 & 0.8161 \\ 0.8373 & 0.8190 & 0.8978 & 0.8363 & 0.7969 & 0.8464 & 0.9597 \end{pmatrix}$$

湖南

$$\begin{pmatrix} 0.9661 & 0.8885 & 0.9149 & 0.8973 & 0.8855 & 0.8675 & 0.8027 \\ 0.8959 & 0.9569 & 0.8995 & 0.8861 & 0.8456 & 0.9152 & 0.7820 \\ 0.8865 & 0.9081 & 0.9681 & 0.8878 & 0.9144 & 0.7884 & 0.8309 \\ 0.8631 & 0.8845 & 0.8575 & 0.9424 & 0.8322 & 0.8819 & 0.7287 \\ 0.8345 & 0.8755 & 0.9162 & 0.8157 & 0.9507 & 0.8445 & 0.7771 \\ 0.8562 & 0.9069 & 0.8599 & 0.9153 & 0.8456 & 0.9538 & 0.8009 \\ 0.8228 & 0.8156 & 0.8756 & 0.8136 & 0.7823 & 0.8323 & 0.9299 \end{pmatrix}$$

山西

$$\begin{pmatrix} 0.9426 & 0.9045 & 0.9169 & 0.8828 & 0.8420 & 0.8836 & 0.7795 \\ 0.9045 & 0.9749 & 0.9282 & 0.9038 & 0.8732 & 0.9149 & 0.7636 \\ 0.8892 & 0.9299 & 0.9610 & 0.8890 & 0.9362 & 0.8797 & 0.8836 \\ 0.8929 & 0.8847 & 0.8971 & 0.9422 & 0.8517 & 0.8835 & 0.7793 \\ 0.7774 & 0.8388 & 0.8516 & 0.8259 & 0.9303 & 0.7491 & 0.7083 \\ 0.9012 & 0.9012 & 0.8749 & 0.8889 & 0.7898 & 0.9491 & 0.7270 \\ 0.7546 & 0.7296 & 0.8198 & 0.7067 & 0.7032 & 0.7838 & 0.9143 \end{pmatrix}$$

河南

$$\begin{pmatrix} 0.9426 & 0.9045 & 0.9169 & 0.8828 & 0.8420 & 0.8836 & 0.7795 \\ 0.9045 & 0.9749 & 0.9282 & 0.9038 & 0.8732 & 0.9149 & 0.7636 \\ 0.8892 & 0.9299 & 0.9610 & 0.8890 & 0.9362 & 0.8797 & 0.8836 \\ 0.8929 & 0.8847 & 0.8971 & 0.9422 & 0.8517 & 0.8835 & 0.7793 \\ 0.7774 & 0.8388 & 0.8516 & 0.8259 & 0.9303 & 0.7491 & 0.7083 \\ 0.8695 & 0.9012 & 0.8749 & 0.8889 & 0.7898 & 0.9491 & 0.7270 \\ 0.7546 & 0.7296 & 0.8198 & 0.7067 & 0.7032 & 0.7838 & 0.9143 \end{pmatrix}$$

内蒙古

$$\begin{pmatrix} 0.9289 & 0.8612 & 0.8820 & 0.8667 & 0.8425 & 0.8236 & 0.7487 \\ 0.8782 & 0.9392 & 0.9015 & 0.8458 & 0.8023 & 0.8516 & 0.7179 \\ 0.9042 & 0.9155 & 0.9352 & 0.8439 & 0.8895 & 0.8314 & 0.8733 \\ 0.8241 & 0.8357 & 0.8284 & 0.9087 & 0.7855 & 0.8345 & 0.6423 \\ 0.7698 & 0.7918 & 0.8521 & 0.7659 & 0.8858 & 0.7210 & 0.6034 \\ 0.8244 & 0.8657 & 0.7790 & 0.8499 & 0.7482 & 0.8849 & 0.7105 \\ 0.7992 & 0.8022 & 0.8615 & 0.8300 & 0.8026 & 0.8045 & 0.7399 \end{pmatrix}$$

辽宁

$$\begin{pmatrix} 0.9218 & 0.8653 & 0.8771 & 0.8233 & 0.7782 & 0.7686 & 0.7369 \\ 0.8340 & 0.8871 & 0.8206 & 0.7653 & 0.7383 & 0.7090 & 0.6353 \\ 0.8254 & 0.8666 & 0.9184 & 0.8053 & 0.8519 & 0.8102 & 0.7604 \\ 0.7914 & 0.7739 & 0.8257 & 0.8883 & 0.7940 & 0.8514 & 0.7040 \\ 0.7701 & 0.8510 & 0.8637 & 0.8086 & 0.8611 & 0.7622 & 0.6526 \\ 0.7996 & 0.8609 & 0.8152 & 0.8475 & 0.7630 & 0.8896 & 0.6055 \\ 0.8056 & 0.7709 & 0.8313 & 0.7764 & 0.7108 & 0.6914 & 0.8408 \end{pmatrix}$$

吉林

$$\begin{pmatrix} 0.9054 & 0.8398 & 0.8733 & 0.8146 & 0.7731 & 0.7731 & 0.7028 \\ 0.8230 & 0.8959 & 0.8514 & 0.8009 & 0.7669 & 0.7989 & 0.6320 \\ 0.8470 & 0.8204 & 0.9133 & 0.7762 & 0.8198 & 0.7651 & 0.7322 \\ 0.7953 & 0.7888 & 0.8432 & 0.8817 & 0.7593 & 0.8490 & 0.6817 \\ 0.7509 & 0.8332 & 0.8573 & 0.7777 & 0.6778 & 0.6778 & 0.6339 \\ 0.8088 & 0.8425 & 0.7897 & 0.8059 & 0.6846 & 0.8817 & 0.5974 \\ 0.6739 & 0.6981 & 0.7624 & 0.6419 & 0.6428 & 0.6574 & 0.8385 \end{pmatrix}$$

黑龙江

$$\begin{pmatrix} 0.9164 & 0.8460 & 0.8715 & 0.8348 & 0.7615 & 0.7565 & 0.6967 \\ 0.8273 & 0.9148 & 0.8419 & 0.8141 & 0.7804 & 0.7944 & 0.6670 \\ 0.8554 & 0.8651 & 0.9182 & 0.8351 & 0.8720 & 0.8149 & 0.8249 \\ 0.7785 & 0.8163 & 0.8323 & 0.7798 & 0.7798 & 0.8321 & 0.6658 \\ 0.7843 & 0.8415 & 0.8581 & 0.7715 & 0.8547 & 0.7517 & 0.6421 \\ 0.6758 & 0.6660 & 0.6952 & 0.7591 & 0.6554 & 0.8648 & 0.6230 \\ 0.7854 & 0.6899 & 0.8024 & 0.6586 & 0.6611 & 0.6964 & 0.8612 \end{pmatrix}$$

甘肃

$$\begin{pmatrix} 0.8896 & 0.8218 & 0.8482 & 0.7699 & 0.7520 & 0.7991 & 0.6775 \\ 0.8003 & 0.8904 & 0.8401 & 0.6815 & 0.6952 & 0.5990 & 0.5798 \\ 0.8075 & 0.8857 & 0.8857 & 0.7841 & 0.7296 & 0.6222 & 0.8272 \\ 0.5515 & 0.5515 & 0.6119 & 0.5917 & 0.5917 & 0.6344 & 0.4928 \\ 0.7149 & 0.7363 & 0.8521 & 0.6556 & 0.8526 & 0.6769 & 0.6084 \\ 0.6104 & 0.6496 & 0.6512 & 0.6157 & 0.6450 & 0.6414 & 0.8372 \\ 0.6474 & 0.6496 & 0.6512 & 0.6517 & 0.6450 & 0.6414 & 0.8372 \end{pmatrix}$$

重庆

$$\begin{pmatrix} 0.9565 & 0.9297 & 0.9408 & 0.8782 & 0.8882 & 0.8884 & 0.8349 \\ 0.8840 & 0.9666 & 0.9187 & 0.8553 & 0.8946 & 0.8659 & 0.7682 \\ 0.9062 & 0.9194 & 0.9499 & 0.8384 & 0.9270 & 0.8490 & 0.8632 \\ 0.8342 & 0.8579 & 0.8793 & 0.9521 & 0.8357 & 0.9126 & 0.7794 \\ 0.7994 & 0.8832 & 0.9045 & 0.8110 & 0.9388 & 0.7629 & 0.7257 \\ 0.8359 & 0.9082 & 0.8604 & 0.9041 & 0.8763 & 0.9641 & 0.8023 \\ 0.8204 & 0.8165 & 0.8765 & 0.8115 & 0.7841 & 0.8312 & 0.9310 \end{pmatrix}$$

四川

$$\begin{pmatrix} 0.9487 & 0.9085 & 0.9209 & 0.8886 & 0.8875 & 0.8627 & 0.8627 \\ 0.8858 & 0.9537 & 0.9283 & 0.9046 & 0.8733 & 0.8943 & 0.7321 \\ 0.9210 & 0.9310 & 0.9524 & 0.8912 & 0.9389 & 0.8913 & 0.9052 \\ 0.8736 & 0.8816 & 0.9066 & 0.9416 & 0.8315 & 0.9012 & 0.6990 \\ 0.8290 & 0.8087 & 0.8428 & 0.7793 & 0.9231 & 0.7693 & 0.7081 \\ 0.8638 & 0.8923 & 0.8568 & 0.8819 & 0.7930 & 0.9411 & 0.7765 \\ 0.8775 & 0.8768 & 0.8973 & 0.8710 & 0.8594 & 0.8643 & 0.7997 \end{pmatrix}$$

云南

$$\begin{pmatrix} 0.9247 & 0.9159 & 0.8823 & 0.8459 & 0.8237 & 0.8326 & 0.7257 \\ 0.9083 & 0.9682 & 0.9412 & 0.9276 & 0.9071 & 0.9476 & 0.8729 \\ 0.8944 & 0.9061 & 0.9486 & 0.8858 & 0.9227 & 0.8758 & 0.8557 \\ 0.8367 & 0.8182 & 0.8660 & 0.9244 & 0.7739 & 0.8657 & 0.5436 \\ 0.8156 & 0.7205 & 0.8750 & 0.7279 & 0.9104 & 0.7692 & 0.6313 \\ 0.7704 & 0.8807 & 0.8676 & 0.8970 & 0.8157 & 0.9273 & 0.5763 \\ 0.6822 & 0.7038 & 0.7723 & 0.6643 & 0.6125 & 0.6652 & 0.8731 \end{pmatrix}$$

西藏

$$\begin{pmatrix} 0.9113 & 0.8606 & 0.8483 & 0.8273 & 0.8077 & 0.8585 & 0.6517 \\ 0.8438 & 0.9025 & 0.8189 & 0.7891 & 0.8360 & 0.7922 & 0.5452 \\ 0.8838 & 0.8737 & 0.9190 & 0.8498 & 0.8583 & 0.7650 & 0.6936 \\ 0.6177 & 0.6649 & 0.6220 & 0.8146 & 0.5925 & 0.7563 & 0.5502 \\ 0.6808 & 0.6327 & 0.7017 & 0.6062 & 0.8563 & 0.5830 & 0.4992 \\ 0.7192 & 0.7471 & 0.6261 & 0.6828 & 0.6345 & 0.8797 & 0.5516 \\ 0.6255 & 0.5965 & 0.5794 & 0.5412 & 0.5226 & 0.5645 & 0.7903 \end{pmatrix}$$

陕西

$$\begin{pmatrix} 0.9331 & 0.8743 & 0.8886 & 0.8654 & 0.8442 & 0.9067 & 0.7533 \\ 0.8669 & 0.9470 & 0.8637 & 0.8016 & 0.8184 & 0.8723 & 0.7076 \\ 0.8263 & 0.8880 & 0.9402 & 0.8685 & 0.8855 & 0.8703 & 0.8703 \\ 0.6734 & 0.6381 & 0.7319 & 0.9099 & 0.7217 & 0.7883 & 0.6151 \\ 0.7533 & 0.7378 & 0.8216 & 0.7100 & 0.9003 & 0.7060 & 0.6767 \\ 0.6731 & 0.8020 & 0.7616 & 0.7354 & 0.6553 & 0.9158 & 0.6267 \\ 0.6995 & 0.6749 & 0.7401 & 0.6851 & 0.7100 & 0.7100 & 0.8821 \end{pmatrix}$$

贵州

$$\begin{pmatrix} 0.9435 & 0.8767 & 0.9165 & 0.8736 & 0.8255 & 0.8749 & 0.7757 \\ 0.8674 & 0.9594 & 0.9094 & 0.8479 & 0.8671 & 0.8885 & 0.8269 \\ 0.8348 & 0.9007 & 0.9477 & 0.7785 & 0.9126 & 0.8005 & 0.8720 \\ 0.7585 & 0.8111 & 0.9028 & 0.9028 & 0.6636 & 0.8458 & 0.6785 \\ 0.7084 & 0.6796 & 0.6876 & 0.6507 & 0.8849 & 0.6936 & 0.6381 \\ 0.6857 & 0.8955 & 0.8175 & 0.7541 & 0.7541 & 0.9129 & 0.7314 \\ 0.6950 & 0.6400 & 0.7142 & 0.6577 & 0.6403 & 0.6059 & 0.8759 \end{pmatrix}$$

广西

$$\begin{pmatrix} 0.9397 & 0.8856 & 0.8751 & 0.8922 & 0.8573 & 0.8392 & 0.7949 \\ 0.8731 & 0.9560 & 0.9060 & 0.8843 & 0.9083 & 0.8808 & 0.7789 \\ 0.8850 & 0.9289 & 0.9577 & 0.8877 & 0.9113 & 0.8358 & 0.8882 \\ 0.8219 & 0.8787 & 0.8193 & 0.9223 & 0.7208 & 0.8564 & 0.6668 \\ 0.7523 & 0.8871 & 0.8759 & 0.7759 & 0.9215 & 0.7214 & 0.6916 \\ 0.7707 & 0.8576 & 0.8376 & 0.8707 & 0.6801 & 0.9232 & 0.6542 \\ 0.7973 & 0.7794 & 0.8256 & 0.7540 & 0.6962 & 0.7090 & 0.9004 \end{pmatrix}$$

新疆

$$\begin{pmatrix} 0.7722 & 0.7722 & 0.7214 & 0.6972 & 0.6633 & 0.6737 & 0.6393 \\ 0.5135 & 0.8394 & 0.5266 & 0.5101 & 0.5423 & 0.5446 & 0.5168 \\ 0.5739 & 0.5370 & 0.8279 & 0.5510 & 0.5473 & 0.5304 & 0.5403 \\ 0.5275 & 0.5289 & 0.4756 & 0.7935 & 0.4726 & 0.5770 & 0.5212 \\ 0.5740 & 0.5774 & 0.5774 & 0.5706 & 0.8255 & 0.5861 & 0.5592 \\ 0.5881 & 0.5506 & 0.5999 & 0.4731 & 0.6258 & 0.8164 & 0.5831 \\ 0.6294 & 0.6373 & 0.6228 & 0.5979 & 0.6207 & 0.6132 & 0.7906 \end{pmatrix}$$

青海

$$\begin{pmatrix} 0.8716 & 0.7801 & 0.7441 & 0.7349 & 0.6223 & 0.6561 & 0.5319 \\ 0.8013 & 0.8468 & 0.7133 & 0.6852 & 0.6310 & 0.7225 & 0.5124 \\ 0.8156 & 0.8327 & 0.9004 & 0.8047 & 0.8520 & 0.7401 & 0.8468 \\ 0.7027 & 0.5441 & 0.5842 & 0.8374 & 0.5477 & 0.6395 & 0.5475 \\ 0.6412 & 0.6762 & 0.7824 & 0.7351 & 0.8446 & 0.6575 & 0.5947 \\ 0.7362 & 0.7820 & 0.6881 & 0.7368 & 0.6161 & 0.8335 & 0.5729 \\ 0.5692 & 0.5538 & 0.6119 & 0.5581 & 0.4956 & 0.5234 & 0.7721 \end{pmatrix}$$

宁夏

0.8252	0.6466	0.6048	0.5317	0.4917	0.4918	0.5010
0.5225	0.8468	0.5350	0.5147	0.5127	0.5391	0.5140
0.5669	0.5932	0.8386	0.5804	0.4743	0.5553	0.5379
0.5370	0.5830	0.5773	0.8207	0.5650	0.6375	0.6133
0.5782	0.5770	0.5532	0.5734	0.8105	0.5670	0.5423
0.6011	0.5813	0.5950	0.5316	0.6118	0.8138	0.5759
0.6128	0.6016	0.6061	0.5803	0.5767	0.5927	0.7814

全国

0.9481	0.9821	0.8053	0.7801	0.8282	0.7860	0.7668
0.9270	0.9672	0.9201	0.8867	0.8763	0.8364	0.8086
0.8147	0.8544	0.9542	0.8329	0.8905	0.7032	0.8689
0.7947	0.8329	0.8756	0.9583	0.7923	0.8870	0.7696
0.8769	0.8869	0.8891	0.8658	0.9544	0.8542	0.8434
0.9098	0.9396	0.8922	0.9186	0.8798	0.9566	0.8881
0.8753	0.8999	0.8962	0.8641	0.8637	0.8407	0.8417

图书在版编目（CIP）数据

旅游经济高质量发展评价理论与方法研究 / 潘芬萍，龚日朝著. -- 湘潭 : 湘潭大学出版社，2023.9
ISBN 978-7-5687-1238-5

Ⅰ. ①旅… Ⅱ. ①潘… ②龚… Ⅲ. ①旅游业发展—研究—中国 Ⅳ. ①F592.3

中国国家版本馆 CIP 数据核字（2023）第 166603 号

旅游经济高质量发展评价理论与方法研究

LÜYOU JINGJI GAOZHILIANG FAZHAN PINGJIA LILUN YU FANGFA YANJIU

潘芬萍 龚日朝 著

责任编辑：姚海琼
封面设计：于 扬
出版发行：湘潭大学出版社
社　　址：湖南省湘潭大学工程训练大楼
电　　话：0731-58298960 0731-58298966（传真）
邮　　编：411105
网　　址：http://press.xtu.edu.cn/
印　　刷：长沙印通印刷有限公司
经　　销：湖南省新华书店
开　　本：710 mm×1000 mm 1/16
印　　张：14
字　　数：236 千字
版　　次：2023 年 9 月第 1 版
印　　次：2023 年 9 月第 1 次印刷
书　　号：ISBN 978-7-5687-1238-5
定　　价：56.00 元